전도,
우리가
살아갈
이유

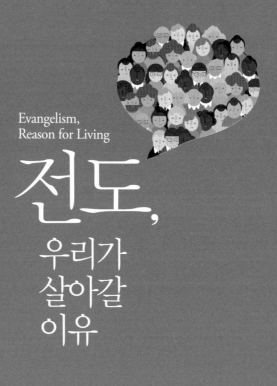

Evangelism,
Reason for Living

전도,
우리가
살아갈
이유

이현식 지음

교회성장연구소

전도, 우리가 살아갈 이유입니다!

우리가 신앙생활을 하면서 나는 누구인지, 자신의 정체성(Identity)을 분명히 아는 것은 참으로 중요합니다. 엄청난 부와 명예를 소유하고도 불행을 느끼며 살아가는 사람이 있는데 이유는 자신의 정체성이 분명하지 않기 때문입니다. 웨스트민스터 사원에 세워진 웨슬리의 기념비에는 이런 글이 새겨져 있습니다.

"세상에서 가장 좋은 것은 하나님께서 우리와 함께하신다는 것이다."

(The best of all is, God is with us)

웨슬리의 고백은 믿음의 삶을 살면서도 자신의 정체성이 흔들리는 이들에게 많은 깨달음을 줍니다. 우리가 인생을 살면서 목적을 잃고 좌절하며 방황하는 이유는 나와 함께하시는 하나님을 의식하지 못한 채 한계와 고갈을 경험하기 때문입니다. 창조의 첫 순간부터 우리는 하나님과 끊을 수 없는 관계 속에 존재하였습니다.

여러 가지 표현이 있을 수 있지만 그 중에서도 우리는 하나님과의 관계 속에서 두 가지를 꼭 알아야 합니다. 첫째, 나는 부르심을 받은 자요(소명의식, calling) 둘째, 나는 보내심을 받은 자(mission, 사명의식)라는 것입니다.

'소명의식'이란 나는 하나님께서 불러 준 사람이라는 의식을 가지는 것을 말합니다. "내가 너를 지명하여 불렀나니 너는 내 것이라"(사 43:1). 우리는 하나님으로부터 선택된 사람들입니다. 그래서 우리는 우리 자신을 참으로 귀하게 여기는 높은 자존의식을 가지고 살아야 합니다. 우리가 '소명의식'과 함께 반드시 가져야 할 또 하나는 바로 '사명의식'입니다.

'사명의식'이 있다는 것은 우리에게 하나님의 창조의 목적이 있다는 것입니다. 그렇기에 '사명'은 우리가 '살아가는 이유'이기도 합니다. '사명'이 있기에 우리 인생의 방향이 바르게 설정되고, 이를 통해 열정을 가진 사람으로 살아가게 됩니다.

물론 우리에게 주어진 사명은 여러 가지가 있습니다. 하지만 그 중에서 가장 큰 사명, 이른바 '사명 중의 사명(使命)'은 바로 영혼들을 구원하는 전도입니다(벧전 2:9). 사도 바울이 주님을 깊이 만난 이후 고백한 사도행전 20장 24절을 보면 "내가 달려갈 길과 주 예수께 받은 사명 곧 하나님의 은혜의 복음을 증언하는 일을 마치려 함에는 나의 생명조차 조금도 귀한 것으로 여기지 아니하노라"라고 했습니다. 그는 영혼구원을 위해 일생을 살기로 결심했고 그 일에 자신의 모든 것을 다 드렸습니다. 하나님께서 너무나도 중요하게 여기시는 사명이 바로 전도입니다.

하나님은 전도자를 하늘의 스타로 만들어주시겠다고 약속하셨습니다(단 12:3). 인복, 물복, 자랑거리가 되는 삶을 약속하셨습니다(사 60:1-9). 전도의 사명이 너무 중요한 사명이기에 그 사명을 감당하지 않을 때 찾아오는 책임과 벌도 큽니다(겔 3:18).

이 내용은 2년여 동안 감리교 기관지인 기독교타임지에 "이현식의 전도이야기"로 연재한 것입니다. 한국 교회는 정체성을 가지고 다시 '구원선'으로서 사명을 자각하여 '사명 중의 사명(使命)'인 전도의 열정을 회복하기를 갈망하면서 이 책을 펴냅니다.

마지막으로 부족한 저를 행복한 목사로 전도의 일꾼으로 삼아주시고 1988년부터 지금까지 30년 동안 목회하게 하시고 책으로 출판하게 하신 하나님께 감사를 드립니다. 또한 행복한 사역의 터전으로 함께한 진관감리교회와 교우들, 복음의 든든한 동역자들에게, 그리고 나의 한결같은 후원자인 사랑하는 아내 신미자와 가족에게 감사의 마음을 전합니다.

진관감리교회 담임목사 **이현식**

목차

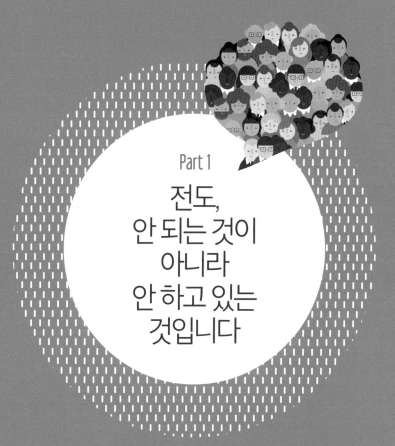

Part 1

전도,
안 되는 것이
아니라
안 하고 있는
것입니다

전도,
안 되는 것이 아니라
안 하고 있는 것입니다

전도하면 전도 됩니다

어느 교회에서 곧 있을 부흥회에 대한 광고를 하였습니다.

"이번 부흥회에는 전도에 대해 탁월한 은사를 가진 강사를 모시게 되었으니 모두 참여하여 은혜를 받읍시다."

그런데 부흥회가 진행되는 동안, 한 권사님이 계속에서 참석하지 않으시는 것이었습니다. 그 권사님은 늘 맨 앞자리에 앉아 열심히 은혜받던, 그런 분이셨습니다. 목사님이 전화를 걸어 "무슨 일이 있느냐?"고 물었더니, 그 권사님은 이렇게 대답했습니다.

"목사님, 전도부흥회 참석하면 전도하게 될까 봐, 부담스러워서 그냥 집에 있어요."

어느 한 기관에서 교인들을 상대로 설문조사를 했습니다.

"신앙생활 하면서 가장 부담이 되고, 어려운 것이 무엇입니까?"

그러자 사람들은 "전도"라고 답을 했습니다. 실제로 오늘날 교인들 중에 90% 이상의 사람들은 1년에 1명도 전도하지 않는다고 합니다. 그리고 85%의 교인들은 전도를 해야 한다는 생각은 가지고 있지만, 정작 현실에서는 어려움에 부딪혀 주저하게 된다고 말합니다.

그러나 저는 전국 곳곳을 다니며 전도 집회를 인도할 때마다, 첫 시간부터 강력하게 외치는 것이 있습니다. 그것은 바로 "전도하면 전도된다!"는 것입니다. 이 원리를 꼭 기억해야 합니다. 전도하면 반드시 전도가 됩니다.

여호수아 6장에 보면 여리고성이 무너지는 이야기가 나옵니다. 이스라엘 백성은 하나님께서 약속하신 가나안 땅에 들어가기 위해서는 반드시 여리고성을 무너뜨려야만 했습니다. 그 때 하나님께서 여호수아에게 명하신 말씀을 요약하면 다음과 같습니다.

'백성들과 함께 성을 하루에 한 바퀴씩 6일 동안 돌아라. 그리고 제7일째 되는 날에는 성을 일곱 바퀴를 돌고 소리를 질러라. 그러면 그 성이 무너지게 될 것이다.'

그러나 상식적으로 볼 때 이것은 결코 가능하지 않습니다. 7일 동안 성을 열세 바퀴를 돌고 소리를 힘껏 지른다고 난공불락의 성이 무너질까요? 열세 바퀴가 아니라 만 삼천 바퀴를 돈다 해도 그 성은 절대로 무너지지 않을 것입니다. 그러나 하나님께서 명하신 대로 순종하였을 때, 그 견고한 여리고 성은 무너졌습니다. 놀라운 역사의 원리는 이렇습니다.

"성을 돈 것은 백성이지만, 성을 무너뜨린 것은 하나님이시다."

이와 같은 원리는 전도에도 그대로 적용이 됩니다.

"전도하는 것은 우리의 몫이고, 전도가 되게 하는 것은 하나님의 몫이다."

우리가 전도하면 하나님은 하나님의 방법을 동원하여 전도가 되게 하십니다. "전도하면 전도된다!" 이것은 지난 22년 동안 전도를 목회와 신앙의 중심에 두고 살아온 저의 단순하면서도 확고한 생각입니다.

오늘날 많은 사람이 '지금은 전도가 안 되는 시대'라고 말합니다. 합리적이고 타당해 보이는 논리를 대면서 전도의 시대는 이미 막을 내렸다고 주장합니다. 그러나 결코 그렇지 않습니다. 지금은 전도가 "안 되는" 시대가 아니라, 전도를 "안 하는" 시대입니다. 실제로 전도를 열심히 하는 곳에서는 여전히 많은 열매가 맺히고 있습니다. 마귀의 논리에 눌려 전도대를 철수하는 교회는 여전히 전도불가론에 빠져있지만 지금도 열심히 전도하는 교회들은 수많은 구원의 열매가 맺히는 것을 목격합니다.

오늘날 교인들이 전도를 어렵게 생각하고, 전도하다가 중단하는 이유는 전도에 대한 몇 가지의 오해를 가지고 있기 때문입니다. 전도에 대해 가지고 있는 막연한 오해들을 풀지 않고 그냥 마음속에 가지고 있기 때문에 전도를 어렵게 생각하고 전도에서 떠나 살고 있습니다. 사람과의 관계에서도 오해를 풀지 않고 그냥 내버려 두면 둘의 관계가 점점 멀어져서 나중에는 원수지간까지 되는 것처럼, 전도에 대한 오해도 풀어야 합니다.

곧 좋은 전도자가 되기 위해서 우리가 가장 시급하게 해야 할 일은 전도에 대한 오해를 푸는 것입니다. 마음속에 자리잡고 있는 전도에 대한 오해를 풀기만 하면 분명 그 사람은 얼마든지 전도할 수 있고 전도의 놀라운 열매들이 맺히는 것을 목격할 수 있습니다.

전도하면 하늘에서 복이 떨어지냐고요?

두 사람이 있었습니다. 그렇게 가까운 관계는 아니었지만, 서로 좀 친해지고 싶은 마음이 있었습니다. 그런데 어느 날, 두 사람 사이에 '좋지 않은 오해'가 생겼습니다. 그 오해 때문에 두 사람은 앞으로 절대로 가까워질 수 없다고 생각했습니다. 이 사실을 알게 된 어떤 사람이 두 사람이 만날 수 있는 자리를 마련하고, 그 오해를 풀게 했습니다. 오해가 풀리자 두 사람은 십 수 년을 사귄 친구처럼 아주 친한 관계가 되었습니다.

이 이야기 속에 나오는 두 사람 중에 한 사람은 바로 '나'(90% 이상의 교인들)이며, 또 한 사람은 바로 '전도'입니다. 오늘날 수많은 교인이 설교,

성경공부 등을 통해 전도의 중요성과 당위성에 대해 깨닫고 그에 대한 부담을 갖기도 합니다. 그러나 현실에서는 전도와 친해지지 못하는 경우가 많습니다. 그 이유는 전도에 대한 오해를 가지고 있기 때문입니다. 그 막연한 오해만 풀리면 그 동안 전도하지 못했음을 후회하면서 신바람나게 전도할 수 있는데, 아직 그 오해로부터 풀려나지 못해 전도가 현실이 되지 못하고 있는 것입니다.

지금 우리 조국 교인들이 가지고 있는 전도에 대한 오해는 무엇일까요? 그 첫 번째는 "전도하면 그 전도를 통해 구원 받은 사람이나 좋은 것이지, 나에게는 정작 무슨 복이 주어지나?" 하는 것입니다. 실제로 어느 목사님이 설교시간에 전도하라고 강조하자, 한 교인이 볼멘소리로 대답했습니다.

"전도! 좋지요! 그러나 시간을 드리고 물질을 드려서 전도하면, 지옥 갈 그 사람이 천국 가게 되니 좋고, 그리고 교회가 부흥하니 좋고, 나아가 교인이 늘었으니 목사님이 좋으시겠지만, 솔직히 전도한 나에게 떨어지는 현찰적(現札的)인 복이 뭐가 있습니까?"

이 이야기를 듣고 목사님은 다시 이런 질문을 했습니다.

"만일, 불신자 한 사람을 전도해서 교회로 데리고 올 경우, 그 즉시 당신의 통장으로 현금 일천만 원이 입금된다면 전도하시겠습니까? 안 하시겠습니까?"

그러자 그 사람은 겸연쩍게 웃으면서 대답했습니다.

"아, 다니던 직장도 그만두고 오직 전도만 하며 살아야지요."

전도는 불신자에게만 유익한 일이라고 오해하는 사람들에게 저는 이렇게 말합니다.

"전도는 물론 불신자에게 유익한 일입니다. 그 영혼이 전도를 통해 구원을 받게 되니 얼마나 복된 일입니까? 그러나 전도는 불신자에게만 좋은 일이 아닙니다. 불신자가 구원을 얻으면 하나님께서는 의인 아흔 아홉 명이 하나님을 기쁘시게 해드리는 것보다 더 크게 기뻐하시는데 (눅 15:7) 하나님께 큰 기쁨을 드린 그 전도자를 그냥 두시겠습니까?"

분명 전도자에게 임하는 복이 있습니다. 먼저 전도를 통해 생명을 살려내니, 생명이 넘치는 삶을 살게 됩니다. 저는 자주 전도자의 얼굴에서 반사되어 나오는 생명의 활기를 봅니다. 그리고 전도하는 사람은 사탄의 모든 시험을 이기는 파워 크리스천으로 살아갑니다. 왜냐하면 전도는 사탄의 진을 파하기 위해 나가는 영적 전쟁이기 때문에 전도자는 말씀과 성령으로 무장할 수밖에 없게 되는 것입니다. 곧 사탄을 이기는 영적 전사로 활력 있게 살아가게 되는 것입니다.

또한 하나님은 '전도하는 사람을 복되다'(사 52:7) 하시고, 그의 삶을 '하늘의 별처럼 빛나게 만들어 주시겠다'(단 12:3)고 말씀하셨습니다. 몇 년 전에 '300만 총력전도운동'을 펼치면서 김진호 전(前) 감독회장께서 가는 곳곳마다 외쳤던 말씀이 있습니다.

"일어나라 빛을 발하라(興起發光)"(사 60:1)

우리가 일어나서 복음의 빛을 발하는 전도자의 삶을 살아가면 하나님은 우리로 하여금

① 영향력 있는 삶(사 60:3)

② 인복이 있는 삶(사 60:4)

③ 물복이 있는 삶(사 60:5)

④ 자랑거리 넘치는 삶(사 60:9)을 살게 해주실 것입니다. 그래서 저는 단언합니다.

"전도는 win-win이다."

전도하면 불신자도 좋고, 하나님도 좋고, 교회도 좋고, 전도하는 우리 자신도 좋습니다. 무엇보다 이것은 어렵지 않습니다. 생명을 살리는 전도! 하면 됩니다! 왜냐하면 내가 전도하면 하나님께서 전도가 반드시 되도록 만들어 주시기 때문입니다(마 4:19).

전도는 어명(御命)입니다

많은 그리스도인이 전도를 하면서 가지게 되는 고민 중 하나는 "왜 나에게는 전도의 열매가 맺혀지지 않느냐?"는 것입니다. 이른바 전도의 실적에 대한 부담입니다. 교회 안에서 나보다 덜 열심히 전도하는 사람에게는 전도의 열매가 많이 맺히는데, 왜 그들보다 더 많은 시간과 열정을 쏟으며 전도하는 나를 통해서는 등록되는 사람이 생기지 않을까 하며 고민하는 것입니다. 분명 이런 생각은 우리를 낙심하게 만듭니다.

그러던 어느 날, 성경에 나오는 은사의 목록 중에서 복음전파, 이른바 전도의 은사(엡 4:11)를 보는 순간, 그동안의 고민을 접고 전도에 대한 부담으로부터 자유함을 느끼곤 합니다. 그때부터 누군가가 그에게 전도를 하라고 권면하면 그는 당당하게 이렇게 말을 합니다.

"그동안 몰랐는데, 제게는 전도의 은사가 없어요. 하나님은 그 대신 제게 찬양의 은사를 주셨는데, 저는 앞으로 전도에서는 손을 떼고, 찬양하는 일에만 전념하려고 합니다."

그가 이렇게 말하는 논리는 간단합니다. 하나님은 각 사람에게 각양 은사를 주셨고, 그 은사에 따라 사역하는 것이 가장 효율적인데, 전도 사역도 마찬가지라는 것입니다. 물론 그 사람의 주장이 틀린 것은 아닙니다. 주어진 은사를 발견하고, 그 은사에 따라 사역을 행하는 것은 실용과 효율을 가치로 여기는 현대시대에 맞는 생각이라 할 수 있습니다. 그러나 그렇게 말하는 사람이 모르는 것이 하나 있습니다.

어느 날, 감신대학원 전도학 강의를 마치고 돌아온 후, 딸과 학교 수업에 대해 이런저런 이야기를 나눈 적이 있습니다. 당시 제 딸도 다른 학교 대학원에 다니던 중이었는데, 딸아이는 제가 학생들의 출석관리를 상당히 까다롭게 하고 있다는 말을 듣고, 이렇게 말했습니다.

"아빠, 그렇게 출석과 성적관리를 지나칠 정도로 철저하게 하는 것이 학생들에게 알려지면 다음 학기부터 아빠 과목을 기피하게 되고, 그러면 그 과목은 폐강이 될 수도 있어요."

그때 저는 그 이야기가 틀린 것은 아니라고 생각했습니다. 그러나 이후에도 제가 늘 하던 방식대로 철저하게 출석관리를 할 수밖에 없었습니다. 그 이유는 제가 강의하는 전도학 과목은 감리교회와 학교가 정한 필수과목이기 때문이었습니다.

그렇습니다. 선택과목은 수강생 마음대로 할 수 있지만, 필수과목은 마음대로 할 수 없습니다. 반드시 수강해야만 졸업을 할 수 있습니다. 우리가 교회에서 신앙생활하면서 행하는 일들이 여러 가지가 있는데, 그중에서 전도는 선택 사항이 아니라 필수 사항입니다. 왜냐하면 전도는 은사의 차원을 뛰어넘어 구원받은 사람이라면 누구든지 해야 하는 의무요, 책임이기 때문입니다.

성경에서 전도에 대한 말씀을 보면, 거의 대부분 명령형 어법을 사용하고 있습니다(딤후 4:1-2). 주님이 주고 가신 유언과도 같은 마지막 명령 역시 반드시 전도하라는 것이었습니다(마 28:19; 막 16:15; 눅 24:48; 행 1:8).

조선시대 사극을 보면 제 임무를 수행하지 못하는 고을 원님에게 암행어사가 나타나 마패를 보이면서 한마디를 던집니다.

"어명이오!"

그러면 모든 것이 다 정리가 되는 모습을 보게 됩니다. 전도도 "어명"입니다. 우리가 전도의 은사 유무를 떠나서 왜 전도자의 삶을 살아야 합니까? 전도는 만왕의 왕이신 우리 주님이 주신 "어명"이기 때문입니다.

"전도는 은사가 있는 사람만이 하면 됩니다."

이것이 교인들이 전도에 대해 가지고 있는 오해입니다. 여기에 대해 저는 외칩니다.

"아닙니다. 전도는 은사가 있든지, 없든지 구원 받은 사람은 누구나 해야 합니다. 왜냐하면 전도는 어명이기 때문입니다."

오늘도 저는 "전도는 어명이오!" 이 말을 가슴에 안고 행복한 전도자의 길을 걸어가고 있습니다.

"꿩 잡는 게 매"라고요?

"모로 가도 서울만 가면 된다."는 말이 있습니다. 이 말처럼 지금 이 시대의 많은 사람은 그 과정보다는 결과를 중시합니다. 또한 그 결과물을 만들어 내는 능력을 가치 있게 여깁니다. 그러다 보니 오늘날의 교육도 무조건 경쟁에서 살아남는 능력을 배양하는 데 치중하곤 합니다. 심지어 그 과정 속에서 이루어지는 최선을 향한 노력은 마치 사치품인 것처럼 여기게 하고 있습니다.

어느 교회에서 '총동원 전도축제'를 하게 되었습니다. 초청주일에 50명 이상 데리고 오는 사람은 성지순례를 보내 주고, 가장 많이 데리고 오는 사람에게는 경승용차 한 대를 주겠다고 광고를 했습니다.

전도축제 당일, 103명을 데리고 온 집사님이 있었습니다. 그분은 결국 교회의 전도왕이 되었는데, 알고 보니 데려온 사람 중 70여 명에게 일당으로 3만 원씩 주었다는 것이었습니다. 심지어 "그게 아닌데…."라고 말하는 한 교인을 향하여 "그래도 그게 남는 장사가 아니냐?"고 되묻기까지 했다고 합니다.

오늘날 많은 교인이 전도에 대해 가지고 있는 오해 중 하나는 "꿩 잡는 게 매"라는 속담처럼, '어쨌든 열매가 있어야 한다', '전도 역시 결과가 중요하다'고 생각하는 것입니다.

실제로 교인들에게 전도를 독려하면 이렇게 말하는 사람들이 많습니다.

"목사님, 제가 전도를 안 해 본 게 아닙니다. 저도 나름 열심히 전도해 보았습니다. 특히 제 남편 구원을 위해서 20년 이상 노력해 보았습니다. 그런데 열매가 맺혀지지 않아요! 그래서 그만두었습니다."

물론 전도에 있어서 열매는 매우 중요합니다. 그러나 우리가 좋은 전도자가 되기 위해 반드시 알아야 할 것이 있습니다. 전도를 할 때, 우리와 하나님 사이에 역할 분담이 있다는 것입니다.

그런즉 심는 이나 물 주는 이는 아무 것도 아니로되 오직 자라게 하시는 이는 하나님뿐이니라 심는 이와 물 주는 이는 한가지이나 각각 자기가 일한 대로 자기의 상을 받으리라(고전 3:7-8)

'열 번 찍어 안 넘어가는 나무가 없다'는 말처럼, 전도에서 우리가 할 일은, 좋은 관계를 통해 그 사람의 마음 밭을 옥토로 만들어 나가고, 믿음으로 복음의 씨앗을 뿌리는 것입니다. 나아가 사랑의 섬김으로 거름을 주는 등 그 과정에 최선을 다하는 것입니다. 그러면 하나님께서 분명 '때가 되었을 때' 전도의 열매를 거두게 하십니다.

특히 '전도는 결과가 중요하다'는 오해를 풀기 위해 우리는 늘 두 가지 사실을 명심해야 합니다. 먼저, 전도에는 실패가 없다는 것입니다. 그토록 오랫동안 전도를 했는데도 결과가 없습니까? 실패한 게 아닙니다. 왜냐하면 지금도 전도는 진행 중에 있기 때문입니다.

또한 전도에는 공동 수상(受賞)이 있다는 사실을 기억해야 합니다. 하나님께서 전도에 대해 상을 주실 때, 불신자를 교회로 인도한 사람에게만 상을 주시는 것이 아니고, 그를 위해 기도한 사람, 여러 번 시도했지만 열매를 거두지 못하고 실패한 사람, 그리고 형편으로 인하여 직접 전도 현장에 나가지 못했지만 전도를 위해 물질을 드리며 협력한 사람 등, 전도를 위해 수고하고 애쓴 모든 사람들에게 골고루 상급과 면류관을 주십니다.

눈앞에 나타나는 전도의 열매와 상관없이 오늘도 전도하고 있다면, 그 사람은 전도를 바르게 알고 있는 사람입니다. 그 사람을 통해서 반드시 전도의 열매는 맺혀지게 될 것입니다. 그러나 열매 타령이나 하면서 전도를 중단한 사람이 있다면 그는 전도를 모르는 사람이요, 나아가 자신도 모르는 사이에 하나님의 영역에 손을 대는 불경스러운 사람이 되는 것입니다.

꿩은 못 잡아도 됩니다. 왜냐하면 하나님은 꿩을 잡기 위해 애쓴 우리의 시도, 그 자체만으로도 마음 흡족해 하실 것이기 때문입니다. 또한 이를 통해 우리의 힘이나 지혜가 아니라 성령의 지혜와 권능으로 꿩을 많이 잡는 전도자가 되게 하실 것이기 때문입니다.

"전도! 결과가 아니라 과정이 중요합니다!"

그 과정에 최선을 다하다 보면, 반드시 아름다운 열매를 거두게 될 것입니다.

전도자로 나아가기 위한 본격적인 작전 개시

1단계 _ 나의 문제를 정확히 파악하기

1) '전도'라는 단어를 듣는 순간 가장 먼저 떠오르는 생각, 혹은 감정은 어떤 것인가요?
   (복수 표기 가능)
   ① 설렌다 / 기대감이 생긴다
   ② 뜨겁다 / 열정이 생긴다
   ③ 부담스럽다 / 어렵게 느껴진다
   ④ 나랑 상관없어 보인다/ 솔직히 관심이 없다
   ⑤ 기타 : (   )

2) 만약 전도에 대한 부담이나 두려움이 있다면 그 이유는 무엇 때문인가요?
   (복수 표기 가능)
   ① 사람들에게 다가가는 것에 대한 부담 때문에(혹은 사람들의 거부 반응 때문에)
   ② 전도에 할애할 에너지, 시간이 부족하다는 생각 때문에
   ③ 전도하는 방법에 대해 아직 익숙하지 않아서
   ④ 전도를 해도, 열매가 맺히지 않을 것 같다는 생각 때문에
   ⑤ 기타 : (   )

3) 내가 현재 가지고 있는 전도에 대한 오해는 어떤 것들인가요?(복수 표기 가능)
   ① 전도해도 나에게는 별 유익이 없을 것 같다(복이 주어지지 않을 것 같다).
   ② 전도는 은사를 가진 특정 사람만의 몫이다.
   ③ 전도의 열매가 없으면 아무리 열심히 했어도 소용없다.
   ④ 기타 : (   )

2단계 – 하나님의 말씀 듣기

전도에 대해 부담을 갖는 사람들에게 하나님은 이렇게 말씀하십니다.
▶ "전도 '되는 것'은 내가 한다."
▶ "전도자에게 주어지는 영육간의 복은 이루 말할 수 없을 정도로 풍성하다. 특히 그 복은 내가 네게 직접 주는 것이다."
▶ "전도는 선택이 아니라 필수이며 어명이다. 그러니 무조건 시작하라."
▶ "전도하면, 그 과정 자체로 내가 기뻐하고 인정한다. 열매는 내가 맺어주는 것이니 이 부분에 부담을 느낄 필요가 없다."

3단계 – 생각과 행동의 변화

▶ 전도의 열매를 내가 맺는다고 생각하면 부담스럽고 두려울 수밖에 없습니다. 그러나 우리는 하나님이 명하신 대로 전도를 '하기만' 하면 됩니다. 그다음은 하나님의 몫입니다. 우리가 첫발만 내디디면 그다음은 하나님이 다 알아서 해주십니다.

4단계 – 변화를 향한 한 걸음

▶ 이제 본격적으로 전도에 대한 오해를 하나씩 풀어 나갑시다. 전도자에게는 우리가 상상한 것 이상의 복이 주어진다는 것과, 전도는 하나님의 명령 그 자체임을 기억합시다. 또한 열매보다 중요한 것은 전도의 과정임을 잊지 맙시다.

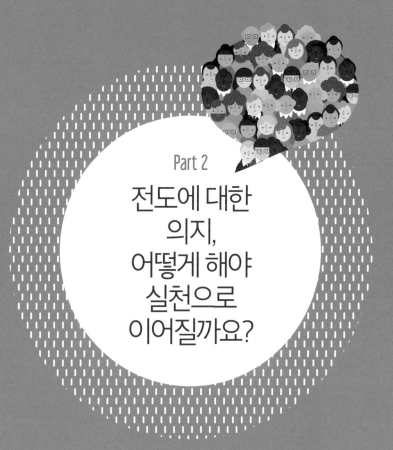

Part 2

전도에 대한
의지,
어떻게 해야
실천으로
이어질까요?

Part 2

전도에 대한 의지,
어떻게 해야
실천으로 이어질까요?

전도가 술술 되어져요

교회를 오래 다닌 사람들이 가지고 있는 공통점 두 가지가 있습니다. 하나는 전도에 대해 큰 심적 부담을 가지고 있다는 것입니다. 그리고 또 하나, 그들은 전도가 매우 어렵다고 생각하는 것입니다. 그래서 전도하라고 이야기하면, 이런 반응부터가 나옵니다.

"목사님! 전도해야 한다는 것을 아주 잘 알고 있습니다. 해야지요! 당연히! 그런데 솔직히 말씀드리면, 힘들고 어려워서 전도를 못 하겠습니다."

저 역시 아주 오래전부터 전도를 해오고 있지만, 솔직하게 말해서 전도란 그렇게 쉽고 만만한 것이 아닙니다. 왜냐하면 전도(傳道)란, 말 그

대로 기독교의 진리(道)를 전(傳)하는 것이기 때문입니다. 진리를 전달하는 그 자체가 결코 쉬울 수는 없을 것입니다. 그리고 세상 사람들은 우리에게서 전도 되는 것(전도 당하는 것) 자체를 거부하고 싫어할 수도 있습니다. 그런 면에서도 전도하는 것은 말처럼 그렇게 녹록하지 않습니다.

그러나 한 가지 사실만 확실히 깨닫게 되면 그때부터 전도는 매우 쉬워지고, 전도는 즐거운 것이 됩니다. 그 한 가지는 바로 "성령과 함께" 전도하면 된다는 것입니다. 우리를 향한 성령의 역사는 무궁무진하지만, 전도와 관련해서 성령은 세 가지로 역사하십니다.

첫째, 성령은 굳게 닫힌 문(門)들을 열어 주십니다. 우리 주님이 말씀하셨듯이, 성령이 아니고서는 예수를 그리스도라고 시인할 수 없습니다. 성령께서는 전도대상자의 굳게 닫힌 마음의 문을 열어 주시고, 나아가 사도 바울의 중보기도 요청에서도 볼 수 있듯이 닫혀 있는 대문, 구원의 문을 활짝 열어 주십니다.

초기 기독교인들의 전도에 대한 간증에 대해 성경은 다음과 같이 기록합니다.

성령으로 무장한 뒤, 세상으로 나갔더니 성령의 역사로 전도가 되어지더라(행 2:41;4:4, 31)

이 말씀대로, 성령과 함께 전도하면 굳게 닫힌 마음의 문, 대문, 구원의 문들이 활짝 열려지는 역사를 체험하게 됩니다.

둘째로 성령은 전도가 술술 되게 해주십니다. 주님은 '내 증인 되라'가 아니라 '내 증인이 되리라'라고 말씀하셨습니다.

오직 성령이 너희에게 임하시면 너희가 권능을 받고 예루살렘과 온 유대와 사마리아와 땅 끝까지 이르러 내 증인이 되리라 하시니라(행 1:8)

'되라'와 '되리라'는 엄청난 차이를 가지고 있습니다. 만약 주님이 우리에게 '증인이 되라'고 말씀하셨다면 전도는 너무 고달픈 일이 되고 힘든 일이 될 것입니다. 왜냐하면 전도의 전략, 방법, 그 과정, 그 결과에 대한 모든 책임은 바로 전도자인 나에게 있기 때문입니다.

그러나 주님은 '증인이 되라'고 말씀하시지 않고 '되리라'라고 말씀하셨습니다. 무슨 뜻입니까? 우리가 성령으로 충만하기만 하면, 전도의 주체가 되시는 성령께서 우리를 통해 전도가 되도록 만들어 주시겠다는 것입니다. 지금까지 많은 사람이 전도를 어려운 것으로 생각했다면 그 사람은 '되라'의 전도자였기 때문일 것입니다. 그러나 지금 신나게, 기쁨으로 전도하고 있다면 그 사람은 성령과 함께 '되리라'의 전도를 하고 있는 것입니다.

셋째로 성령은 전도자의 언어, 즉 입술을 지켜 주십니다(마 10:19-20). 많은 분이 전도에 대해 자신감을 갖지 못하는 이유는, 자신은 천성적으로 말을 유창하게 하지 못하는 사람이고 특히 낯선 사람들 앞에서는 더더욱 그러하다고 생각하기 때문입니다. 그러나 우리가 성령을 의지하고 전도 현장에 나가면, 성령은 우리가 만나는 사람들을 향하여 마땅히 할 말을 생각나게 하셔서 가장 적절하고 가장 능력 있는 말씀으로 복음을 전하게 하십니다.

전도가 '술술 되는 기쁨'을 맛보길 원하십니까? 성령과 함께 전도하십시오. 성령과 함께 전도하면 예수님처럼, 아니 예수님이 행하신 것보다 더 큰 역사를 맛보게 될 것입니다(요 14:12:16:7;행 1:8) 성령과 함께 전도함으로, "목사님, 전도가 술술 되어져요!" 이런 고백이 한국 교회 안에 울려 퍼지게 되길 바랍니다.

말귀를 좀 못 알아들으시길 바랍니다

자신의 전도 목표에 대해 말하는 사람들의 이야기를 들어본 적이 있습니까? 그중에는 앞으로 백 명 또는 천 명, 더 나아가 만 명을 전도하겠노라고 말하는 사람들이 있습니다.

물론 어떤 목표를 정한다는 것은 좋은 것입니다. 또한 다다익선이라고, 많은 사람을 전도하는 것은 참으로 좋은 일이 아닐 수 없습니다.

그러나 저는 그런 이야기를 들을 때마다 한 사람의 고백이 생각나곤 합니다. 바로 테레사 수녀입니다.

"난 결코 대중을 구원하려고 하지 않는다. 난 다만 한 개인을 바라볼 뿐이다. 난 한번에 단지 한 사람만을 사랑한다. 한번에 단지 한 사람만을 껴안는다. 단지 한 사람, 한 사람, 한 사람씩만. 만일 내가 그 한 사람을 붙잡지 않았다면 난 4만 2천 명을 붙잡지 못했을 것이다."

"올 해의 전도 목표는 몇 명입니까?" "한 명입니다." 매우 소극적인 전도자의 대답인 것 같지만 실제로 한 명을 목표로 전도하는 사람에게 그 이후로도 계속적인 전도의 열매가 나타나는 것을 보게 됩니다. 왜냐하면 '한 사람을 전도하는 것'이 가진 탁월한 장점은 집중과 반복이기 때문입니다. 무엇보다 예수님은 비유의 말씀을 통해서 한 영혼의 가치는 천하보다 귀하다고 말씀하셨습니다(눅 15:4).

그렇다면 천하보다 귀한 한 사람을 전도하기 위해서는 어떻게 해야 할까요? 제일 먼저 해야 할 일은 그 '한 사람을 정하는 것'입니다.

오스카 톰슨의 동심원의 원리에 따라 찾아보면 우리 주변에는 무수히 많은 전도대상자가 있음을 알게 됩니다. 바로 그런 사람들, 즉 내 주변에 있는 불신자들 중에서 꼭 주님 앞으로 인도할 '한 사람'을 선택하면 됩니다. 이때 중요한 것은 내가 다니는 교회로 인도할 수 있는 사람을 정하는 것입니다.

'한 사람 전도'의 좋은 예가 요한복음 1장 40-46절에 나옵니다. 예수님을 믿게 된 안드레는 자기 형제 시몬을 전도대상자로 정합니다. 또한 예수님으로부터 부름 받은 빌립도 동네 사람인 나다나엘을 자신의 전도대상자로 정합니다.

전도대상자를 정한 뒤 그들은 네 개의 다리를 건너가게 됩니다. 그 첫 번째 다리는 만남의 다리입니다. 안드레는 시몬을 찾아가 만났고(41절), 빌립도 나다나엘을 찾아가서 만났습니다(45절). 한 사람을 전도하기 위해 제일 먼저, 그리고 반복적으로 계속해야 하는 것은 그를 '만나는' 것입니다.

오래 전에 순복음교단의 어느 목사님이 서울연회 전도세미나에 와서 이런 이야기를 했습니다. "순복음교회 집사들은 미련해서 전도를 잘하고, 감리교회 집사들은 너무 똑똑해서 전도를 못 한다."

구체적인 내용은 이렇습니다. 어느 집에 찾아가서, 어떤 아기 엄마에게 전도를 했더니 그 아기 엄마가 별로 달갑지 않은 얼굴로 이렇게 말하더랍니다.

"아 지금 시간이 없으니까 다음에 오세요. 다음에!"

그런 상황 앞에서 똑똑한 감리교회 집사들은 딱 알아차린다는 것이죠.

"아, 저 아기 엄마가 전도를 거부하는구나!"

그래서 다음부터는 그 집에 안 간답니다. 그러나 미련한 순복음교회 집사들은 그 아기 엄마의 말을 못 알아듣고, 다음에 또 그 집에 간답니다. 다음에 오라 그랬으니까! 그냥 눈치 없이 계속해서 찾아가고, 또 찾아가 만나고, 어느 날은 작은 선물 하나 들고 찾아가고….

이렇게 하다보면, 서로 관계가 형성되고 마침내 그 아기 엄마가 교회에 나오게 되더라는 것입니다. 그 목사님이 그때 하신 말씀이 있습니다.

"전도하기 위해 말귀 좀 못 알아들으시길 바랍니다."

저는 그 말씀이 지금도 귓가에 쟁쟁합니다.

나무 하나를 쓰러뜨리기 위해서 열 번은 찍어야 한다는 말이 있듯이 천하보다 귀한 한 사람을 전도하려면 찾아가고 또 찾아가야 합니다. '만남의 다리'를 부지런히 건너야 합니다.

역사는 만날 때 나타납니다

한 총각이 매우 아름다운 처녀를 사랑하게 되었습니다. 매일 그녀가 사는 곳으로 가서 그녀를 담장 너머로 넘겨다보며 흠모했지만 사랑을 고백하기는커녕 말도 한번 붙여 보지 못했습니다.

이 총각은 그때부터 편지를 쓰기 시작했습니다. 매일 꽃과 편지를 그녀에게 보냈습니다. 그 처녀는 꽃다발과 사랑이 가득 담긴 편지를 읽었고 그 주인공이 보고 싶어졌습니다. 그러나 정작 그 주인공을 만날 수가 없었습니다.

어느덧 3년이란 시간이 지났습니다. 총각이 다시 그 처녀가 사는 곳을 찾아가 보았을 때 그 처녀의 결혼식 준비가 한창이었습니다. 총각은 신랑이 누구인지 너무 궁금했습니다. "나보다 더 정성을 들이며 공을 들인 남자가 있었단 말인가?"

그런데 알고 보니 그 신랑은 바로 우체부였습니다. 청년 우체부와 처녀는 매일 총각이 보내는 편지를 주고받으며 친해졌고, 서로 사랑하는 사이로 발전하다가 결혼하게 된 것이었습니다.

영어 속담에 "out of sight, out of mind"라는 말이 있습니다. 안 보면

멀어진다는 뜻입니다. 자주 보아야 마음이 통하게 되고, 자꾸 만날 때 역사가 나타나게 된다는 것을 의미하는 것입니다.

천하보다 귀한 한 영혼을 구원하는 것도 마찬가지입니다. 전도대상 자를 정한 뒤, 그 사람과 꾸준하게 지속적으로 만나는 과정을 통해 우리는 그 사람을 하나님 앞으로 인도할 수 있습니다.

그래서 전도대상자가 정해진 뒤 반드시 건너야 할 첫 번째 다리는 만남(visit)의 다리입니다(요 1:43, 45). 만나되 가장 먼저 해야 하는 것은 기도하는 중에 그 사람을 만나는 것입니다. 이것은 곧 전도대상자를 위해서 충분히 기도하는 시간을 갖는 것입니다.

전도는 영적인 영역이기 때문에 전도대상자를 내가 마음에 품으면 귀신은 귀신처럼 그것을 알고 본격적으로 방해하기 시작합니다. 그러기에 우리는 전도대상자에게 사탄이 역사하지 않도록 그를 위해서 기도해야 합니다.

또한 전도대상자의 마음 밭이 옥토가 될 수 있도록 기도해야 합니다. 내가 그에게 찾아가서 복음을 전하게 될 때 그의 마음이 복음의 말씀을 잘 받아들일 수 있는 옥토(막 4:8)가 되기를 기도해야 합니다. 더 나아가 전도대상자의 마음을 성령께서 만져 달라고 기도해야 합니다. 왜냐하면 성령이 아니고서는 예수를 그리스도라 시인할 수 없기 때문입니다 (요 15:26;16:13).

사도행전에 나오는 초대교회 교인들에게 있어 전도의 출발은 기도였습니다. 기도할 때 성령께서는 우리가 나가게 될 전도의 현장에서 역사하시고, 우리가 만나게 될 전도대상자의 마음에서도 역사하십니다.

빌기를 다하매 모인 곳이 진동하더니 무리가 다 성령이 충만하여 담대히
하나님의 말씀을 전하니라(행 4:31)

현장 전도를 통해 얻게 된 한 가지 사실이 있습니다. 전도대상자를
위해 충분히 기도하고 만나면 전도가 너무 쉽고 편해지더라는 것입니
다. 전도대상자를 기도 중에 충분히 만나고 찾아가면, 기도를 통해 형
성된 영적인 관계로 인하여 술술 풀리는 전도를 경험할 수 있었습니다.

기도는 관계의 문을 여는 열쇠와도 같습니다. 한 영혼을 구원하기 위
해서라면 백 번, 아니 천 번이라도 기도하겠다는 마음을 가지고 충분히
기도하는 전도자가 되어야 합니다.

생명의 논리로 전도해야 합니다

누가복음 15장을 보면 3가지의 비유가 나옵니다. 잃어버린 동전의
비유, 잃어버린 양의 비유, 잃어버린 아들의 비유입니다. 이 비유들이
가지고 있는 공통점이 두 가지가 있는데, 첫째는 잃어버렸다가 다시 찾
았다는 것과 둘째는 찾은 이후에 큰 잔치가 벌어졌다는 것입니다.

먼저, 잃어버렸던 양 한 마리를 찾은 사람은 몹시 기뻐하면서 큰 잔
치를 벌였습니다. 그러나 한번 생각해 보십시오. 팔레스타인 지역에서
잔치를 벌인다면 틀림없이 양을 잡아서 잔치를 했을 것입니다. 길을 잃

고 헤매던 바보 같은 양 한 마리를 찾은 뒤에 멀쩡한 양 몇 마리를 잡아서 잔치를 벌이는 이 모습은 도무지 이해가 되지 않습니다.

또한 잃은 동전 한 닢을 찾은 사람 역시, 너무 기쁜 나머지 친구들을 불러서 잔치를 합니다. 동전 한 닢 때문에, 동전 몇 닢을 허비하면서 말입니다.

그리고 집에서 묵묵히 충성하는 큰아들을 위해서는 아무것도 안 하시던 아버지가, 자신의 유산을 미리 가지고 나가 타락한 생활로 모든 재산을 다 탕진한 둘째 아들이 돌아오자 동네가 떠들썩하게 큰 잔치를 벌입니다. 합리적으로, 이성적으로 맞지 않습니다.

이 비유들을 통해 주님이 강조하려는 것이 무엇일까요? 하나님께서는 잃어버린 한 영혼을 찾는 일을 더 없이 소중하게 여기신다는 것입니다.

하나님께서는 잃어버린 한 영혼이 다시 돌아오고 구원받게 되기를 간절히 소원하시면서 독생자 예수 그리스도를 이 세상에 보내셨고, 십자가 위에서 대속의 죽음을 죽게 하셨습니다.

전도할 때 우리가 꼭 마음에 두어야 할 사실이 있습니다. 우리가 잃어버린 영혼을 찾아 나가 전도하는 일은 주판알 굴려서 계산하고 손익을 따지는 경제논리가 아니라는 것입니다. 생명의 논리를 가지고 해야 한다는 것입니다.

왜 우리는 한 영혼 구원을 위해 경제논리를 뛰어넘어 계속 투자하고 쏟아부어야 합니까? 그 이유는 오늘날의 교회와 지금 이 자리에 있는 나를 보면 잘 알 수 있습니다. 이 땅 위에 교회가 세워지고, 오늘 내가 구원받아 이 자리에까지 오기에는 값으로 계산할 수 없는 수많은 수고와 투자가 있었습니다.

오늘 나 한 사람의 구원을 위해서 얼마나 많은 사람들이 눈물 뿌려가며 기도하고, 물질을 투자하며 섬기고, 발이 부르틀 정도로 찾아오고, 그리고 목이 터질 정도로 복음을 외쳤는지 아십니까? 오늘 나 한 사람을 천국으로 인도하기 위해서 얼마나 많은 사람의 순교의 피가 내가 구원받아 서 있는 이 아래로 흐르고 있는지 아십니까?

우리 쪽에서는 값없이 얻은 구원이지만 그 구원이 내게로 흘러 들어오기까지 세상의 경제논리로는 도저히 이해가 안 되는 수많은 투자와 희생과 수고가 있었음을 절대로 잊어서는 안 됩니다.

분명 예수님의 피로 구원받은 우리는 모두 다 복음에 빚진 자들입니다. 구원의 복음을 전해 준 사람들의 눈물의 빚, 수고의 빚, 거절을 당하고 모욕을 당해도 또 찾아오고 찾아온 사랑의 빚 등 수많은 빚을 진 사람들이 바로 우리입니다.

이제 우리도 그 빚을 갚는 심정을 품고 나아가야 합니다. 아직도 구원받지 못한 사람들, 예수 믿기 이전의 나의 모습과 같은 불신앙의 사람들에게 복음을 전해야 합니다. 그 복음을 전하기 위해서 우리는 그들에게 찾아가야 합니다. 그들이 요청하지 않아도, 아니 거절을 당해도 찾아가야 합니다. 아흔아홉 마리의 양을 두고, 잃어버린 양 한 마리를 찾아 나섰던 그 사람의 심정을 가지고 말입니다.

전도자로 나아가기 위한 본격적인 작전 개시

1단계 – 나의 문제를 정확히 파악하기

1) 올 한 해, 나의 전도 목표는 어떠한가요?
  ① 2~10명
  ② 10~20명
  ③ 21명 이상
  ④ 일단 1명부터
  ⑤ 기타 : (   )

2) 이제껏 목표한 대로 전도를 해 왔나요? 그러지 못했다면 어떤 문제가 있다고 생각하나요?(복수 표기 가능)
  ① 목표와 계획은 세우지만 막상 하려면 두려움이 생겨서
  ② 무엇부터 시작해야 할지 몰라서
  ③ 전도대상자와 지속적으로 만나지 않아서(도중에 포기해서)
  ④ 내 힘으로 하려고만 해서(힘에 부쳐서)
  ⑤ 기타 : (   )

3) 전도를 하다가 포기하게 되는 이유는 무엇인가요?(복수 표기 가능)
  ① 상대가 거부 반응을 보여서(자존심 상하고 불쾌해서, 혹은 또 만나기 겁이 나서)
  ② 마음 문을 안 열 것 같은 사람에게 경제적, 시간적 투자를 하는 것이 아까워서
  ③ 전도의 가치를 제대로 실감하지 못해서(한 영혼을 향한 하나님의 마음이 와닿지 않아서)
  ④ 기타 : (   )

2단계 - 하나님의 말씀 듣기

전도를 의지만이 아닌 실천으로 이어가야 할 사람들에게 하나님은 이렇게 말씀하십니다.

▶ "전도는 네가 하는 것이 아니라, 성령께서 하신다."

▶ "많은 사람을 전도하려고 목표를 세울 필요 없다. 내 주위에 있는 단 한 명, 그 사람부터 전도하라."

▶ "전도하려면, 일단 만나라. 그리고 다시 만나고 또 만나라."

▶ "전도하는 동안 입게 되는 손실은 절대 손해가 아니다. 너 역시 많은 사람의 희생과 헌신에 의해 구원의 자리에 이르게 된 것이다."

3단계 - 생각과 행동의 변화

▶ 전도의 중요성을 알면서도 막연하다는 생각을 할 때가 많습니다. 이때 부담을 느끼지 말고 성령께 맡겨 봅시다. 그리고 성령의 인도하심을 믿고 일단 전도대상자 한 명을 찾아 나섭시다. 그 한 사람을 만나는 것부터 전도의 시작입니다. 단, 만나기 시작했으면 포기해서는 안 됩니다. 계속 만나고 계속 정성을 쏟아야 합니다.

4단계 - 변화를 향한 한 걸음

▶ 전도대상자를 위해 우리가 쏟는 정성은 결코 아깝고 미련한 것들이 아닙니다. 세상에서 말하는 경제원리에는 상충될지 모르지만, 잃어버린 한 영혼을 건지기 위한 모든 수고는 그 어떤 것보다도 값진 것임을 기억해야 합니다. 무엇보다 우리 한 사람, 한 사람, 그리고 우리의 교회 역시 그러한 수고와 희생 속에서 세워졌음을 명심해야 합니다. 이것이 바로 생명의 원리입니다.

Part 3

전도는
선택이 아닌,
반드시
감당해야 할
사명입니다

Part 3

전도는 선택이 아닌, 반드시 감당해야 할 사명입니다

왜 말하지 않았어요?

아프리카 동부 지역에서 사역하던 어느 선교사가 쓴 글에 나오는 이야기입니다.

동부 아프리카 지역에 도착했을 때, 그곳에는 이미 기존 선교단체가 세운 학교와 병원 등의 시설들이 잘 마련되어 있었습니다. 그런데 이상하게도 교회나 크리스천들은 찾아볼 수 없었습니다. 이유인즉슨, 선교사들이 학교와 병원을 짓고 그것을 운영하느라 정신없이 지내다 보니 자신들이 왜 그곳에 왔는지 본래의 목적을 망각했던 것입니다. 곧 비본질적인 것에 매여 살다 보니 본질인 복음을 전하지 않았던 것입니다. 그래서 나는 사람들을 찾아다니면서 예수 그리스도의 십자가와 부활을 증거하기 시작했습니다. 얼마 뒤 그곳에 큰 영적 부흥이 일어났고, 눈물로 회심하는 사람들이 줄을 이었습니다. 어느 날 한 추장이 나에게 찾아와서 통곡하며 이렇게 말했습니다.

"왜 이런 생명의 복음을 지금에서야 전해 주는 것입니까? 진작 복음을 알았더라면 우리 부모님도 구원받았을 것이고, 우리 할아버지도, 할머니도 구원받았을 것인데, 왜 그전에 계시던 선교사님들은 우리에게 복음을 말해 주지 않은 것입니까?"

이사야 52장을 보면 아름다운 발걸음에 대한 말씀이 나옵니다.

좋은 소식을 전하며 평화를 공포하며 복된 좋은 소식을 가져오며 구원을 공포하며 시온을 향하여 이르기를 네 하나님이 통치하신다 하는 자의 산을 넘는 발이 어찌 그리 아름다운가(7절)

어떻게 그 발걸음이 복된 발걸음이 될 수 있었습니까? 복음을 전하는 복된 입술 때문이었습니다. 그러나 에스겔 3장은 아름답지 못한 입에 대해서도 소개합니다. 그 입은 죽어가는 사람들에게 생명의 복음에 대해서 말하지 않는 입입니다. 하나님은 에스겔 선지자를 통해 분명히 말씀하셨습니다. 입을 열어 복음을 말하지 않으므로 그 영혼이 죽어 지옥에 간다면, 나중에 그 사람의 피 값을 입을 열어 말하지 아니한 그 사람에게서 찾겠다고….

요즘, 말로 하는 전도의 시대는 끝이 났다는 말을 합니다. 하지만 전도란 결국엔 말로 하는 것입니다. 입술의 언어든 행동의 언어든 말로 표현되어야 하는 것이 전도입니다.

요한복음 1장을 보면 좋은 전도의 모델 이야기가 나옵니다. 그 전도는 먼저 전도대상자를 정하는 것에서부터 시작이 되었고, 그 후 대상자를 찾아가서 만나는 것으로 이어집니다. 그리고 찾아가서 만난 그 전도대상자에게 복음이신 예수님을 말하는 것으로 진행이 됩니다.

즉, 전도대상자인 베드로와 나다나엘을 찾아간 안드레와 빌립은 입을 열어 천국과 예수 그리스도에 대해서 말을 했고, 그들의 말을 듣고 두 사람은 마침내 주님이 계시는 구원의 자리로 나아오게 되었습니다 (요 1:41-45).

우리 역시 전도대상자를 향하여 입을 열어야 합니다. 예수 그리스도를 말하는 사람들이 되어야 합니다. 우리 인생에서 모든 문제의 완벽한 해결자는 예수 그리스도가 되신다는 사실과 누구든지 예수를 믿으면 죄와 사망의 법에서 해방되어 하나님의 자녀로 살아갈 수 있다는 사실을 말해 주어야 합니다.

우리가 입을 열어 예수 그리스도를 말하지 않으면 누가 우리 대신 말을 해주겠습니까? 저 구청이, 저 동사무소가 혹은 세상의 복지 단체들이 우리 대신 말해 주겠습니까?

누구든지 주 예수의 복음을 들으면 구원을 받을 수 있는데, 복음을 말하는 사람이 없다면 어느 누구도 생명의 복음을 들을 수가 없습니다. 듣지 못했는데 어찌 믿고 구원을 얻을 수가 있겠습니까?(롬 10:13-15)

지금, 나의 전도대상자에게 찾아가서 구원자가 되시는 예수 그리스도에 대해서 말하십시오. 내가 말하면 내 입을 통해서 예수 그리스도께서 역사하실 줄 믿습니다.

세계는 나의 교구

'세계는 나의 교구'(The world is my parish)라는 이 말은 존 웨슬리(John Wesley, 1703~1791) 목사님이 자신의 사역을 돌아보면서 했던 말입니다. 매일 새벽 4시에 일어나서 말을 타고 여행하면서 하루에도 여러 번씩 복음 전하는 사역을 50년 이상 계속했습니다(1739~1791년). 그는 200,000마일 이상을 이동하며 총 40,000번 이상 복음을 전했습니다. 영국에서 그가 가서 복음을 전하지 않은 곳이 없을 정도입니다. 영국뿐만이 아닙니다. 웨슬리 당시에는 영국에서 미국으로 건너가기 위해서 증기선을 타고 최소한 한 달 이상 배를 타야 했는데, 그럼에도 불구하고 그는 여러 차례 미국을 방문해서 미국 내 복음 전도 운동에 앞장섰습니다. 특별히 1738년 말에 강단에서 추방된 이후 그는 길거리 전도자가 되어 영혼 구원을 위해 복음 전하는 일에 헌신했습니다. 이로 인해 복음은 세상을 향해 뻗어 나가게 되었습니다.

우리 진관교회는 대한민국 서울시 은평구에 위치하고 있습니다. 그런데 남아공, 케냐, 모잠비크, 우크라이나, 멕시코, 네팔, 파키스탄, 말레이시아, 태국, 필리핀, 몽골 등 11개국에 34개의 진관교회를 세웠고, 지금도 계속 세워지고 있습니다. 비록 사는 곳이 다르고, 언어가 다르고, 피부색이 다르지만 '진관교회'라는 이름으로 같은 하나님을 섬기고 있습니다.

우리교회의 이름은 '진관'입니다. 진관동에서 비롯된 이름입니다. 2010년도에 뉴타운에 새 예배당을 짓고 입당하면서 천년 사찰인 '진관사'에서 시작된 '진관'이라는 이름을 버리고 새 예배당 이름을 지으려고 했습니다. 그러나 '진관'(津寬)이라는 한자어에 담긴 의미를 알게 되었고 이것은 지금 우리 교회로 하여금 세상을 향해 복음으로 뻗어 나가는 교회가 되게 하였습니다. '진관'에서 '진'은 '나루터 진'(津)입니다. '관'은 '너그러울 관'(寬)입니다. 진관교회는 그리스도 예수의 너그러운 사랑(寬)을 세상에 실어나르는 나루터(津) 교회입니다. 그래서 가깝게는 지역 곳곳에 그리스도의 사랑을 날라다 주고 멀리는 아프리카 등지에 주님의 십자가의 복음과 함께 교회를 세워주고 있습니다. 교회건축을 떠올릴 때 가장 먼저 물질을 생각하게 됩니다. 하지만 결코 물질이 먼저가 아닙니다. 우크라이나와 필리핀에 교회를 건축한 여선교회 회원들은 이방을 향한 주님의 마음을 가지고 먼저 눈물로 기도했고, 케냐에 교회를 건축한 청년들 역시 먼저 열방을 향한 하나님의 마음을 품고 기도하다가 그 귀한 일들을 이루게 되었습니다. 우리교회의 성도들이 가지고 있는 생각이 하나 있습니다. 어떤 경우라도 영적 선민의식에 빠지지 말고 언제나 복음의 통로가 되어 살자는 것입니다. 하나님께서 나를 구원하시고 우리 가정을 구원하시고 우리교회를 세우신 목적은 구원 받은 우리들끼리 잘 먹고 잘 살도록 하기 위함이 아니라 구원받은 우리들로 하여금 그 복음을 세상에 나누고 전하기 위함임을 잊지 않고 있습니다. 34개의 교회를 건축해 오는 동안 그 일을 이룬 가정들을 보면 물질의 넉넉함보다는 은혜의 넉넉함이 항상 있었음을 보게 됩니다.

주님이 주신 마지막 말씀은 '증인'(證人)입니다. 복음의 증인이 누구입니까? 복음을 알고 있는 사람들끼리 복음을 나누는 것이 아니고 복음을 모르는 사람, 복음에 대해 들어보지 못한 사람에게 찾아가서 내가 알고 있는 복음의 진실에 대해서 말해주는 것입니다. 주님이 주신 '너희는 가서'(마28:19) 이 말씀은 우리로 하여금 교회나 속회 나아가 믿는 사람끼리의 나눔의 자리에서 웨슬리 목사님이 그러했던 것처럼 길거리로 나가 복음을 모르는 사람들에게 복음을 전할 것을 강권하고 있습니다. 우리 주님께서 다시 오실 그 날까지 교회와 성도들이 할 일은 분명합니다. 주님의 분부대로 복음을 가지고 지역과 열방을 향해 나가는 것입니다. 나갈 때 역사가 나타나게 됩니다. 나가 전할 때 주님이 가장 기뻐하시는 구원의 열매들이 맺혀지게 됩니다. 전도, 하면 됩니다. 복음 들고 나갈 때 역사가 나타납니다.

기대하면 반드시 됩니다

인도네시아 수라바야 지역에서 목회하는 알렉스 목사님의 일화입니다.

알렉스 목사님 가정에 뇌성마비 아들이 태어났습니다. 아들의 장애보다 견디기 힘들었던 것은 목사 가정에 뇌성마비 아들이 태어났다고 조롱하는 이슬람교도들의 비웃음이었습니다. 목사님은 이런저런 실망과 낙심도 했지만 믿음을 가지고 하나님께 기도하기 시작했습니다. 오직 십자가의 능력만 바라보며 기도했고, 뇌성마비 아들이 온전하게 건강해진 모습을 기대하며 기도했습니다.

그렇게 기도하기를 석 달이 지났지만, 아들에게는 아무런 변화가 일어나지 않았습니다. 그렇지만 목사님은 포기하지 않고 전능하신 하나님을 바라보며, 하나님을 통해 온전해진 아들의 모습을 기대하고 상상하면서 넉 달을 기도했습니다.

그러던 어느 날 아침, 기도를 마치고 아들의 방에 들어갔더니, 글쎄 그 아들이 꿈꾸고 기도하던 온전한 모습으로 일어나 있는 것이었습니다. 그리고 목사님께 바로 달려와 안기는 것이었습니다. 이 일이 계기가 되어 알렉스 목사님은 어떤 목적을 가지고 기도할 때마다 전능하신 하나님만 바라보게 되었습니다. 하나님을 통하여 나타날 놀라운 역사를 꿈꾸고 기대하며 상상하게 되었습니다. 그리고 그때마다 그는 능치 못함이 없으신 하나님의 능력, 한계가 없는 믿음의 능력을 맛보게 되었습니다.

전도서 11장 4절의 말씀을 의역하면 이런 뜻입니다. "모든 일이 완벽하게 눈앞에서 이루어진 다음에, 어떤 일을 행하는 사람은 하나님께서 역사하시는 믿음의 기적을 맛보지 못하게 될 것이다." 우리 하나님은 불완전한 환경 속에서도 믿음으로 나아오는 사람들이 꿈꾸고 기대하는 대로 역사하시는 분입니다.

창세기 13장 14-15절에 보면 "롯이 아브람을 떠난 후에 여호와께서 아브람에게 이르시되 너는 눈을 들어 너 있는 곳에서 북쪽과 남쪽 그리고 동쪽과 서쪽을 바라보라 보이는 땅을 내가 너와 네 자손에게 주리니 영원히 이르리라"라고 기록되어 있습니다. 그렇습니다. 하나님은 믿음으로 기대하는 영혼에게 만족을 주시는 분입니다.

요한복음 1장에 나오는 전도 이야기를 보면, 한 영혼을 구원으로 인도하기 위해 가장 먼저 해야 할 일은 전도대상자를 결정하는 것임을 알 수 있습니다. 그런데 그 후 네 개의 다리를 건너가야 하는데, 첫 번째는 찾아감의 다리입니다. 기도로 만나고 직접 찾아가서 만나야 하는 것입니다(41, 45절). 곧 역사는 만날 때 일어납니다. 두 번째 다리는 말함의 다리입니다. 예수께서 그리스도가 되심을 말해야 하는 것입니다(41, 45절). 세 번째 다리는 초청의 다리입니다(42, 46절). 교회로, 속회로, 동아리 등으로 초청해야 하는 것입니다. 마지막 네 번째 다리는 기대의 다리입니다. 안드레가 전도대상자인 베드로를 예수님 앞으로 데리고 가자 예수께서 베드로를 향해서 "네가 요한의 아들 시몬이니 장차 게바라 하리라"(42절)라고 말씀하셨습니다. 이처럼 주님은 초청되어 나온 베드로를 기대하셨고 베드로는 기대대로 세워지게 되었습니다.

우리가 전도할 때 반드시 가져야 할 것은 전도대상자를 향한 긍정의 기대감입니다. 비록 지금은 돌덩이 같고, 생고구마와 같은 사람이지만 언젠가는 반드시 복음을 받아들이고 구원받을 줄을 기대해야 합니다. 더 나아가, 우리와 어깨를 나란히 하면서 주님의 나라를 위하여 크게 쓰임 받게 될 것을 믿고 상상하며 기대해야 합니다.

하나님은 기대하고 기도하며 말할 때 그 입술의 말대로 이루어 주십니다(민 14:28). 그러므로 우리는 전도할 때 부정적인 생각도 불신앙적인 말도 하지 말고, 오직 긍정적인 말과 생각과 기대를 갖고 나아가야 합니다. 하나님께서는 반드시 우리의 기대가 어긋나지 않도록 구원의 아름다운 열매를 맺게 해 주실 것입니다. 전도, 기대하면 됩니다.

철든 성도는 전도하는 성도입니다

목회 초창기 시절, 읍내 장터에 갔다가 제 아들이 좋아하는 과자를 두 개 샀습니다. 마침 마당에서 놀고 있던 아들에게 그 과자를 내보였더니 받아들고 무척이나 좋아했습니다. 봉투를 뜯고 그 과자를 아주 맛있게 먹고 있는 아들의 모습을 보니 제 입에서 군침이 돌았습니다. 그래서 아들에게 그 과자 하나만 달라고 했습니다. 그러자 아들은 과자를 봉투째 들고 뒤로 돌아서는 것이었습니다. 다시 앞으로 가서 하나만 달라고 했지만 끝내 아들은 제게 하나도 주지 않았습니다. 마음에 섭섭함이 밀려왔습니다.

제 아이가 악해서 그렇게 했을까요? 아닙니다. 이게 바로 아이의 특징입니다. 아이들은 나빠서 아버지를 배려하지 못하는 것이 아니고 아이들이 가지고 있는 특징, 바로 자기중심성 때문에 그렇게 행동하는 것입니다. 그러다가 철이 들면 그 아이는 부모를 생각하고 부모의 마음을 헤아려 온갖 효도를 다 하게 됩니다.

신앙도 마찬가지가 아니겠습니까? 교회를 오래 다녔지만 어린아이 같은 신앙을 가진 사람들은 무엇을 하든지 늘 자기중심입니다. 나만 복 받으면 되고, 나만 잘되면 됩니다. 목사님이 새벽마다 눈물 뿌려 가며 기도하는 제목들이 무엇인지에 관심도 없고 또 알려고 하지 않습니다. 그런데 시간이 흐르고 언제부터인가 교회가 가야 할 방향이 눈에 들어오기 시작합니다. 목사님의 울음 섞인 그 기도의 제목들이 귀에 들려옵니다. 특별히 하나님께서 그토록 원하시는 것이 눈에 보입니다. 그리고 그곳으로 내 마음도 가게 됩니다. 이때 우리는 비로소 철든 성도가 되었다고 말합니다.

어느 어머니에게 많은 자녀가 있었습니다. 그중에 한 명의 자녀가 세상의 의학으로 고치지 못할 병에 걸려서 죽어가고 있습니다. 그 죽어가는 자녀를 바라보는 어머니의 심정이 어떠하겠습니까? "이 아이를 살릴 수만 있다면 내가 대신 죽어도 좋다."고 생각하는 것이 어머니의 마음이 아니겠습니까?

지금 이 지구상에 약 76억의 사람들이 있습니다. 그중에 수많은 사람이 죄라는 고치지 못할 병으로 인하여 죽어가고 있습니다. 그 죽어가는 사람들을 바라보는 하나님 아버지의 마음이 어떠할까요? 하나님은 그들 모두가 다 구원받게 되기를 원하십니다. 아주 애타는 마음으로 원하고 계십니다(딤전 2:4).

철든 성도가 누구입니까? 영혼구원을 향한 하나님의 마음을 헤아리고, 저 죽어가는 영혼들을 살려낼 수 있는 유일한 길이신 예수 복음을 전하는 사람입니다.

2천 년 전, 이 땅에 아버지의 마음을 가지고 내려오신 예수님은 당신이 세상에 오신 목적을 '전도하기 위해서'라고 말씀하셨습니다.

이르시되 우리가 다른 가까운 마을들로 가자 거기서도 전도하리니 내가 이를 위하여 왔노라 하시고 이에 온 갈릴리에 다니시며 그들의 여러 회당에서 전도하시고 또 귀신들을 내쫓으시더라(막 1:38-39)

예수님은 왜 전도하기 위해서 이 세상에 오셨고, 실제로 전도자의 삶을 살아가셨습니까? 전도가 바로 하나님 아버지의 간절한 소원이었기 때문이었습니다. 그래서 공생애 기간 동안 줄곧 전도자의 삶을 사셨던 예수님은 승천하시기 직전에 제자들에게 세상으로 가서(go) 전도하라고 말씀하셨습니다(마 28:19;막 16:15).

　아버지의 마음은 지옥 가는 영혼들을 구원하는 것입니다. 이 일을 행하는 사람이 아버지의 마음을 아는 사람입니다. 또한 이 일은 바로 전도를 통해 이루어집니다(고전 1:21).

　오늘도 듣든지 아니 듣든지 부지런한 복음을 전함으로 생명을 구원하고 아버지 하나님의 마음을 시원하게 해드리는 철든 성도들이 되기를 바랍니다.

전도자로 나아가기 위한 본격적인 작전 개시

1단계 _ 나의 문제를 정확히 파악하기

1) 말로 복음을 전하지 않으면 어떻게 될 거라고 생각하나요?

① 안 해도 그만이라고 생각한다.

② 하나님이 반드시 책임을 물으신다고 생각한다.

③ 기타 : (   )

2) 전도를 할 때, 전도대상자에 대해 어느 정도의 기대치를 가지고 있나요?

① 어차피 받아들이지 않을 거라는 생각을 가지고 전도한다.

② 50%의 확률, 즉 전도가 잘 될 수도 있고, 안 될 수도 있다고 생각하며 전도한다.

③ 열매가 언제 맺히든, 하나님이 구원의 길로 인도하실 거라 믿고 전도한다.

④ 기타 : (   )

3) 하나님의 자녀로서 하나님을 가장 기쁘시게 할 수 있는 것은 무엇이라고 생각하나요?
(복수 표기 가능)

① 기도를 많이 하고 말씀을 많이 읽는 일

② 잃어버린 영혼에 대한 하나님의 마음을 깨닫고 돌아오게 하는 일

③ 세상에서 하나님께 영광 돌리기 위해 성공적인 인생을 살아가는 일

④ 봉사와 헌신, 구제를 열심히 하는 일

⑤ 기타 : (   )

2단계 _ 하나님의 말씀 듣기

전도에 대한 기대감을 가져야 할 사람들에게 하나님은 이렇게 말씀하십니다.

▶ "전도는 선택이 아니라, 책임이자 의무이다."
▶ "네가 사람들을 위해 할 수 있는 최고의 선한 일은 천국으로 초대하는 일이다."
▶ "내가 너에 대해 기대감을 가지고 있듯이 너도 전도대상자를 향해 기대감을 가져야 한다."
▶ "네가 나를 정말 기쁘게 하고자 한다면, 잃어버린 영혼을 향한 내 애끓는 마음을 헤아려야 한다."

3단계 _ 생각과 행동의 변화

▶ 우리는 먼저 구원받은 존재로서 반드시 복음을 전해야 할 의무를 가지고 있습니다. 지금 구원의 자리에 있지 않은 사람들을 교회로 초청해야 합니다. 이것이 그들을 위해 우리가 할 수 있는 최고의 일이자, 반드시 감당해야만 하는 사명입니다.

4단계 _ 변화를 향한 한 걸음

▶ 전도를 할 때, 부정적인 마음을 버리고 충만한 기대감으로 나아가야 합니다. 하나님이 그 잃어버린 영혼을 곧 구원하시리라는 기대감을 안고 복음을 전해야 합니다. 무엇보다 이것이 하나님을 가장 기쁘시게 하는 일임을 늘 기억해야 합니다.

Part 4

전도는 결코
외면해서는 안 될
'사람을 살리는 일'
입니다

Part 4

전도는 결코
외면해서는 안 될
'사람을 살리는 일'입니다

'침묵'은 '죄'입니다

열왕기하 7장을 보면 네 명의 나병 환자가 나옵니다. 이들은 자신들
이 쫓겨나기 전에 살았던 성과 그 성을 공격해 오는 아람 군대 사이의
공간에 있게 됩니다. 앞으로도, 뒤로도, 어디로도 갈 수 없는 고통스런
상황 속에서 허기진 배를 움켜쥔 그들은 이런 결론을 내립니다.

"여기서 굶어 죽으나, 아람 진영에 가서 칼에 맞아 죽으나 죽기는 매
한가지이니 이왕 죽을 바에는 먹을 것이 있는 아람군대의 진영으로 가
자."

그래서 그들은 죽기를 결심하고 아람군대가 진치고 있는 곳으로 갔

습니다. 그런데 이게 웬일입니까? 아람 진영에는 단 한 명의 군사도 없었고 수많은 양식만 산더미처럼 쌓여 있었습니다.

이유는 이렇습니다. 간밤에 하나님께서 아람 사람들의 귓전에 요란한 말발굽 소리와 무수한 군대가 쳐들어오는 굉음을 들려주셨습니다. 그때 아람군사들은 이렇게 판단했습니다.

"야, 이것 큰일났다. 지금 이스라엘이 주변국들과 연합을 해서 우리에게로 쳐들어오고 있구나."

두려움에 빠진 그들은 혼비백산 자기 나라로 도망을 친 것이었습니다.

결국 네 명의 나병환자들은 장막에 들어가서 주린 배를 채웠습니다. 또한 널려 있는 은과 금과 의복을 가지고 가서 감추는 등 꿈같은 시간을 보내게 됩니다.

그러다가 불현듯 한 가지 생각이 그들의 폐부를 찔렀습니다.

"우리가 이렇게 먹고 마시고 즐기는 이 시간에, 저 성에 살고 있는 우리의 가족들은 이 기쁜 소식을 모른 채 여전히 고통 가운데 있지 않은가?"

그때 그들은 이렇게 말했습니다.

서로 말하되 우리의 소위가 선치 못하도다 오늘날은 아름다운 소식이 있는 날이어늘 우리가 잠잠하고 있도다 만일 밝은 아침까지 기다리면 벌이 우리에게 미칠지니 이제 떠나 왕궁에 가서 고하자 하고(왕하 7:9, 개역한글)

지금도 저 성 중에는 한 톨의 쌀과 보리가 없어 죽어가는 동족들이 있는데, 그들에게 이 복되고 기쁜 소식을 전해 주지 않으면 그것은 착한 일이 아니라는 것입니다. 그래서 그들은 고통 가운데 있는 사람들에게로 가서 기쁜 소식, 복음을 전하는 사람들이 되었습니다.

영국의 신학자인 존 스토트가 쓴 「*Our guilty silence*」라는 책이 있습니다. 이 책의 제목을 영어 그대로 번역하면 '죄스러운 침묵'인데, 우리나라에서는 『존 스토트의 복음전도』(IVP)라는 제목으로 출판이 되었습니다.

침묵하는 것, 입을 열어 전도하지 않는 것이 왜 죄입니까? 우리는 분명히 알고 있지 않습니까? 불신자들이 예수님을 믿지 않으면 어디에 갑니까? 지옥에 갑니다! 그리고 또 한 가지, 불신자들이 지옥에 가지 않고 천국에 가려면 어떻게 해야 합니까? 예수님을 믿으면 됩니다.

그런데 이 두 가지 사실을 분명히 알고 있는 우리가 이 사실을 내 이웃이나 형제에게 말해 주지 않는다면…. 그것이 분명한 죄입니다.

에스겔 3장을 보면 이런 말씀이 나옵니다. 한 사람이 하나님을 믿지 않다가 죽어 하나님 앞으로 갔습니다. 하나님은 그에게 영원한 죽음을 선고하시면서, 이렇게 말씀하셨습니다. "나는 입을 열어 너에게 나를 전하지 않고 침묵한 그 사람에게서 너의 피 값을 찾겠다"(16-21절).

침묵이 얼마나 큰 죄악인가를 깨달은 바울이 외친 말이 무엇입니까?

내가 복음을 전할지라도 자랑할 것이 없음은 내가 부득불 할 일임이라

만일 복음을 전하지 아니하면 내게 화가 있을 것이로다(고전 9:16)

누가 하나님의 마음을 기쁘게 해드리고, 누가 죽어가는 영혼들을 살려내는 착한 성도입니까? 때를 얻든지 못 얻든지 입을 열어 예수 그리스도의 생명의 복음을 전하며 사는 사람입니다. 침묵은 금이 아니라 죄입니다. 만나는 사람에게 입을 열어 예수 그리스도의 생명의 복음을 전하며 사십시오.

하나님은 테러(terror)의 하나님이십니다

하나님의 소원은 영혼구원입니다(딤전 2:4). 그러기에 하나님의 마음은 온통 영혼을 구원하는 일에 집중되어 있습니다. 그러므로 우리가 행하는 일들 중에서 하나님이 가장 기뻐하시는 일 역시 바로 '전도하는 일'입니다. 실제로 하나님은 우리가 전도할 때 우리에게 큰 복, 다양한 복들을 주십니다.

이 땅에 세워진 교회의 존재 이유는 바로 영혼구원, 전도입니다. 구원받은 우리의 존재 목적도 바로 영혼구원, 전도입니다. 그러므로 우리의 소원도 영혼구원, 전도가 되어야 합니다.

그런데 좋은 스승 밑에서 좋은 제자가 나오듯이 좋은 전도자가 되려면 모델이 있어야 합니다. 우리에게 있어 전도의 가장 좋은 모델은 사도 바울입니다.

사도행전 14장에는 바울이 행한 이고니온 전도 이야기가 나옵니다. 거기에 나타난 바울의 전도는 매우 적극적인 전도입니다.

이에 이고니온에서 두 사도가 함께 유대인의 회당에 들어가 말하니 유대 와 헬라의 허다한 무리가 믿더라(행 14:1)

당시 바울은 유대인의 회당에 들어가서 복음을 전했습니다. 유대인 의 회당이란 어떤 곳입니까? 바로 유대 종교의 소굴이자 유대교의 중심 지입니다. 유대교는 구약성경은 믿고 있지만 예수 그리스도에 대해서 는 인정하지 않습니다. 예수가 메시아, 곧 그리스도가 아니라고 주장하 는 종교가 바로 유대교입니다. 바울은 바로 그런 유대교인들이 모여 있 는 소굴로 들어가서 예수의 메시아 되심을 증거함으로 많은 유대인과 헬라인을 구원시켰습니다.

세상에서도 적극적인 생각과 자세를 가진 사람이 소극적인 자세와 태도를 가진 사람보다 성공할 확률이 훨씬 높습니다. 신앙적인 측면도 마찬가지입니다. 예수님은 "하나님의 나라, 천국은 침노하는 자가 차지 하게 될 것이다"(마 11:12)라고 말씀하셨습니다. 그러므로 우리가 이 땅 위 에서 천국의 삶을 누리고, 또 세상 사람들에게 천국을 나누어 주는 전 도자가 되기 위해서는 적극적인 자세가 있어야 합니다.

바울은 왜 복음전도를 인생의 우선순위로 여기며 적극적인 전도자의 삶을 살았을까요? 그 이유를 고린도 교인들에게 보내는 편지에서 찾을 수 있습니다. 그는 고린도 교인들에게 이렇게 말하였습니다.

우리는 주의 두려우심을 알므로 사람들을 권면하거니와(고후 5:11)

여기에서 '주의 두려우심'이라고 표현된 헬라어의 의미는 '테러(terror)의 하나님'입니다. 킹제임스버전(KJV)에서는 이 말씀을 '믿지 않는 사람들을 향한 하나님의 테러를 알기 때문에'(Knowing therefore the terror of the Lord)라고 번역해 놓았습니다. 하나님께서는 끝까지 예수를 믿지 않는 사람들을 가차없이 지옥으로 끌고 가시는 심판의 하나님이심을 바울은 알았다는 것입니다. 그래서 '사람을 권면하거니와'에서 '권면한다'는 말이 우리말성경에서는 상당히 완곡하게 표현되어 있지만 실제 원어로는 '프로 레슬링에서 행하는 헤드록 기술을 걸어서라도'라는 의미를 담고 있습니다.

왜 우리는 적극적으로 전도해야 합니까? 영적인 시각으로 보면 지금 불신자들은 거기가 지옥의 낭떠러지인지도 모르고 그곳을 향해 걸어가고 있습니다. 그러나 그들은 모르지만 우리는 알고 있습니다. 그렇게 계속 살면 지옥에 가서 영원한 유황불의 고통을 당해야 한다는 사실을 말입니다. 그러므로 우리는 적극적으로 달려가서 사랑하는 그들을 살려내야 하는 것입니다.

이제 오기를 기다리지 말고 찾아가서 생명의 주님이 계시는 교회로 데리고 와야 합니다(요 1:40-42). 기회가 주어지기를 기다리지 말고 때를 얻든지 못 얻든지 생명의 주님을 전해야 합니다(딤후 4:2). 내일이면 지옥에 가 있을지도 모르는 사랑하는 그 사람에게 지금 당장 찾아가서 생명의 복음을 전하는 적극적인 전도자가 되어야 합니다.

'리'자 한 글자의 위력을 기억하십시오

영어에 'Money talks'라는 말이 있습니다. 이것은 돈의 힘을 표현해 주는 말로, 돈만 있으면 아무도 그 사람을 깔보지 못한다는 뜻을 담고 있습니다.

그러나 정말로 돈만 있으면 될까요? 돈만 있으면 모든 힘을 가졌다고 할 수 있을까요? 돈만 있어서는 안 됩니다. 지식의 힘도 있어야 합니다. 또한 신용의 힘도 있어야 합니다. 뿐만 아니라, 나라에는 군사력이 있어야 합니다. 이처럼 세상에는 힘의 종류가 참으로 많습니다. 그만큼 사람들은 많은 일을 해내기 위해 저마다 다양한 힘을 가지려고 애를 씁니다.

그런데 우리에게는 이 세상의 모든 힘들을 다 합친 것보다 더 강력한 힘이 있습니다. 그것은 바로 예수 그리스도의 힘입니다. 예수님에게는 하늘과 땅의 모든 권세가 다 주어져 있습니다(마 28:18). 예수님께서는 세상의 모든 지혜와 지식을 다 가지고 계십니다(골 2:3). 예수님께서는 한 사람을 지옥에서 천국으로 이끄는 구원의 능력도 가지고 계십니다(행 16:31).

위대한 전도자 바울은 제1차 선교여행 중에 이고니온에서 전도할 때 아주 적극적인 자세로 복음을 전했습니다. 유대교의 소굴인 회당에 들어가서 예수가 메시아, 곧 그리스도 되심을 증거했고, 그 결과 수많은 사람이 구원받는 역사가 나타났습니다(행 14:1). 그러자 유대교인들이 이방인들의 마음을 선동하여 바울을 향하여 악감을 품게 했습니다(행 14:2).

전도자로서 우리가 알아야 하는 것이 있습니다. 전도란 천하보다 귀한 생명을 살리는 일이기에 전도에는 수많은 장애물과 방해 그리고 핍박이 찾아온다는 사실입니다. 특히 영적으로 보면, 전도란 마귀의 영토를 침범하여 들어가는 것입니다. 전도는 마귀에게 눌린 자를 빼내어 오고, 마귀의 영토를 하나님의 도성으로 바꾸는 영적인 싸움입니다. 그만큼 우리가 전도를 하게 되면 그 순간 사탄 마귀는 총동원하여 우리를 대적하고 방해하게 됩니다. 이런 일들이 다방면에서 나타나게 됩니다. 바울이 이고니온 지역에서 전도할 때 그는 사람들에게 욕을 먹는 것은 말할 것도 없고, 사탄이 이용하는 정치 세력에 의해서 핍박을 받기도 하고, 폭력배에 의한 생명의 위협까지 받기도 했습니다.

그런데 큰 장애물과 핍박 앞에서 바울은 어떻게 했습니까? 바울은 '주를 힘입어' 담대히 복음을 전했고, 그러자 '주께서 그들의 손으로 표적과 기사를 행하게' 해주셨습니다. 그 결과, 생명의 말씀을 끝까지 전하게 되었습니다(행 14:3). 바울은 사탄의 역사와 강력한 힘 앞에서 주님의 힘을 의지하고 주님이 주시는 능력으로 복음을 전하여 승리를 거둘 수 있었던 것입니다.

오늘날 많은 사람이 전도를 하다가 중단하는 이유 중의 하나는 '힘이 들어서'입니다. 왜 힘이 듭니까? 전도를 내 힘으로 하려고 하기 때문입니다.

우리가 전도와 관계된 성경을 읽을 때 습관적으로 빼먹는 단어 하나가 있습니다. '리'입니다. 사도행전 1장 8절에서 주님은 "오직 성령이 너희에게 임하시면 … 증인이 되리라"라고 말씀하셨는데 사람들은 '되리라'에서 '리'자 하나를 빼고 외칩니다.

마찬가지로, 마태복음 4장 19절에서도 "나를 따라오라 내가 너희를 사람을 낚는 어부가 되게 하리라"라고 말씀하셨습니다.

'리' 한 글자를 빼면 그 순간 전도는 내가 주체가 되어서 내 힘으로 해야 합니다. 내 방법, 내 전략으로 전도를 해야 하니 얼마나 전도가 힘이 들고 어려운지 모릅니다.

그러나 '되리라!'는 말씀처럼 주님께서 전도의 주체가 되면 달라집니다. 전도의 책임도 방법도 다 주님에게 있으니 전도가 얼마나 쉬워지고 신나는지 모릅니다.

그렇습니다. 전도를 즐기며 신바람나게 하는 방법은 주님의 힘으로 전도하는 것입니다. 쉬운 전도, 되는 전도, 행복한 전도를 원하십니까?

내 힘이 아닌 주님의 힘, 성령의 힘으로 전도하십시오.

무조건 막무가내로 전도해야 할까요?

하나님의 소원은 영혼구원입니다(딤전 2:4). 그러므로 전도는 우리의 우선순위가 되어야 합니다. 다메섹 도상에서 예수님을 만난 바울은 그 뒤로 그리스도의 복음을 전하는 일을 위하여 생명까지 드리겠다고 결심을 했습니다(행 20:24). 그 후 그는 제1차 선교여행을 향해 나가다가 이고니온 지역에서 복음을 전하게 됩니다(행 14장).

그는 오늘 우리들에게 전도의 좋은 모델을 제시하고 있는데, 먼저 그의 전도는 아주 적극적인 전도였다는 사실입니다. 우선 그는 유대교의 중심인 회당 속으로 들어가 복음을 전하였고, 그 결과 수많은 유대인과 헬라인이 주님께로 돌아오는 역사가 나타나게 되었습니다(행 14:1).

또한 그의 전도는 주님의 힘으로 하는 전도였습니다(행 14:2). 전도는 마귀와의 싸움이기 때문에 내 힘이 아니라 주님의 힘으로 해야 합니다. 그래야 전도가 어렵지 않고, 특별히 '하는 전도'를 넘어 '되는 전도'의 역사를 맛볼 수 있습니다.

그런데 여기서 한 가지 더 주목해 볼 것이 있습니다. 바울의 전도를 통해 이고니온에서 구원의 역사가 나타나자 반대자들이 거세게 핍박을 한 적이 있습니다. 이때 바울은 박해하는 이들을 피하여 그곳에서 도망

한 뒤, 루스드라와 더베로 가서 전도를 했습니다(행 14:5-7). 여기서 바울이 '도망을 하였다'는 것은 결코 그의 비겁함을 말하는 것이 아니라 전도자로서의 지혜로운 태도를 보여주는 것입니다.

손자병법 패전계 제36계 주위상(走爲上)에, '여의치 않으면 피하라. 위태로운 상황이 되면 퇴각하는 것이 상책이다.'는 말이 있습니다(『1시간 만에 읽는 손자병법과 병법 36계』, 허준 편, 카푸치노문고). 그렇습니다. 지혜로운 사람은 피할 것은 피하고, 싸울 것은 싸울 줄 아는 사람입니다. 복음서를 보면 예수님도 복음의 확산을 위하여 무조건 정면 대결하시지 않으셨습니다. 나사렛에서 사람들이 예수님을 배척하자 예수님은 그곳을 피하여 다른 마을로 가셨습니다(막 6:1-6). 그러다가 하나님의 때가 되매 십자가를 지고 골고다 언덕으로 올라가심으로 구원의 역사를 완성하셨습니다.

전도는 성령님을 믿고, 앞뒤 가리지 말고, 그냥 막무가내로 해야 합니다. 그러나 전도를 지속적으로 행해 나가고자 한다면 때로는 '살살 전도하는' 지혜도 필요합니다. 고린도전서 9장 19-23절에 나오는 바울의 고백에 귀를 기울일 필요가 있습니다.

내가 모든 사람에게서 자유로우나 스스로 모든 사람에게 종이 된 것은 더 많은 사람을 얻고자 함이라… 율법 아래에 있는 자 같이 된 것은 율법 아래에 있는 자들을 얻고자 함이요… 율법 없는 자와 같이 된 것은 율법 없는 자들을 얻고자 함이라… 내가 여러 사람에게 여러 모습이 된 것은 아무쪼록 몇 사람이라도 구원하고자 함이니 내가 복음을 위하여 모든 것을 행함은 복음에 참여하고자 함이라

우리는 전도하되 전도 대상에 따라 지혜롭게 전해야 합니다. 예컨대 완전한 불신자에게 복음을 전하는 방법과 타종교인, 이단에 빠진 사람에게 그리고 교회를 다니다가 중단한 사람에게 전하는 방법은 달라야 합니다. 특히 가족을 전도하기 위해서는 아주 많은 지혜가 필요합니다. 사실 가족 전도는 일명 민낯 전도, 아주 적나라한 전도이기에 교리와 성경 말씀으로 전도하면 안 됩니다. 왜냐하면 '서당개 삼년이면 풍월을 읊는다.'는 말처럼 가족 내 불신자는 성경에 대해 무지하기 때문에 교회에 안 나오는 것이 아닙니다. 즉, 가족전도는 성경의 교리나 말씀이 아니라 나의 변화된 행동과 사랑의 섬김을 통해 지혜롭게 행해야 합니다.

다시금 반복해서 기억합시다. 우리는 전도의 주체인 성령을 의지하기에 '막무가내로 전도'해야 합니다. 그러나 주님이 찾으시는 탁월한 전도자가 되기 위해서는 때론 '살살 전도하는 지혜'도 필요합니다. 상황에 맞게 지혜롭게 전도함으로 각양의 영혼들을 주님 앞으로 인도하는 전도자가 되시기 바랍니다.

전도자로 나아가기 위한 본격적인 작전 개시

1단계 _ 나의 문제를 정확히 파악하기

1) 전도 안 하는 것이 죄라는 사실에 대해 어떻게 생각하나요?
 ① 죄라고 인식하지는 못했다.
 ② 죄라고 하기는 하지만, 정말로 그것 때문에 심판받을 것 같진 않다.
 ③ 분명한 직무유기이자, 죄임을 인식하고 있다(두려움을 느낀다).
 ④ 기타 : (   )

2) 믿지 않은 사람을 볼 때 어떤 마음이 드나요?
 ① 안타깝지만 내 일처럼 안타깝지는 않다.
 ② 관심이 가지 않는다(그냥 아무 생각이 없다).
 ③ 곧 죽어가는 사람을 보는 것 같은 마음이 든다.
 ④ 겉으로 드러나는 모습(세상적인 지위, 화려함 등)에만 집중하게 된다.
 ⑤ 기타 : (   )

**3) 안 믿는 가족이나 친지, 혹은 가까운 지인들에게 어떤 방식으로 전도하고 있나요?
 (복수 표기 가능)**
 ① 성경말씀을 계속 가르쳐 주면서 전도한다.
 ② 변화되어가는 내 모습을 통해 자연스럽게 하나님을 궁금해 하도록 만든다.
 ③ 뒤에서 기도만 한다.
 ④ 일단 교회에 나와 보라고 꾸준히 재촉한다.
 ⑤ 기타 : (   )

2단계 _ 하나님의 말씀 듣기

전도의 자리로 들어가지 못하고 있는 사람들에게 하나님은 이렇게 말씀하십니다.
▶ "복음에 대해 침묵하는 것은 분명한 죄다."
▶ "전도는 그 어떤 일보다 중요하기에, 적극적으로 해야 한다."
▶ "나는 사람 낚는 어부가 되라고 한 적이 없다. '되리라'라고 약속했을 뿐이다."
▶ "상대가 누구냐에 따라 전도하는 방법도 달라질 수 있다. 그러므로 그때그때 기도로 지혜를 구하면서 전도해야 한다."

3단계 _ 생각과 행동의 변화

▶ 복음을 전하지 않고 침묵하는 것에 대해 경각심을 느낄 수 있어야 합니다. 하지만 의무감을 갖되, 전적인 하나님의 도우심에 대해서도 상기해야 합니다. 우리가 의지를 갖는다면, 그 다음부터는 하나님이 알아서 해주실 것입니다.

4단계 _ 변화를 향한 한 걸음

▶ 전도는 죽어가는 영혼을 살리는 일인 만큼 가장 우선시되어야 할 일이며, 무엇보다 적극적인 자세로 해야 할 일입니다. 하지만 적극적이되, 그 방법은 전도대상자에 따라 달라야 합니다. 막무가내로 전도해야 할 대상이 있는가 하면, 자연스러운 방법으로 하나님을 소개해야 할 대상이 있습니다.

Part 5

전도는
하나님과의
아름다운
동행입니다

Part 5

전도는
하나님과의
아름다운 동행입니다

성령과 함께하는 전도를 하십시오

18년 전, 월세 교회에서 어렵게 목회하던 시절의 이야기입니다. 교회 부흥의 열망을 가지고 있던 그때, 당시 전도 왕이라고 일컬어지던 인천 지역의 한 권사님을 주일 오후예배 강사로 초청하였습니다.

당시 그 권사님의 이름 앞에 따라다니던 수식어는 "1년에 만 명을 전도한 전도 왕"이었습니다. 어렵게 날짜를 잡고 기도하고 기대하며 그 권사님을 모시게 되었는데, 그 권사님이 오기 전 저는 많은 상상을 해 보았습니다.

"1년에 만 명을 전도했다면 매주 200명 정도를 교회로 인도해 왔다는 것인데, 이게 과연 가능할까?"

"대부분의 사람들은 평생 동안 노력해도 200명 전도하기가 쉽지 않은데, 매주마다 200명씩? 도대체 그분은 어떤 분일까?"

이런 궁금증 속에서 그분을 모셨습니다.

그 권사님은 첫인상이 매우 평범한 분이셨습니다. 1시간 동안 간증을 했는데 특별히 말을 잘 하는 것 같지도 않았습니다. 그때 저는 1시간 내내 생각했습니다.

"도대체 만 명 전도의 비밀이 무엇일까?"

간증의 끝부분에 이르렀을 때 비로소 그 비밀을 알게 되었습니다. 그것은 바로 '성령'이었습니다. 그 권사님은 간증을 하는 1시간 동안 '성령'이라는 단어를 수백 번도 더 사용했습니다. 전도의 시작도, 그 과정도 그리고 방법, 전략도 다 '성령'이었습니다. 성령으로 전도하니 상상을 초월한 역사가 나타나게 되었다는 것입니다.

이처럼 성령과 함께 전도하면 전도의 주체이신 성령께서 전도의 모든 것을 다 책임져 주십니다. 특별히 성령과 함께하면 전도자의 입술에 변화가 나타납니다. 예수님께서 말씀하셨습니다.

세상에 나가서 무슨 말을 어떻게 해야 할지 염려하지 말아라. 네가 가장 지혜롭고 담대하게 전할 수 있도록 도우시는 분이 계시는데 바로 네 안에 계시는 성령님이시다(마 10:19-20)

목회하던 교회에서 전도대를 조직하고 운영하던 어느 날, 한 집사님이 전도대에 자원을 했습니다. 그런데 이분이 전도대원으로 자원하며 내건 조건이 몇 가지 있었습니다. 당시 전도대원들은 둘씩 짝을 지어 전도를 나갔는데, 당시 그분은 "말하는 전도는 자기 짝이 담당하고 나는 옆에 서서 속으로 눈 감고 기도만 하겠다."는 것이었습니다. 또한 자기는 말을 잘 못하기 때문에 전도 후 보고 시간에 자기 짝이 앞에 나가 말하게 해달라는 것이었습니다. 그런 조건으로 전도대에 들어온 그 집사님은 약 한 달 정도를 그렇게 전도했습니다.

그러던 어느 날, 전도를 마치고 돌아와 각 조별로 보고를 하는데, 놀랍게도 그 집사님이 앞으로 나와 마이크를 잡는 것이었습니다. 의아하게 생각하는 우리를 향해 그는 이런 이야기를 했습니다.

매 주일 전도현장에 나가지만 말 한마디 못하고 돌아오는 것에 자존심이 상한 그 집사님은, 전도할 때 전할 복음의 내용을 종이에 적어서 한 주 동안 통째로 외웠다고 합니다. 그리고 전도 짝에게 "오늘은 자리를 바꾸어서 내가 복음을 전할 테니 당신은 나를 위해 기도해 달라."고 부탁하고 전도를 시작했습니다. 그날 어느 집에 가서 전도를 했는데, 이상하게도 일주일 동안 외운 복음의 내용은 하나도 기억나지 않고, 대신 외우지도 않았던 복음의 메시지가 입에서 나오더라는 것입니다. 심지어 목사님의 설교 수준으로 유창하게 나오더라는 것입니다. 준비한 내용이 생각나지 않았을 때 자기가 잠깐 한 일은 성령님께 도와 달라고 마음으로 기도한 것밖에 없었다는데 말입니다. 그날 그 모든 일을 '성령이 하셨다.'고 고백했습니다.

그날 이후 그 집사님은 누구보다도 열심히 전도하는 사람으로 바뀌었습니다. 그리고 그 입에서는 '성령'이라는 단어가 늘 끊임없이 울려 퍼졌습니다.

그렇습니다. 성령과 함께 전도하면 전도는 '하는 전도'에서 '되는 전도'로, '어려운 전도'에서 '쉬운 전도'로 바뀌게 됩니다. 성령과 함께 전도하는 행복한 전도자들 되시기 바랍니다.

전도에는 표적이 따릅니다

하나님은 세상의 모든 사람을 다 사랑하시지만 복음을 위해 살려는 사람들, 즉 전도하려는 사람에게 당신의 특별한 사랑의 표시로 능력을 부어 주시고 표적을 보여 주십니다.

예수님은 승천하시기 직전, 제자들에게 "온 천하에 다니며 만민에게 복음을 전파하라"(막 16:15)고 말씀하셨습니다. 그리고 곧이어 하신 말씀이 "믿는 자들에게는 이런 표적이 따르리니 곧 그들이 내 이름으로 귀신을 쫓아내며 새 방언을 말하며 뱀을 집어올리며 무슨 독을 마실지라도 해를 받지 아니하며 병든 사람에게 손을 얹은즉 나으리라"(막 16:17-18)는 것이었습니다. 이는 곧 전도자에게 주어지는 능력과 표적에 대한 말씀입니다.

무엇보다도 전도를 목적으로 기도할 때 하나님께서는 즉시 응답하여 주십니다. 또한 영혼 구원을 목적으로 입을 열어 선포할 때 그 입술을 책임지사 기적을 베풀어 주십니다.

> 빌립이 사마리아 성에 내려가 그리스도를 백성에게 전파하니 무리가 빌립의 말도 듣고 행하는 표적도 보고 한마음으로 그가 하는 말을 따르더라 많은 사람에게 붙었던 더러운 귀신들이 크게 소리를 지르며 나가고 또 많은 중풍병자와 못 걷는 사람이 나으니 그 성에 큰 기쁨이 있더라
> (행 8:5-8)

그렇습니다. 하나님은 전도하는 사람에게 함께하사 표적을 보여 주시고 확실한 증거거리도 허락해 주십니다.

어느 교회 김 권사님의 간증입니다. 그 권사님은 모든 예배에 다 참석하는 분이었지만 전도를 못했습니다. 어느 날 기도를 했습니다.

"하나님, 나도 전도 좀 하게 해 주세요."

그러던 중, 자기 직장 동료에게 전도를 했습니다.

"교회 나가서 예수 믿고 구원받으세요."

그러자 그 사람이 "하나님이 정말 살아 계시냐."고 물었습니다. 그래서 "하나님은 살아 계신다."고 했더니, "일곱 살 난 자기 손자의 병을 고쳐 주면 예수 믿겠다."고 말을 하더란 것입니다.

그래서 어느 날 함께 그 집에 가보니 그의 손자는 '재생불능성빈혈'이라는 병으로 이미 병원에서는 거의 포기한 상태였고, 회복 가능성이 5%밖에 되지 않았습니다. 그나마 치료라도 계속 받으려면 치료비가 1

억은 더 들어가야 한다고 했습니다. 김 권사님이 안타까운 마음으로 그 이야기를 듣는데, 권사님의 마음속에 '앞으로 세 달 동안 한 주에 한 번씩 시간을 정해 놓고 이 집에 가서 가정예배를 드려야겠다.'는 마음의 감동이 왔습니다.

그 후 권사님은 그 일을 실천하면서 "하나님, 이 가족의 구원과 하나님 당신의 영광을 위하여 이 아이를 살려 주십시오."라는 간절한 기도를 드렸습니다.

세 달이 다 되어 가던 어느 금요일, 권사님은 금요심야기도회에 나가 그 아이를 위해서 간절히 기도를 하다가 갑자기 환상을 보게 되었습니다. 아이에게 덮여 있던 시커먼 물체가 갑자기 연기처럼 빠져나가는 것이었습니다. 그 권사님은 하나님을 찬양하며 외쳤습니다.

"하나님, 그 아이의 병이 나은 것을 믿습니다."

다음날, 그 아이의 할머니인 직장 동료로부터 전화가 왔습니다. 병원에 가서 재검을 받는데 병이 깨끗이 나았다는 것이었습니다. 완치가 되었다는 것이었습니다.

그 후 그 집의 모든 식구들이 교회에 나오게 되었을 뿐만 아니라, 그 표적을 통해서 주변의 친구, 친척, 형제 등 수십 명의 사람들이 주님께로 나오게 되었습니다.

하나님은 전도하는 사람에게 능력을 부어 주시고 복음을 전하는 사람에게 반드시 표적으로 함께하사 구원의 역사를 이루어 나가십니다.

제자들이 나가 두루 전파할새 주께서 함께 역사하사 그 따르는 표적으로
말씀을 확실히 증언하시니라(막 16:20)

전도보다 더 좋은 것이 있을까요?

2007년에 열렸던 제27회 서울연회는 희망과 축제의 연회로 진행이
되었습니다. 당시 감독이신 김기택 목사님은 동그라미 연회를 만들기
위해(동그라미: 과거에는 학교에서 선생님이 시험지나 과제물에 동그라미를 그려주며 '참
잘했어요'라고 칭찬하곤 하였다.) 표창장을 많이 주었는데, 성북지방 월곡교회
에 출석하는 젊은 집사님 부부가 일곱째 자녀를 출산하여 '다자녀 출산
상'을 받았습니다. 저출산 시대에 다수의 자녀를 출산하여 사회에 공헌
한 것과, 특히 전도가 안 되는 시대에 아이를 많이 낳아서라도 교회학
교를 부흥시킨 공로가 귀하게 여겨졌기 때문입니다.

당시 그것을 보면서 앞으로 우리 교회도 셋째 아이를 낳는 가정은 표
창을 해야겠다는 생각을 가지게 되었습니다. 그리고 그 이후로 현재까
지 첫째든 둘째든 아이를 낳은 뒤 처음으로 그 아이와 함께 교회에 출
석하는 날, 아이를 위해 축복기도를 해주고, 아이의 이름으로 된 적금
통장과 예쁜 도장을 선물하고 있습니다.

상이라는 것은 그것이 어떤 상이든 받는 이의 마음에 큰 기쁨을 줍니
다. 그런데 성경에도 상에 관한 말씀이 많이 나오고 있습니다.

보라 내가 속히 오리니, 내가 줄 상이 내게 있어 각 사람에게 그의 일한 대로 갚아 주리라(계 22:12)

주님은 우리의 행위에 합당한 것으로 상을 주신다는 것입니다.

믿음이 없이는 하나님을 기쁘시게 하지 못하나니 하나님께 나아가는 자는 반드시 그가 계신 것과 또한 그가 자기를 찾는 자들에게 상주시는 이심을 믿어야 할지니라(히 11:6)

누가 믿음의 사람입니까? 하나님이 상을 주시는 분이심을 믿는 사람입니다. 특별히 하나님은 전도하는 사람에게 상을 주시겠다고 약속하셨습니다. 많은 사람을 주님 앞으로 인도한 사람을 하늘의 별처럼 빛나게 하시겠다고 약속하셨습니다(단 12:3).

전도자인 안산동산교회 어느 집사님은 성도가 주님과 복음을 위해서 살면 주님께서는 반드시 그 전도자의 삶을 책임져 주신다고 하면서 다음과 같은 간증을 했습니다.

심한 디스크 증세로 고생하는 성도가 있었는데, 이 집사님과 함께 전도에 헌신하였더니 20년 동안 복음을 거부하던 아주 완고하기 짝이 없는 불신자 남편이 주님께로 돌아왔다고 합니다. 그런데 거기서 더 나아가 그 완고하던 남편이 자기 부인이 전도한 사람들을 차에 태워서 교회로 데려오는 일까지도 기꺼이 감당하게 되었다고 합니다. 참으로 놀라운 변화입니다. 또한 자녀들에게도 놀라운 은혜가 임하게 되었고, 그 무엇보다도 가장 감사한 것은 그토록 자신을 괴롭히던 디스크 증상이 완전히 사라졌다는 것입니다.

이처럼 하나님은 하나님의 이름을 자랑하고 높이는 전도자의 삶을 당신 이름의 명예를 위해서라도 잘 되도록 만들어 주십니다. 그런데 무엇보다 감사한 것은, 하나님께서 전도자와 늘 함께하겠다고 약속하셨다는 것입니다.

주님께서는 승천하시기 직전, "볼지어다 내가 세상 끝날까지 너희와 항상 함께 있으리라"(마 28:20)고 말씀하셨습니다. 이러한 동행에 대한 약속의 말씀은 '세상으로 가서 주의 복음을 전하는 전도자'(마 28:19)에게 주신 말씀임을 잊어서는 안 됩니다.

하나님이 전도자에게 약속하신 복과 상은 너무나 다양하고 많습니다. 그런데 그중에서 최고의 상은 이 세상을 사는 동안 주님께서 우리와 함께하신다는 것입니다. 주님께서 나와 함께하시는 것보다 더 좋은 것이 있습니까?

'주님이 나와 함께!' 저는 이 말씀만 생각하면 마음이 너무 좋고 든든합니다. 이 말씀 때문에 날마다 행복한 전도자의 삶을 살아가고 있습니다.

"가장 좋은 것은 하나님이 나와 함께하시는 것이다."(존 웨슬리)

전도함으로 주님과 동행하는 행복한 사람들 되시기 바랍니다.

한 사람의 전도가 천하를 살립니다

20세기의 가장 위대한 전도자를 꼽으라면 빌리 그래함(Billy Graham)을 들 수 있습니다. 그는 도대체 얼마나 많은 사람들에게 복음을 전했을까요?

직접적으로, 그리고 각종 매체를 동원해서 50년 가까이 전도를 했기 때문에 그를 통해 복음을 들은 사람이 1억 명이 넘을 것이라고 추정합니다. 그리고 그 가운데서 결단하고 예수를 믿은 사람은 적어도 몇 백만 명은 될 것입니다.

그런데 빌리 그래함을 그렇게 위대한 전도자가 되게 했던 한 무명의 전도자가 있었음을 아는 사람들은 그렇게 많지 않습니다. 빌리 그래함에게 전도한 그는 누구일까요? 바로 모다카이 햄이라는 사람입니다.

빌리 그래함이 19세 때 그가 살던 조그마한 마을에 전도자 모다카이 햄이 와서 천막을 치고 집회를 했습니다. 빌리는 친구들과 함께 그 집회에 참석했습니다.

그날 모다카이 햄은 빌리 그래함을 쳐다보면서 열심히 복음을 전했습니다. 그리고 예수를 그리스도로 영접할 사람은 앞으로 나오라는 초청의 말에 응답한 빌리를 위해 축복하며 기도했습니다.

그날 한 사람, 모다카이 햄을 통해서 빌리 그래함이 예수를 믿고 구원을 얻게 되었습니다. 그 후 그 한 사람, 빌리 그래함을 통해서 수백만 명의 사람들이 구원받는 역사가 나타났고, 그 수백만 명의 사람을 통하여 또 다른 구원의 열매들이 맺혀지게 되었습니다. 수많은 구원의 역사는 바로 한 사람의 전도에서 시작되었습니다.

우리 주님은 말씀하셨습니다. 한 알의 밀알이 땅에 떨어지면 거기에는 30배, 60배, 100배의 열매가 나타나게 된다고 말입니다.

사도행전 8장을 보면, 스데반의 순교 이후 복음이 바울에게로 들어갔을 때 '핍박자 사울'이 '전도자 바울'로 변화되었습니다. 그런데 그 복음의 역사는 거기서 멈추지 않고, 복음으로 변화된 그 한 사람 바울을 통해 수많은 복음의 열매가 맺히게 되었습니다. 한 사람 바울을 통하여 복음이 안디옥에서 아시아로, 그리고 유럽을 향하여 뻗어나가게 되었습니다. 한 사람 바울을 통하여 복음이 들어가는 곳곳마다 수많은 사람이 구원을 받았고, 그 구원받은 사람들을 통하여 또 다른 구원의 열매가 맺히게 되었습니다. 한 사람의 전도가 상상할 수 없이 많은 열매를 맺게 했습니다.

우리 가정은 대대로 우상을 섬기는 가정이었습니다. 어느 날 앞집에 사는 고귀동 권사님이 우리 할머니에게 복음을 전했습니다. 전도를 받은 할머니는 그 후 온갖 핍박을 견디어 내며 믿음을 지켰고 마침내 유학자 할아버지가 구원받게 되었습니다.

이후로, 현재 우리는 5대째 믿음의 가문을 이어가고 있습니다. 우리 가정의 구원은 바로 한 사람의 전도자를 통해 이루어지게 된 것입니다.

나 한 사람의 전도를 통해 천하보다 귀한 생명을 살리는 역사가 나타납니다. 전도, 하면 됩니다. 나 한 사람의 전도는 천하를 살립니다.

전도자로 나아가기 위한 본격적인 작전 개시

1단계 _ 나의 문제를 정확히 파악하기

1) 전도자의 능력과 관련하여 어떤 생각을 가지고 있나요?
　① 전도를 잘 하려면 말도 잘 하는 능력과 당당한 성격을 겸비해야 한다고 생각한다.
　② 성격이나 인간적인 능력과는 별개로, 성령을 통해 능력을 얻게 된다고 생각한다.
　③ 기타: (　　　　　　　　)

2) 전도를 할 때 어떤 점이 가장 행복한가요? (복수 표기 가능)
　① 한 영혼이 구원받을 수 있다는 기대감 때문에 행복하다.
　② 훗날 하늘에서 받을 상급을 기대하기 때문에 행복하다.
　③ 하나님이 전도하는 나와 함께해 주시기 때문에 행복하다(동행의 기쁨).
　④ 전도할 때 행복하다는 생각을 안 한다.
　⑤ 기타 : (　　　　　　　　)

3) 노방전도를 할 때, 어떤 마음이 드나요?
　① 교회에서 하라고 해서 하기는 하지만, 효과에 대해서는 생각하지 않는다.
　② 과연 전도지 등을 보고 예수님을 믿게 될 사람이 있을지 의구심이 든다.
　③ 누군가는 이 전도지를 통해 생명의 길로 인도함을 받으리라는 확신이 든다.
　④ 나의 노방전도가 한 사람이 아닌, 더 많은 사람에게 영향을 미치게 될 거라 확신한다.
　⑤ 기타 : (　　　　　　　　)

2단계 - 하나님의 말씀 듣기

전도에 담긴 놀라운 가치를 체감해야 할 사람들에게 하나님은 이렇게 말씀하십니다.
▶ "전도할 때, 너의 능력은 중요하지 않다. 어차피 전도는 성령의 능력으로 이루어진다."
▶ "진정으로 영혼을 사랑하는 마음을 담아 전도하는 자에게 표적이 뒤따르게 할 것이다."
▶ "나는 네가 전도할 때마다 항상 네 곁에 있을 것이다."
▶ "너 한 사람의 전도가 씨앗이 되어 수많은 사람이 구원받을 수 있음을 기억해야 한다."

3단계 - 생각과 행동의 변화

▶ 우리 모두는 전도자로서 능력을 넘치도록 가지고 있습니다. 전도는 내 능력이 아닌, 성
  령의 능력으로 하는 것이기 때문입니다. 무엇보다 진정한 전도 뒤에는 하나님이 예비하
  신 표적이 뒤따르게 되어 있습니다.

4단계 - 변화를 향한 한 걸음

▶ 전도하는 과정 내내 하나님이 함께해 주시기 때문에 우리는 전도하는 과정에서 이미
  더없는 행복을 경험할 수 있습니다. 또한 오늘 나의 전도가 훗날 생각지도 못한 사람을
  살리고 일으키는 씨앗이 될 수 있습니다.

Part 6

어떤
상황에서든
전도는
중단될 수
없습니다

Part 6

어떤 상황에서든
전도는 중단될 수 없습니다

내가 여기서 전도하면 하나님은 저기서 역사하십니다

10여 년 전, 한 집사님이 심각한 얼굴로 저를 찾아와 너무 속이 상한 다며 하소연을 했습니다. 이야기를 들어보니, 집사님은 한 슈퍼마켓의 여주인을 전도대상자로 정한 후 그분을 전도하기 위해 많은 애를 썼다고 합니다. 그 슈퍼마켓은 집사님의 집이나 교회와 먼 곳에 위치한 곳이었지만, 그분을 전도하겠다는 열정으로 일부러 찾아가 물건을 팔아주고 선물을 하는 등 공을 들였습니다. 그러던 어느 날 여주인의 마음이 열려 집사님과 함께 교회에 출석하겠다는 결단을 했고 약속시간까지 잡게 되었습니다. 드디어 약속한 시각이 되어 집사님은 기대하는 마음으로 슈퍼마켓에 찾아갔습니다. 그런데 그곳에 여주인은 없고 남편만 앉아 있더랍니다. 그래서 남편에게 물어보니, 자신의 아내는 조금 전에 어떤 분과 함께 근처 교회에 갔다는 것이었습니다. 알고 보니, 평소 그 가게를 애용하던 옆 교회 권사님이 교회에 가다가 물건을 구입하려고 슈퍼에 들어왔는데, 마침 집사님과 함께 교회에 가기 위해 단장을 하고 있던 여주인을 만났다는 것입니다. 그리고는 "교회를 코앞에 두고 왜 그리 멀리 가느냐?"며 자신이 출석하는 교회로 데리고 갔다는 것이었습니다.

열을 내며 이 이야기를 했던 집사님은 그 권사님을 무척이나 비난했습니다. 그래도 분이 풀리지 않는지 오늘 찾아가서 결판을 짓겠다고 했습니다.

저는 그 집사님의 이야기를 다 들은 후, 이렇게 말해주었습니다.

"하나님은 잃어버린 한 영혼이 이 교회에 가나 저 교회에 가나 똑같이 기뻐하십니다. 이왕 그리되었으니 집사님이 너그럽게 용서하시고, 그분이 그 교회에 잘 정착하여 신앙의 뿌리를 내리도록 도와주세요. 그리고 그분을 낚아채 간 권사님을 미워하지 말고 오히려 축복하세요. 그러면 하나님께서 분명히 집사님의 그 마음을 귀히 여기시고 복된 일들을 허락해 주실 것입니다."

몇 달이 지난 어느 주일, 그 집사님은 세 사람을 전도하여 교회에 등록시켰습니다. 그리고는 이렇게 말했습니다.

"그때 목사님이 시키는 대로 슈퍼마켓 여주인과 그분을 데려간 권사님을 위해 축복하며 기도했더니, 하나님께서 제가 전도에 공을 들이지도 않은 세 사람을 붙여주셔서 오늘 등록시키게 되었습니다."

우리는 내가 다니는 교회의 부흥을 넘어 하나님 나라의 확장을 위해 부름을 받았습니다(마 28:19) 그러기에 하나님 나라가 오늘도 나를 통해 이루어지길 기대하며 전도하는 것이 우리의 본분입니다. 하나님께서는 그러한 헌신 위에 뜻밖의 선물들을 안겨주십니다.

2001년 8월, 청년들을 전도자로 세우기 위해 제주도로 전도 여행을 다녀왔습니다. 서귀포교회(담임: 강의철 목사)에 베이스캠프를 설치하고 중앙로터리로 나아가 찬양전도를 하던 중, 60대 초반의 한 여성이 다가와 저희에게 어디에서 왔느냐고 물었습니다. 서울 한남동에 위치한 교회에서 왔다는 저의 대답에 그분은 깜짝 놀라며 말했습니다.

"저희 집도 한남동 순천향병원 뒤쪽에 있는데, 서귀포에 사는 딸이 아이를 낳아서 돌보려고 왔습니다. 제 딸도 교회에 다니는데, 서울에 올라가면 저보고 꼭 교회에 나가라고 해서 교회 출석을 결심하고 있었는데 잘 되었습니다."

얼마 뒤 그분은 등록하고 열심히 신앙생활을 하게 되었습니다. 제주도로 전도여행을 간다니까 '우리 지역에서 전도해야 우리 교회가 부흥하는 것이지 왜 제주도까지 전도하러 가느냐?'는 교인들의 불평이 있었지만, 그 일을 통하여 '우리가 저곳에 가서 전도하면 하나님은 이곳에서 역사하시는 분'이심을 체험하게 되었습니다. 교회가 더 큰 전도의 열정을 갖게 된 것입니다.

하나님은 전도를 기뻐하시기 때문에, 우리가 어디에서든 전도하면 하나님께서는 당신의 방법으로 우리 교회에도 준비된 영혼을 보내 주십니다. 그 일을 행하는 전도자의 삶이 복된 삶이 되도록 만들어 주십니다.

전도가 안 된다고요?

진관교회가 위치한 은평뉴타운이 조성된 지도 벌써 10년이 넘었습니다. 그동안 총 13개의 교회가 예배당을 새로 짓고 뉴타운 속으로 들어왔지만 부흥을 맛본 것은 소수의 교회들뿐입니다. 특히 모교단의 어느 교회는 부흥이 되지 않아 운영상 어려움을 겪게 되었고, 결국 이단종파에게 교회 건물을 매각하고 교회가 깨진 경우도 있었습니다.

제 나름대로 분석을 해보았습니다. 동일한 환경적 요건에 있었음에도 불구하고 부흥하는 교회와 그렇지 않은 교회가 있었는데, 그 차이가 무엇인지를 말입니다.

놀랍게도 그것은 '사람'이 전도하느냐, '교회'가 전도하느냐 하는 것이었습니다. 성장이 되지 않는 교회들은 교회가 전도해 주기만을 기다리며 전도하지 않았지만, 성장하는 교회들은 교인들이 영혼구원에 대한 열정을 가지고 매일 거리에 나가 전도했습니다. 결론은 이것입니다. 전도하면 전도가 되고 그 결과로 교회가 부흥하게 된다는 것입니다.

저는 이 사실을 1998년 한남동 지역에서 목회할 때 이미 깨달았습니다. 당시 제가 새로 부임한 교회는 어느 건물의 3층에 자리잡고 있는 임대교회였습니다. 2층에 위치하고 있던 노래방과 1층과 지하층에 있던 상가들로 인해 3층 예배실까지 올라가는 것은 그리 쉽지 않았습니다. 그래서 많은 교인이 임대교회를 벗어나면 그때 가서 전도하겠다는 생각을 가지고 있었고, 지금은 현상유지가 최선이라고 생각했습니다.

그러나 저는 교회가 해야 할 최우선의 사명은 전도이고 임대교회라 할지라도 열심히 전도하면 하나님이 전도가 되도록 하신다는 분명한 확신을 가지고 있었습니다. 그래서 교인들에게 전도를 독려했고, 매주일 점심식사 후에 1시간씩 전도하였습니다. 뿐만 아니라 주중 전도대를 조직하여 한남동 지역 곳곳을 다니며 열심히 전도했습니다. 그러자 당시 60여 명 모이던 교회에 첫 해에만 무려 35명이나 되는 새가족들이 등록하게 되었습니다. 교인들은 자신들의 전도를 통해 맺혀진 열매에 놀라며, '이런 곳에서도 전도가 되는구나, 나도 전도할 수 있구나'라는 확신을 갖고 더 열심히 전도하게 되었습니다.

그 결과, 다음 해에는 60여명이 전도되었고, 또 그 다음 해에는 80여 명이 전도되었습니다. 전도의 역사는 여기서 끝나지 않고 부임 4년 만에 지상 5층, 지하 1층의 건물을 구입하기에 이르렀으며 마침내 서울연회의 전도실습교회로 지정되었습니다.

그때 분명한 사실 하나가 증명되었습니다. 환경이 아무리 좋아도 전도하지 않으면 전도가 안 되고, 환경이 열악해도 전도하면 전도가 된다는 것이었습니다.

많은 사람이 지금은 '전도가 안 되는 시대'라고 말을 합니다. 그러나 정확하게 말하면 '전도가 안 되는 시대'가 아니라 '전도를 안 하는 시대'

가 된 것입니다. 지금도 전도를 통해 큰 부흥의 역사를 이루어 나가는 교회를 어렵지 않게 찾아볼 수 있습니다.

인천의 부광교회(김상현 감독)는 전도를 통해 놀라운 교회부흥을 이루고 있으며, 특별히 한국교회를 위하여 100만 복음전도자 세우기 운동을 벌여나가고 있습니다. 저는 이 운동을 통해 분명 조국교회의 놀라운 부흥의 역사가 다시 일어나게 될 것이라 믿고 있습니다.

은평동 지방의 행복이가득한교회(박준기 목사)는 2013년도에 작은 교회로 출발했지만 열정적인 전도를 통해 매해 지속적으로 성장하여 완전히 자립한 교회가 되었으며, 지금은 주변의 작은 교회들의 연합 전도운동을 주도하고 있습니다. 또한 해외선교에도 힘을 쓰고 있습니다.

'전도가 안 된다, 전도는 어렵다'는 생각은 모두 마귀의 소리입니다. 성령은 지금도 우리가 전도하면 전도가 되도록 만들어 주시겠다(행 1:8)고 말씀하고 있습니다. 우리가 믿음으로 나가 전도하면 하나님께서는 반드시 부흥의 역사를 허락해 주실 것입니다. 전도하면 전도 됩니다.

위기는 영혼을 구원하는 최적의 기회입니다

몇 년 전 어느 토요일에 한 집사님으로부터 전화가 걸려왔습니다. 오랜 기간 투병하시던 부친이 운명하셨는데, 교회 주관으로 장례를 치러달라는 것이었습니다. 집사님의 아버지는 어느 목사님에게 병상세례를 받기는 했지만, 교회에 출석하는 분은 아니었습니다. 그러나 저는 집사님의 간곡한 부탁에 승낙을 했고, 다음날 주일예배 광고를 통해 "비록 우리 교인은 아니지만 집사님의 부친이시니 우리 교회가 장례절차를 맡아 잘 감당해 드리자."고 했습니다. 그때 마침 저는 주일 오후부터 영등포에 있는 어느 교회에서 집회인도를 해야 했는데, 입관예식을 위해 장례식장으로 달려갔습니다. 그곳에는 이미 상당히 많은 교인들이 도착해 있었고 저는 교인들과 함께 정성껏 예배를 드리고 유족들을 위로했습니다. 그리고 나머지 모든 절차는 부교역자들이 진행하도록 했습니다.

그 후 주일이 되었습니다. 예배실 중간쯤에 집사님 내외와 교회를 다니지 않던 친정어머니, 그리고 두 남동생 가족들이 앉아 있었습니다. 보통의 경우, 장례절차가 모두 마쳐지면 조문에 대한 감사인사를 하기 위해 온 가족들이 함께 예배에 참석을 했기에, 저는 그날도 그런 줄로 알았습니다. 그런데 새가족을 소개하고 환영하는 시간에 유족들이 하나씩 일어났습니다. 그렇게 그 날 불신 친청 식구 아홉 명이 모두 교인으로 등록을 하였습니다.

그로부터 1년 뒤 고인의 1주기 추도예식을 추모공원에서 인도한 뒤 나오는데, 집사님의 친정 어머니가 뒤따라 나와 제 손을 잡으며 이렇게 말씀하셨습니다.

"목사님, 저는 1년 전 제 남편이 세상을 떠났을 때 너무나 슬프고 막막한 심정이었습니다. 그런데 그 때 목사님과 교인들이 찾아와 위로해 주고 정성껏 장례절차를 주관해 주신 것이 너무나 감사해서 평생 잊을 수가 없습니다. 감사합니다."

생각해 보니 교회를 다니지 않던 아홉 명의 식구들이 모두 교회에 등록을 한 것은 장례를 통해 입은 은혜에 대한 감사의 표현이었던 것입니다. 지금은 신실한 신앙의 사람들이 되어 살아가는 모습을 볼 때, 그날 최선을 다해 장례를 치러 드리기를 참 잘했다는 생각을 하곤 합니다.

인생을 살아가다 만나는 큰 위기 중의 하나는 '가족과의 사별'입니다. 그 힘들고 어려운 시기에 찾아와서 위로해 주고 도와주는 손길을 우리는 절대 잊을 수 없습니다.

관계 전도에서 중요한 것은 두 가지인데, 하나는 '평상시 좋은 관계를 맺는 것'입니다. 친구 따라 강남 간다는 말처럼 친구 따라 교회에 오는 경우가 많기 때문입니다. 또 하나는 '기회를 잘 붙잡는 것'입니다. 제가 수많은 경험을 통해 얻은 결론은, 전도대상자의 애경사는 하나님이 부여하신 최적의 전도 기회라는 것입니다. 특히 어려운 일을 당한 전도대상자의 애사에 참여하여 그를 위해 기도하며 진심으로 위로하고 도와줄 때 그들의 마음 문이 활짝 열리게 된다는 것입니다. 그런 경우에는 교회출석을 독려하지 않아도 오히려 그들이 먼저 교회로 나오는 기적의 역사가 나타나게 됩니다.

오래전, 우리 교회를 다니던 어느 성도가 세상을 떠나게 되었습니다. 그때 온 교회가 출동하여 정성스럽게 장례를 잘 치러드렸더니, 장례 후 불신자 가족 모두가 감사의 마음으로 교회에 출석하였습니다. 그 후 그 가정은 신앙의 4대를 이어가며 온가족이 신실하게 주님을 섬기고 있습니다.

전도대상자의 삶 속에 찾아온 위기는 그 영혼을 얻게 하시기 위해 하나님이 우리에게 주신 기회입니다. 온 힘을 다해 그들의 필요를 살피고 최선을 다하여 섬김으로 지옥으로 갈 영혼들을 하나님의 품으로 인도하는 사랑의 전도자가 되시기 바랍니다. 전도, 하면 반드시 됩니다.

사랑하면 전도하게 됩니다

1985년 군 제대 후 대학에 복학하여 학업에 전념하던 어느 날, 한 여인이 제 마음 속에 들어왔습니다. 그녀와의 사랑이 시작된 것입니다. 당시 저는 매주 토요일마다 고속버스를 타고 지방으로 내려가 교회사역을 하였는데, 사실은 사역의 기쁨보다 그녀를 만나는 기쁨이 저의 발걸음을 더욱 설레게 했습니다. 그 여인을 사랑하다보니 한 주간의 서울 생활이 무척 길게만 느껴졌고, '만나면 무슨 말을 할까? 무슨 음식을 함께 먹을까? 어떻게 그녀를 기쁘게 해줄까?' 하는 행복한 고민을 하며 한 주간을 보내곤 했습니다. 사랑하니 만나고 싶었고 사랑하니 항상 함께 있고 싶어서, 대학 4학년이 되던 1987년 그녀와 결혼을 했습니다. 그리고 지금까지 30년을 함께 살아오고 있습니다.

연애시절 느꼈던 그 감정은 전도에도 동일하게 적용되었습니다. '어떻게 하면 기쁜 마음으로 전도에 힘쓸 수 있을까?' 하는 고민을 가지고 기도하던 저는 그 질문에 대한 답을 얻었습니다. 그것은 '사랑하면 된다.'는 것이었습니다.

그렇습니다. 사랑하면 전도하게 됩니다. 한 영혼을 사랑하면 그에게 관심을 갖게 되고 그 영혼을 위하여 기도하게 됩니다. 또 그와 만남을 갖고 생명의 말씀을 나누고 싶어집니다. 그 사람을 사랑하면 '내가 가는 천국에 그도 함께 갔으면 좋겠다.'는 간절한 소망이 생겨져 전도하지 않을 수 없게 됩니다.

저는 1988년 3월, 하늘 아래 동네인 상천교회에 부임하여 첫 목회를 시작했습니다. 그 교회는 한 권사님 내외가 주축이 되어 개척한 지 1년이 된 교회였습니다. 그곳에서 열심히 목회하면서 그 마을과 주민들을 사랑하는 마음이 제 속에 생겨났습니다. 제가 사랑하는 그 분들이 지옥에 가면 안 되겠다는 생각이 들었습니다. 그래서 그들에게 전도하기 시작했습니다. 사랑으로 전도하다 보니 방법이 보였습니다. 농번기에는 아내와 함께 간단한 간식거리를 들고 마을 사람들이 일하는 일터로 찾아갔고, 일손이 부족한 때에는 논밭 일을 도와주기도 하며 마을사람들을 열심히 섬겼습니다. 함께 씨를 뿌리고 풀을 뽑고 추수도 하는 저에게 동네 사람들이 붙여준 별명이 있었습니다. 바로 '박카스 전도사님'입니다. 밭일을 하다가 잠깐 쉬는 시간이면 저는 밭주인이 주는 박카스를 한 병씩 마시고 고랑에 누워 쉬곤 했는데, 어느 날은 박카스를 4~5병씩 먹어서 밤에 잠을 이루지 못하기도 했습니다. 박카스를 100병은 넘게 먹은 것 같은 어느 날, 한 노부부가 자진해서 교회에 등록을 했습니다. 그러고는 '전도사님이 우리 집을 위해 이렇게 일해 주시니 우리도 교회에 나가는 것으로 보답을 하겠다.'고 했습니다.

어느 날 박카스를 3병이나 먹고 밭고랑 한 모퉁이에 누워 하늘을 바라보다가 구름 사이에서 나의 모습을 보고 환하게 웃는 듯한 하나님의 모습을 보았습니다. 힘은 들었지만 하나님이 기뻐하신다고 생각하니 마음이 좋았습니다. 그래서 더 열심히 그들을 사랑하며 박카스를 먹었습니다. 그 결과 1년 만에 15명의 사람들이 함께 예배하는 기쁨을 맛보게 되었습니다.

하나님께서는 우리를 사랑하셨기에 독생자 예수님을 이 땅에 보내 주셨습니다(요 3:16). 그러니 받은 사랑을 움켜쥐고만 있는 것은 하나님의 마음이 아닙니다. 예수님을 통해 받은 사랑을 우리는 주변 사람들에게 전도로 돌려주어야 합니다.

사랑하면 전도합니다. 사랑하면 전도의 길도 방법도 보입니다. 지금 하나님께 사랑의 마음을 달라고 기도하십시오. 전도대상자를 사랑하고 그 지역을 사랑하는 마음을 달라고 기도하십시오. 우리가 아직 죄인 되었을 때에 나를 사랑하사 독생자를 보내신 하나님의 마음(롬 5:8)으로 사랑하게 해 달라고 기도하십시오. 그리고 그 사랑의 마음으로 그들을 찾아가십시오. 사랑으로 섬기십시오. 사랑으로 생명의 복음을 전하십시오. 사랑으로 행하는 그 전도를 통해 하나님은 반드시 아름다운 열매를 맺게 해주실 것입니다. 전도, 하면 반드시 됩니다.

전도자로 나아가기 위한 본격적인 작전 개시

1단계 – 나의 문제를 정확히 파악하기

1) 내가 전도를 하는 이유는 무엇인가요? 정말로 솔직하게 생각해 봅시다.
① '우리' 교회의 부흥을 위해
② 교회 안에서 '나의' 전도 실적을 위해
③ 죽어가는 영혼을 살리기 위해
④ 기타 : (   )

2) 전도를 할 때 지금 처한 환경이 어떤 영향을 미치나요?
① 열악한 환경에서는 전도를 잘 하지 못한다.
② 환경이 전도에 영향을 미치지 않는다(어떤 상황이든 동일하다).
③ 열악한 환경일수록 전도를 더 열심히 하게 된다.
④ 기타 : (   )

3) 이미 구원받은 자로서 그 은혜와 사랑에 대해 어느 정도 깊이 묵상하고 있나요?(전도와 관련하여 생각해 봅시다) (복수 표기 가능)
① 죽어가는 날 살려주신 하나님의 은혜를 생각하는 이상, 전도를 하지 않을 수 없다고 생각한다.
② 하나님의 사랑과 은혜에 감사하기는 한데, 이 마음이 실질적인 전도로 이어지지 못하고 있다(마음은 있지만 실천으로 연결되지 못한다).
③ 하나님께 엄청난 사랑을 받은 것은 알지만, 그것 때문에 전도를 꼭 해야 할 필요는 없다고 생각한다.
④ 기타 : (   )

2단계 _ 하나님의 말씀 듣기

전도자로서의 조건을 충분히, 풍성히 가지고 있는 사람들에게 하나님은 이렇게 말씀하십니다.

▶ "전도는 전도대상자를 '우리 교회'로 데려오는 것이 아니라, '구원의 자리'로 데려오는 것이다."

▶ "어떤 환경에서도 전도할 수 있다. 환경이 어떠하든, 내가 너의 전도를 이끌어 주고 뒷받침해 준다는 사실에는 변함이 없다."

▶ "상대방의 위기 속에서 진정한 사랑을 베풀면, 그 상대가 마음문을 열게 될 것이다."

▶ "네가 나에게 받은 은혜와 사랑을 상기한다면, 전도대상자 역시 사랑할 수밖에 없다."

3단계 _ 생각과 행동의 변화

▶ 우리는 출석 성도를 늘리기 위한 전도가 아닌 영혼을 살리기 위한 전도를 해야 합니다. 행여 전도한 그가 다른 교회에 가도 상관없습니다. 우리 교회는 하나님이 채우시기 때문입니다.

4단계 _ 변화를 향한 한 걸음

▶ 어려운 환경 속에서도 복음 전파를 쉬지 않을 때, 하나님은 더 놀라운 역사를 이루십니다. 또한 전도대상자의 위기는 하나님의 사랑을 분명하게 전할 최고의 기회가 될 수 있습니다. 이제 하나님의 사랑을 상기하면서, 더 뜨겁게 전도대상자를 사랑하고 품어야 합니다.

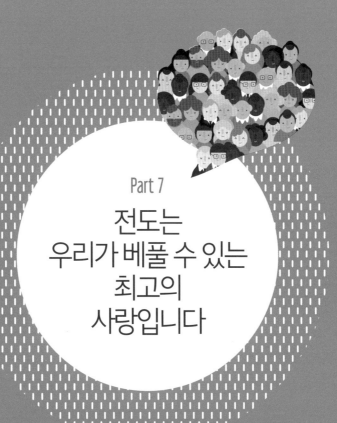

Part 7

전도는
우리가 베풀 수 있는
최고의
사랑입니다

Part 7

전도는
우리가 베풀 수 있는
최고의 사랑입니다

전도에 지연은 있어도 실패는 없습니다

전도를 할 때, 전도자가 버려야 할 편견이 몇 가지 있습니다. 전도는 '잘 모르는 사람에게 해야 한다는 생각'과 '몇 번 안에 열매를 맺어야 한다는 생각'입니다. 그러나 통계를 보면 전도의 열매는 잘 모르는 사람이 아니라 익숙하고 친밀한 관계 속에 있는 사람에게 맺혀졌음을 알 수 있습니다. 예컨대 가족이라든지, 친구 등 자주 보고 만나는 사람이 전도되는 경우가 대부분입니다. 그리고 한두 번 만나서 전도가 된 경우보다는 적어도 일곱 번 이상의 만남을 통해 열매가 맺혀질 때가 많았습니다.

속담에 "열 번 찍어 안 넘어가는 나무가 없다."는 말이 있습니다. 나무도 얻기 위해 열 번은 시도해야 하는데, 하물며 천하보다 귀한 생명을 구하는 일을 한두 번 해 보고 안 된다고 포기해야 할까요? 이는 너무나도 무성의한 모습이 아닐 수 없습니다.

한남동 지역에서 목회하던 시절, 교통사고로 인하여 걷는 것조차 상당히 불편한 한 중년 남성이 있었습니다. 저는 그를 전도대상자로 마음에 품게 되었고 세 번 정도 찾아갔을 때 그는 다음 주일에 혼자 걸어서 교회에 오겠다고 약속을 했습니다. 그러나 주일에 그는 오지 않았습니다. 며칠 뒤 음료수 한 통을 가지고 다시 그를 찾아갔습니다. 그는 매우 좋아하면서 다음 주일에는 꼭 오겠다고 했지만, 역시 그 주일에도 교회에 오지 않았습니다. 다시 며칠 뒤, 통닭을 한 마리 사서 찾아갔더니 그는 그것을 먹으며 너무 좋아하면서 돌아오는 주일에는 반드시 교회에 오겠다고 다시 한 번 약속을 했지만, 눈이 빠지게 기다려도 그는 그 주일에 교회에 오지 않았습니다.

이런 일은 거의 두 달 이상 반복되었습니다. 어느 날 다시 먹을 것을 사들고 그에게 찾아가 다음 주일에는 차를 보낼 테니 꼭 오라고 당부를 했습니다. 그 자리에서 복음을 전하고 예수님을 영접하는 시간도 가졌습니다. 그 주 토요일에 그로부터 전화가 왔습니다. 주일에 혼자 교회에 갈 테니 차를 보내지 말라는 것이었습니다. 아마 나의 호의가 장애를 안고 살아가는 그의 마음을 불편하게 했었나 봅니다.

주일이 되었습니다. 예배가 시작되기 30분 전인데 그는 이미 교회에 도착해 있었습니다. 반갑게 그를 맞이하고 예배시간에 그를 교인들에게 소개했습니다. 그 후, 그는 불편한 몸을 지팡이에 의지한 채 거의 한 주도 빠지지 않고 예배에 참석했고 마침내 세례를 받고 집사가 되었습니다. 어느 날 그가 저를 찾아와서 쑥스러운 표정을 지으면서 이런 말을 했습니다.

"목사님, 꼭 그런 것은 아니지만 제가 교회에 나오게 된 것은 목사님이 저를 찾아오실 때마다 저를 위해 손에 무엇인가를 가지고 오셨기 때문입니다."

그를 전도하면서 몇 가지 깨달은 것이 있습니다. 첫째, 전도대상자가 오기를 기다리지 말고 내가 먼저 찾아가야 한다는 것입니다. 주님이 우리에게 그렇게 하셨습니다. 둘째, 그 사람의 마음의 문이 열릴 때까지 포기하지 말아야 한다는 것입니다. 셋째, 마음의 문을 열기 위해 때론 작은 선물이 유용하다는 것입니다. 넷째, 열려진 마음에 반드시 복음을 넣어주어야 한다는 것입니다. 다섯째, 계속적인 노력에도 불구하고 당장 열매가 맺혀지지 않을 때, 그것을 실패로 여기지 말아야 한다는 사실입니다. 왜냐하면 뿌려 놓으면 반드시 열매가 맺혀지기 때문입니다. 그리고 여섯째, 혹 내가 공들인 그 사람을 다른 사람이 전도해 가더라도 내게는 하늘 상급과 면류관이 주어진다는 것입니다. 왜냐하면 전도는 결과보다 그 과정이 중요하기 때문입니다. 분명 하나님은 세상적으로는 전도에 실패한 그 전도자를 기억하실 것입니다. 그동안 찾아갔던 수고와 기도와 눈물을 다 기억하시고 그에 합당한 복을 주실 것입니다.

전도는 찾아가는 것입니다. 전도에는 지연은 있어도 실패는 없습니다. 지금도 전도는 계속 되고 있습니다. 반드시 하나님은 때가 되면 전도자들의 수고에 합당한 열매를 맺게 하시고, 귀한 상과 복을 내려주실 것입니다. 전도, 하면 됩니다. 포기하지 말고 오늘도 전도하십시오.

실상을 보면 전도하게 됩니다

어려운 가정 형편으로 인하여 배움의 기회를 갖지 못한 어느 권사님이 있었습니다. 그래도 하나님의 은혜로 한글을 어느 정도 깨우쳐서 성경을 보거나 찬송을 부르는 데에는 전혀 지장이 없었습니다. 이 권사님이 어느 날 옆집에 사는 교수 부부를 전도해서 교회로 인도했습니다. 그 젊은 교수 부부는 외국에서 박사학위를 받은 지성인들이었습니다. 어떻게 교회에 나오게 되었는지 물어 보았더니 자신들도 잘 모르겠다고 했습니다. 다만 그 권사님이 예수님을 이야기하면서 교회에 가자고 권면했을 때 그렇게 하지 않으면 안 될 것 같은 마음이 들어서 교회에 나오게 되었다는 것이었습니다. 그 후 그 부부는 신실한 믿음의 사람으로 살게 되었습니다.

어느 날 그 권사님은 개인 사업을 크게 하는 한 부부를 또 다시 전도했습니다. 그때 권사님에게 물어보았습니다.

"권사님은 세상적으로 많이 배운 사람들, 그리고 부유한 사람들을 자주 전도해 오시는데 권사님의 전도의 비법이 무엇입니까?"

그랬더니 그 권사님은 제게 이런 이야기를 해 주었습니다.

예수님을 믿고 구원은 받았지만 배우지 못한 것에 대한 열등감이 늘 권사님의 마음속에 있었답니다. 그래서 많이 배운 사람들, 많이 가진 사람들, 세상에서 지위가 있는 사람들을 보면 기가 죽고 부러워했답니다. 그러던 어느 날부터 그들을 생각하니 갑자기 불쌍한 생각이 들었습니다. 비록 그들이 세상 것을 많이 가지고 있지만, 그들 안에 예수님이 계시지 않으니 결국 죽어 지옥에 가지 않겠습니까? 그것을 생각하니 밤에 잠이 오지 않았다는 겁니다.

그런 마음 때문에 권사님은 세상의 불신자들을 향하여 부러움이 아니라 긍휼의 마음을 갖게 되었고, 당신 속에 있는 예수님을 소개하고 교회로 초청했습니다. 그랬더니 소중한 구원의 열매들이 많이 맺혀지게 되었습니다.

열왕기하 5장을 보면 나아만이라는 사람이 나옵니다. 나아만에게는 두 가지 수식어가 붙어 있었습니다. 하나는 '군대장관'이고 또 하나는 '나병환자'입니다. 당연히 나아만을 바라보는 눈이 두 가지가 있었을 것입니다. 군대장관이라는 나아만의 겉으로 드러난 모습을 본 사람들은 나아만을 바라볼 때 선망의 대상으로 보았을 것입니다. 자기 자신과 비교하면서 나아만이 가지고 있었던 세상의 지위와 권세, 그리고 재산을 보면서 몹시도 부러워했을 것입니다.

그러나 또 한 부류의 사람, 즉 나아만 부인의 몸종인 작은 소녀는 나아만을 바라볼 때 세상적으로 화려한 그의 모습도 보았지만, 그의 몸에 가득한 '나병'을 보았습니다. 세상의 그 어떤 방법으로도 고치지 못할 나병을 보게 되었을 때, 그에게 생명의 소식을 전할 수 있었습니다.

"내가 살던 이스라엘 땅에 가면 나병을 고칠 수 있는 선지자를 만날 수 있습니다."

그 말을 듣고 나아만은 이스라엘 땅에 가서 엘리사 선지자를 만났고 그가 시키는 대로 하여 오랜 기간 그를 괴롭히던 나병에서 치유함을 받게 되었습니다.

우리 주변에 살고 있는 사람들을 보십시오. 특히 예수를 믿지 않고 살아가는 불신앙의 사람들을 보십시오. 물론 그들 중에는 우리보다 훨씬 잘 살고, 좋은 조건을 갖추고 있는 사람들이 있을 것입니다. 세상의 기준으로 보면 그들은 우리의 부러움을 살만한 사람들입니다. 그러나 우리는 그들을 바라볼 때 겉으로 드러난 허상에 집중하지 말고 예수가 없는 그들의 실상, 다시 말해 세상의 그 어떤 방법으로도 해결할 수 없는 '죄'라는 병에 걸려 죽어가는 그들의 실상을 보아야 합니다. 그때 우리는 그들을 살리되 영원히 살릴 수 있는 생명의 복음, 예수 그리스도를 담대히 전하는 사람들이 될 수 있습니다.

앞에 말씀드린 그 권사님은 교수 부부를 바라볼 때 겉모습이 아니라 예수가 없어 죽어가는 그 실상을 보았습니다. 그 결과, 긍휼의 마음으로 복음을 전했고, 그 복음으로 인하여 사는 역사가 나타났습니다. 긍휼의 마음으로 전도하면 전도의 역사가 나타납니다. 이제 기도해야 합니다. "주님, 나에게 불신자들을 향하여 긍휼의 마음을 품게 하옵소서!"

식구 전도, 피할 수 없는 숙제입니다

어떤 권사님이 있었습니다. 이분이 교회 중보기도대실에 내는 기도 요청카드에는 자기 딸의 구원을 위한 기도제목이 늘 적혀 있었습니다. 교인들에게 기도를 부탁할 때에도 늘 자기 딸의 영혼구원을 위해 기도해 달라고 하였습니다. 속회모임에서 나눔 시간이면 권사님은 자기 딸이 교회를 나오지 않아 너무 속이 상하다고 말하곤 하였습니다.

그러면서 권사님은 나름 열심히 자기 딸에게 전도를 했습니다. 그러나 전도를 하면 할수록 딸은 더 교회에 나가지 않겠다고 말을 했고, 그럴 때마다 권사님은 딸을 야단치면서, 심지어는 마음에도 없는 소리까지 하며 협박하곤 했습니다. 아무리 기독교의 핵심진리를 알기 쉽게 설명하고, 예수를 믿으면 무엇이 좋은지 등에 대해서 설명했지만 딸은 권사님의 말을 귀 기울여 듣지 않았습니다.

그러던 어느 날, 그 딸은 예수님을 믿지 않은 채로 미국 유학을 떠나게 되었습니다. 권사님이 유학 간 딸을 위해 기도하던 어느 날 새벽, 기도 중에 예수님의 십자가가 자꾸만 눈에 보였습니다. 그러면서 깨달았습니다.

"예수님은 나의 구원을 위해 아무 말씀도 하지 않으시고 그냥 나를 위해 십자가에서 죽으셨는데, 나는 딸에게 예수님을 믿으라고 말만 했지 십자가의 사랑으로 섬기지 못했구나!"

딸의 유학생활이 걱정이 되었던 권사님은 몇 달 뒤 미국으로 가서 딸과 한 달 동안 함께 지내게 되었습니다. 그런데 그 한 달 동안 권사님은 딸에게 교회에 나가자고 이야기하지 않았고, 왜 예수를 믿어야 하는지, 예수 믿으면 어떻게 되고, 안 믿으면 어떤 결과가 찾아오는지에 대해서 한마디도 이야기하지 않았습니다. 그 대신 예수님의 사랑으로 딸을 잘 섬겼습니다. 십자가의 사랑으로 딸을 늘 대하였습니다. 주일이면 혼자 근처 교회를 다녀오면서도 한 번도 딸에게 교회에 가자고 말하지 않았습니다.

그 후 권사님이 한국으로 돌아온 지 일 년 쯤 지났을 무렵, 딸로부터 편지가 한 통 날아왔습니다. 내용은 딸이 교회에 다니고 있다는 것과 결혼하고 싶은 사람이 생겼는데, 그 남자는 딸이 다니고 있는 교회에서 만난 목사님의 아들이라는 것이었습니다. 그러면서 자기가 교회에 나가게 된 이유를 이렇게 적어 놓았습니다. 이전에 엄마가 성경을 인용하면서 교회에 나가자고 할 때에는, 예수님을 믿으면서도 말씀대로 살지 못하고 변화되지 않는 엄마의 모습 때문에 교회에 나가지 않기로 굳게 결심했었다는 것입니다. 그런데 엄마가 미국에 와서 한 달을 머무는 동안 교회에 가자는 말 대신 예수님의 사랑으로 자기를 대해 주는 것을 보고 마음이 열려서 엄마가 한국으로 돌아간 다음 주일부터 교회에 나갔다는 것입니다. 그리고 그 교회에서 청년부 활동을 하다가 지금의 남자 청년을 만나 교제까지 하게 되었다는 것이었습니다. 딸이 마음문을 열어 교회로 나가게 만든 것은 입을 통해 나간 복음이 아니라 삶과 행동을 통해 나간 복음이었습니다.

사실, 가장 절실하면서도 어려운 전도가 가족 전도입니다. 때론 목사님으로부터 들은 설교를 그대로 전달해 보기도 하고, 성경 구절을 조목조목 인용하면서 복음을 설명해 보기도 하지만 잘 안 되는 것이 가족 전도입니다. 때론 화가 나서 소리를 지르기도 하고, 반대로 읍소하면서 애원도 해 보지만 역시 잘 안 되는 것이 바로 식구 전도입니다.

생각을 바꾸어야 합니다. 가족 전도는 말로 복음을 전해서는 안 되고 행동으로, 섬김의 삶으로 복음을 전해야 합니다. 예수를 믿음으로 변화된 나의 모습과 섬김은 그 어떤 복음 메시지보다 식구들에게 더 강력한 힘을 발휘할 수 있습니다. 피할 수 없는 숙제인 식구 전도는 말이 아니라 행동으로 그리고 협박이 아니라 섬김으로 해야 합니다. 전도, 하면 됩니다.

말씀에 순종하여 전도하면 전도가 그냥 되어집니다

진관교회에는 전도를 열심히 하는 분들이 많이 있습니다. 그중에서도 김영미 권사님은 매해 전도를 제일 많이 하십니다. 전도를 재미있게, 열심히 잘 하시는 김 권사님의 간증 내용을 소개합니다.

저희 목사님은 전도는 "일단 나가는 것이 능력이다."라고 항상 강조하십니다. 이러한 목사님의 격려와 도전은 제가 확신과 담대함을 가지고 전도할 수 있도록 도와주었습니다. 목사님의 권고에 순종하여 길거리 전도를 시작했고, 커피와 녹차 등을 나누는 복음마차 전도, 부침개 전도, 관계전도 등에 참여하게 되었습니다. 그리고 아파트에 새로 입주하는 가정이 있으면 어김없이 찾아가 복음을 전했습니다.

전도를 할 때 무슨 말을 해야 할지 고민하는 분들이 많은데, 저는 그분들에게 하나님을 마음껏 자랑하라고 말해주고 싶습니다. 하나님을 자랑하는 제 모습을 보고 마음의 문이 열려 교회에 다니겠다고 약속하는 경우를 많이 보았기 때문입니다.

어느 날은 거리에서 차 전도를 하다가 82세 할머니를 만나게 되었는데, 지금까지 그 누구에게서도 교회에 나가자고 전도를 받은 적이 없다고 하셨습니다. 그래서 그분에게 예수님 자랑, 교회 자랑, 목사님 자랑을 하면서 전도를 했습니다. 그러자 그분은 자기도 그런 교회에 나가고 싶다며 교회에 오셨고, 지금은 새가족 양육과정(확신반)을 마치시고 속회출석은 물론 철저하게 주일을 성수하시며 열심히 신앙생활을 하고 계십니다. 할머니는 이렇게 좋은 예수님을 이제야 만나게 된 것이 너무 아쉽다고 말씀하셨습니다.

상가 전도를 할 때도 성령의 역사는 계속 되었습니다. 상가 전도를 하면서 어느 음식점을 방문했다가 그 음식점 사장님을 알게 되었습니다. 사장님이 꽃을 좋아하신다는 것을 알고 만날 때마다 꽃과 함께 작은 선물을 준비해서 전하곤 했습니다. 음식을 팔아주기 위해 일부러 사람들을 데리고 간 적도 있습니다. 그렇게 한 지 2년이 지난 어느 날 저는 믿음으로 "이제는 예수님을 믿으세요."라고 말했습니다. 그런데 놀랍게도 그분이 너무나 기뻐하며 교회에 나오겠다고 약속하셨고 얼마 후 정말 그분과 함께 예배를 드리는 은혜를 누리게 되었습니다. 그분은 지금까지 저와 함께 행복한 신앙생활을 하고 있습니다.

저는 한 영혼을 구원하는 데 쓰임 받는 도구가 된 것이 너무 기쁘고 행복합니다. 저는 전도가 너무 쉬운데 그 이유는 성령님을 의지하고 복음을 자랑하니 성령께서 그들의 마음의 문을 열어 주셨기 때문입니다. 저의 소원은 앞으로도 전도의 사명을 잘 감당하다가 하늘에서 자랑의 면류관을 받는 것입니다. (『멈출 수 없는 사명, 전도』 p.109-111)

김 권사님이 전도를 잘 하는 이유는, 말씀에 순종하여 전도했기 때문입니다. 내가 전도하면 성령께서 전도가 되게 해 주신다는 확신을 가지고 있기 때문입니다. 또한 전도를 나가 보면 준비된 영혼이 있을 때도 있지만(행 13:48) 준비된 영혼이 없을 때도 있기 마련입니다. 그런데 그날 역시 실망하지 않고 복음의 씨를 뿌리면 됩니다. 그러면 언젠가 때가 되어 합당한 열매가 맺히게 된다(갈 6:7-9)고 성경이 말씀하고 있기 때문입니다. 그러기에 권사님은 특정한 전도법을 사용하지 않고 단순하게 세 가지 자랑, 즉 예수님을 자랑하고, 교회를 자랑하고, 목회자와 성도들을 자랑하는 데 집중합니다. 자랑을 하니 본인도 행복하고 자랑을 듣는 사람의 마음도 즐거웠던 것입니다.

전도, 어렵지 않습니다. 믿음으로 나가면 준비된 영혼들이 있으니 거두어 오면 되고, 없으면 뿌리면 됩니다. 예수 그리스도의 복음을 뿌리고 전도지를 뿌려 놓으면 반드시 때가 되매 거두게 됩니다. 전도, 하면 됩니다. 성령께서 전도가 되게 만들어 주십니다(행 1:8).

전도자로 나아가기 위한 본격적인 작전 개시

1단계 – 나의 문제를 정확히 파악하기

1) 전도대상자가 몇 번의 만남에도 마음 문을 열지 않을 때, 어떻게 하나요?
   ① 한두 번 정도 더 찾아가 보고, 그 다음부터는 뒤에서 기도만 한다.
   ② 먼저 찾아오시고 끝까지 나를 포기하지 않은 주님을 떠올리며 지속적으로 찾아간다.
   ③ 그대로 포기하고 다른 전도대상자를 찾아본다.
   ④ 기타 : (   )

2) 세상적으로 잘나가는 사람(불신자)을 볼 때, 솔직하게 어떤 생각이 드나요?
   ① 하나님을 모른다는 사실이 안타깝긴 하지만, 그럼에도 불구하고 부러운 것은 어쩔
      수가 없다.
   ② 아무리 잘났다고 해도, 죽어가는 영혼으로 보기 때문에 불쌍하고 안타까울 뿐이다
      (그러나 전도하고 싶은 마음이 바로 들지는 않는다).
   ③ 세상에서 가장 불쌍한, 죽어가는 영혼으로 바라봄과 동시에 전도의 열정이 피어오른다.
   ④ 무조건 부러울 뿐이다(영적인 차원에서 어떠한지에 대해서는 아예 생각하지 않는다).
   ⑤ 기타 : (   )

3) 큰마음을 먹고 전도하러 나갔는데, 준비된 영혼이 없다고 느껴졌을 때(저마다 안 좋은
   반응을 보냈을 때) 어떤 마음이 드나요?
   ① 시간 낭비한 것 같은 느낌이 든다.
   ② '전도가 다 그렇지 뭐.' 하는 회의감 같은 것이 생긴다.
   ③ 아직 씨를 뿌리는 단계이므로, 당장의 반응에 연연할 필요가 없다고 생각한다.
   ④ 기타 : (   )

2단계 – 하나님의 말씀 듣기

전도를 통해 최고의 사랑을 나누어야 할 사람들에게 하나님은 이렇게 말씀하십니다.

▶ "전도대상자는 전도 될 때까지 만나고 찾아가야 한다. 왜냐하면 내가 너를 건지기 위해 포기하지 않고 찾아갔기 때문이다."

▶ "구원받지 못한 사람은 세상에서 가장 불쌍한 사람이다. 그리고 그런 사람을 품어야 할 자가 바로 너다.

▶ "나에 대한 확신이 전도의 열정을 불러 일으킨다. 내가 본으로 보여준 섬김의 삶을 조금씩이나마 보여 주면 된다."

▶ "전도의 열매가 거두어질 때에 대해서는 신경 쓰지 마라. 너는 그저 전도 그 자체의 기쁨을 경험하면 된다."

3단계 – 생각과 행동의 변화

▶ 전도에 있어서 포기란 없습니다. 하나님도 우리를 포기하지 않으셨기 때문입니다. 이제 포기하지 말고 사람들에게 나아가야 합니다. 특히 세상에서 잘 나가는 사람들을 볼 때, 부러움이 아닌 긍휼의 마음을 가질 수 있어야 합니다.

4단계 – 변화를 향한 한 걸음

▶ 가까운 사람들을 하나님께 인도하려면, 하나님의 사람답게 행동하면 됩니다. 그러면 사람들이 우리를 통해 하나님을 보게 될 것입니다. 이와 더불어 하나님의 사랑에 대한 확신을 가져야 합니다. 그 확신이 전도의 열정을 더욱 불타게 만들 것입니다.

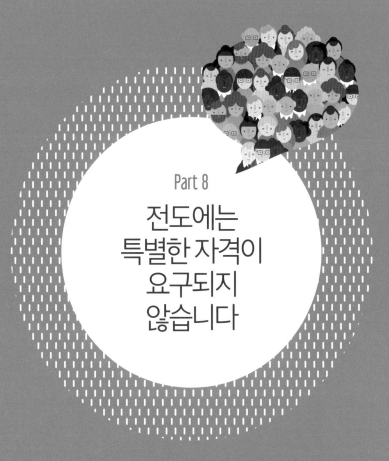

Part 8

전도에는
특별한 자격이
요구되지
않습니다

Part 8

전도에는
특별한 자격이
요구되지 않습니다

성령이 하시는 전도, 쉬울 수밖에 없습니다

"성령 충만 받지 말고 목회하라." 미국에서는 이 말이 엄청난 저주이자 욕이라고 합니다. 전투에 나가는 병사에게 무장하지 말고 전선에 나가라는 말과 같은 의미이기 때문입니다. 그런데 목회 영역에서만 그러할까요? '성령 충만이 없이는 안 된다'는 것은 모든 신앙생활 영역에 다 해당됩니다. 특별히 전도에서는 더더욱 그러합니다.

전도는 사탄의 진을 공격하여 들어간 뒤 사탄에게 묶여 있는 사람들을 풀어서 데리고 나오는 영적인 전투이기 때문입니다. 그만큼 성령으로 충만하지 않으면 전도 자체가 불가능해집니다.

사도행전은 초기 교회의 전도 이야기입니다. 사도행전 1장에서 7장까지의 예루살렘 전도 이야기를 보면, 전도대상자인 예루살렘 사람들이 나옵니다. 그런데 이들은 강도인 바라바를 놓아주고 예수를 십자가에 못 박으라고 외쳤던 폭도들입니다. 그런 사람들에게 찾아가서 "당신들이 죽인 예수가 하나님의 아들이고 그 예수를 믿어야만 구원을 받는다."고 외쳤을 때 그들이 회개하고 예수를 믿는 것은 불가능한 일이나 다름없었습니다. 그러나 성령으로 충만한 전도자들을 통하여 성령께서 역사하시자, 닫혀있던 그들의 마음 문이 열렸고 구원의 대역사가 나타나게 되었습니다.

사도행전 8장에 나온 사마리아 전도도 마찬가지입니다. 유대인들로부터 마음의 상처를 입은 사마리아 사람들에게 빌립 집사가 유대인의 왕으로 오신 예수님을 전했습니다. 이때 그 성에 구원의 큰 기쁨이 임하게 되었습니다. 이 역시 성령의 역사로 말미암았기 때문이었습니다. 즉 성령으로 충만한 빌립의 전도를 통하여 성령이 역사하자 닫혀있던 모든 것이 열리는 일들이 나타나게 된 것입니다.

또한 사도행전 13장 이후부터 펼쳐지는 이방 전도 역시 전도자들을 통하여 성령이 역사하심으로써 이루어진 일들입니다. 성령께서 역사하셨기에, 교만하던 이방 사람들이 예수를 믿고 구원받는 일이 나타나게 된 것입니다.

전도를 잘 하는 사람들에게 전도를 잘 하는 비결을 물어보면 늘 똑같이 하는 이야기가 있습니다.

"전도, 내가 하나요? 성령님이 하시지요!"

전도를 위해 자신이 한 것은 성령의 충만을 위해 기도한 것 밖에 없다고 합니다. 성령으로 충만하여 전도현장에 나갔더니 그때부터 전도는 내가 하는 전도가 아니라 성령께서 하시는 전도가 되어서 곳곳마다 성령의 역사가 나타나게 되었다는 것입니다.

그렇습니다. 성령이 역사하시면 그때부터 전도는 신바람 나는 전도가 됩니다. 우리의 마음에 복음을 부끄러워하지 않는 담대함이 나타납니다. 영혼을 향한 긍휼의 마음을 가지게 됩니다. 그리고 가는 곳마다 집의 문들이 열리고, 사람들의 마음 문도 열려 복음을 받아들이게 됩니다.

전도가 왜 어려울까요? 내 힘으로 하려고 하기 때문입니다. 성령으로 전도하면 전도는 어렵지 않고 쉬워집니다. 전도, 하면 됩니다. 내가 전도하면 성령께서 전도가 되게 해 주십니다.

전도에 왕도는 없습니다.

어느 날 전도 훈련의 한 일환으로, 교인들에게 두 사람씩 짝을 지어 아파트 전도를 나가게 했습니다. 전도에 노련한 권사님과 전도를 막 시작한 젊은 성도님이 짝이 되어 나간 한 전도팀은 20층 아파트를 첫 전도지로 삼았습니다. 둘은 엘리베이터를 타고 맨 꼭대기 층으로 올라갔습니다. 그리고는 20층에서 11층까지 노련한 권사님이 시범을 보여 가며 전도를 했습니다. 어떻게 초인종을 눌려야 하는지, 집 안에서 소리가 나면 어떻게 말을 해야 하는지, 문이 열렸을 때 무슨 말을 해야 하는

지, 그리고 거절 처리는 어떻게 해야 하는지 등에 대해 자세히 설명을 하면서 전도를 했고, 함께 간 성도님은 권사님 뒤에서 눈을 뜨고 기도하면서 그 상황들을 잘 보고 마음속으로 숙지하였습니다.

10층까지 내려온 후 이제는 역할을 바꾸어 전도하기 시작했습니다. 성도님은 권사님이 보여준 그대로 열심히 전도를 했습니다. 이제 20층짜리 아파트 전도를 마친 후 권사님은 배운 대로 열심히 전도한 성도님을 칭찬했고, 둘은 또 다른 아파트를 향하여 갔습니다. 가르쳐준 스승 이상으로 전도를 잘한 제자의 행동에 감동을 받은 듯 칭찬을 이어가던 그 권사님의 마음속에 한 가지 궁금한 생각이 들었습니다. 그것은 그 성도님이 자신이 알려주지 않은 한 가지 행동을 반복하면서 전도했기 때문이었습니다. 그래서 권사님은 성도님에게 물었습니다.

"성도님, 아까 전도할 때 보니까 초인종을 누르기 전에 집집마다 문고리를 붙잡고 간절히 기도를 하던데, 그때 무슨 기도를 하셨어?"

그러자 그 성도님은 머쓱한 표정을 지으며 이렇게 대답을 했습니다.

"오, 주님, 제발…. 저 집 안에 사람이 없게 하여 주옵소서!"

이 이야기를 들으면서 저는 제가 처음 전도할 때의 일이 생각났습니다. 어느 빌라에서 전도를 하게 되었는데, 3층 어느 집의 벨을 눌렀더니 문밖을 향해 누구냐고 고함치는 남자의 큰 목소리가 들려왔습니다. 그 순간 깜짝 놀란 저는 2층으로 줄행랑쳤었습니다.

사실 전도를 나가기 전에 전도법이라든지, 전도요령 등에 대해 배우고 훈련을 받았어도 막상 현장에 나가서 전도를 하려고 하면 쉽지 않음을 깨닫게 됩니다. 그러나 분명한 사실이 하나 있습니다. 서툴고, 어색하고, 겁이 나도 전도를 계속 반복하다 보면 그 사람은 반드시 전도의 전문가, 전도의 선수가 된다는 것입니다. 위인은 태어나지 않고 만들어지듯이 전도의 달인 역시 태어나지 않고 반복을 통해 만들어집니다.

많은 사람이 전도의 고수는 처음부터 전도를 아주 잘했을 것이라고 생각하지만, 사실 그들도 처음에는 전도에 대한 두려움과 어설픔을 가지고 있었습니다. 다만 전도를 계속 하다 보니 전도의 선수가 된 것입니다.

"성공은 벼락같이 임하는 것이 아니라 반복의 결과로 주어지게 된다." 라는 말이 있습니다. 전도도 마찬가지입니다. 하루아침에 전도 왕이 되는 것이 아닙니다. 처음에는 전도를 잘 못 하고 두려움도 있지만 영혼 구원에 대한 열정을 가지고 성령님을 의지하며 계속 전도하다 보면 어느 순간 전도의 열매를 맺게 되고 전도를 즐기는 선수가 되는 것입니다.

그래서 저는 교인들을 전도자로 세워 나가는 과정에서 지속적으로 하는 것이 있습니다. 끊임없이 전도의 동기를 부여해 주고, 전도의 자리를 깔아주는 것입니다. 비록 지금은 작은 운동장에서 훈련하는 연습생 정도의 실력이지만, 포기하지 않고 계속 하다 보면 큰 운동장에서 뛰는 프로 선수가 될 것이라는 비전을 계속 심어 주는 것입니다.

잰걸음이지만 한 걸음, 또 한 걸음 걷다 보면 꿈으로만 여겼던 정상에 서는 전도자가 될 수 있습니다. 전도에 왕도는 없습니다. 포기하지 않고 계속 하다 보면 누구나 전도를 잘 하는 사람, 나아가 전도를 가르치는 전문가가 될 수 있습니다. 전도! 누구나 할 수 있습니다. 하면 됩니다.

어떻게 잡은 고기인데 놓치면 안 되잖아요

힘들게 그물을 던져서 손바닥 크기의 고기 100마리를 잡았는데 통으로 옮기는 과정에서 85마리를 놓쳐버린다면 얼마나 속이 상하고 화가 나겠습니까? 그런데 놀랍게도 지금 한국 교회 안에서 이런 일이 벌어지고 있습니다.

한 연구소의 보고에 의하면 한국 교회 새신자 정착률이 15% 정도라고 합니다. 10명의 새가족이 전도되어 오면 8명 이상이 정착하지 못하고 교회를 떠난다고 합니다. 그 결과, 한국 개신교인의 숫자는 880만 명 정도가 되는 데 비해 그동안 교회를 다니다가 떠난 사람들의 숫자는 1,100만 명을 육박한다고 합니다.

이제 교회가 전도만큼이나 주력해야 할 일은 새가족을 정착시키는 일입니다. 고기를 잡은 뒤 그 고기를 놓쳐버렸다면 그 책임은 전적으로 어부에게 있습니다. 이처럼 새가족을 정착시키지 못하고 떠나보내는 것은 모두 다 교회의 책임이요, 그 책임은 실로 매우 크다고 말하지 않을 수 없습니다.

전도되어 온 뒤 교회를 떠나지 않고 남은 사람들에게 '남게 된 가장 큰 요인'이 무엇이냐고 물은 적이 있습니다. 놀랍게도 그것은 기존 신자들이 자신에게 보여 준 사랑과 관심과 친절 때문이었다고 했습니다.

어느 날 한 사람이 자신의 가족들과 함께 소문이 좋게 난 음식점에 갔습니다. 소문대로 음식도 맛이 있고, 식당의 분위기도 좋았고 그리고 가격도 그리 비싸지 않았습니다. 기분 좋게 식사를 하는데 음식을 가져다주는 종업원의 불손한 태도가 눈에 거슬리기 시작했습니다. 음식을 식탁 위에 내려놓을 때의 무성의함과 추가 반찬을 요구하였을 때 보이는 무표정한 반응 등은 참기 어려울 정도의 심한 불쾌감을 가져다주었습니다. 그날 그 사람은 음식 값을 지불하고 식당 문을 나서면서 이렇게 중얼거렸습니다.

"기분 나빠서 내가 다시는 이 식당에 오나 봐라…."

우리나라 사람들은 기분을 참으로 중요하게 여깁니다. 이것은 교회에서도 마찬가지입니다. 교회에 왔는데, 그 교회의 분위기도 좋고 환경도 좋습니다. 그런데 사람들이 자기에게 관심을 가져주지 않고 그저 자기들끼리만 웃고 이야기하며 정담을 나누게 될 때 그 사람은 따돌림을 받고 있다고 생각하게 됩니다. 동시에 교회에 다시 오고 싶은 마음을 잃게 됩니다. 그래서 한국 사람들은 기분 나쁘면 천국도 가지 않겠다고 하지 않습니까?

우리의 교회들이 실제적인 교회 성장을 이루기 위해 반드시 해야 할 일은 전도되어 온 새가족을 잘 정착시키는 일입니다. 이를 위해서 교회와 기존 성도들은 새가족을 VIP로 여기고 배려하는 마음을 가져야 합니다. 사실 새가족은 하나님이 우리의 교회를 사랑하고 신임하셔서 보내준 사람들입니다. 그러기에 우리는 새가족을 귀하게 여겨야 하고, 그와 함께 새가족은 영적으로 보면 어린아이와 같다는 사실도 잊지 말아야 합니다.

태어난 어린아이에게 진실로 필요한 것은 가르침도 지적도 훈육도 아니고 사랑과 관심과 돌봄입니다. 아이가 태어나면 집안의 모든 분위기가 아이 중심으로 바뀌게 됩니다. 그리고 어느 정도까지 자랄 때까지 계속해서 그 아이의 필요를 채워주어야 합니다.

바로 새가족을 향하여 이렇게 해야 합니다. 교회에 왔을 때 절대로 혼자 방치해서는 안 됩니다. 그리고 내 눈높이가 아니라 그들의 눈높이로 내가 내려가서 사랑으로 돌봐 주어야 합니다.

무한도전이라는 오락 프로그램에서 '울타리에 풀어 놓은 새끼 돼지의 목에 목걸이를 걸라.'는 미션이 주어졌습니다. 그런데 돼지를 잡기 위해 뛰어간 다른 사람들은 다 실패했지만 한 사람은 이 미션에 성공했습니다. 그가 취한 행동은 이것입니다. 돼지처럼 엎드려서 기어가고, 돼지처럼 소리를 내면서 갔습니다. 그러자 그 새끼 돼지는 돼지 소리를 내며 기어오는 사람에게서 동질감을 느꼈는지 그가 자신의 목에 목걸이를 걸도록 허용하였습니다.

전도한 사람을 잘 정착시키는 교회와 사람이 되길 원합니까? 새가족을 눈높이 사랑으로 대하십시오. 사랑하면 전도를 하고 전도가 됩니다. 그리고 사랑하면 정착시킬 수 있습니다.

전도는 사랑의 열매입니다

진관교회 행복 전도대는 매일 전도하고 있습니다. 진관교회라는 구원선을 움직여 나가는 거대한 엔진과도 같은 진관 행복 전도대에는 세 가지 특징이 있습니다.

첫째는, 항상 같은 시각, 같은 자리에서 전도하는 것입니다. 새벽과 오전, 오후로 나누어 매일 전도를 하고 있고, 언제나 맡겨진 전도의 현장에서 최선을 다하고 있습니다. 각각의 요일과 시간대마다 전도 현장을 지나가는 이들이 거의 동일하기 때문에 항상 그 자리를 지키다 보면 매번 만나는 사람을 지속적으로 만나게 됩니다. 전도를 잘하기 위해서 이곳저곳 사람이 많은 장소로 이동하며 전도해야 한다고 생각할 수 있지만, 사실은 매번 같은 사람들을 반복적으로 만날 때 더 전도가 잘 됩니다. 동일한 사람들과 반복적으로 마주치다 보면, 처음에는 어색해하고 인사도 잘 하지 않던 관계가 점점 익숙해져서 대화의 물꼬가 트이고 친밀해집니다. 결국 교회에까지 등록하게 됩니다.

두 번째 특징은, 열심히 자랑하는 것입니다. 교회 자랑, 성도들 자랑, 목사님 자랑, 예수님 자랑 등을 열심히 하다 보면, 전도자의 얼굴을 통해 행복함이 묻어나게 됩니다. 억지로 하는 자랑이 아니라, 마음속에서 우러나는 자랑을 하다 보면 전도대상자들의 마음속에서도 '저렇게 행복한 교회에 나도 나가보고 싶다. 저 교회에는 뭔가 있나 보다.'라는 생각이 들게 됩니다. 그러다 보면 결국은 교회에 나오게 됩니다.

세 번째 특징은, 사랑의 마음으로 전도한다는 것입니다. 전도 나가기 전에 전도대실에 함께 모여 간절히 기도하는 제목은 '영혼을 사랑하고, 긍휼히 여기는 마음을 달라는 것'입니다. 우리에게 부어 주신 크고도 넓은 하나님의 사랑을 기억하고 감사하며, 주님께 받은 그 사랑을 우리도 전할 수 있게 해달라고 기도하곤 합니다. 그렇게 기도를 하고 전도 현장에 나가면, 마음속으로부터 영혼 사랑의 마음이 솟아오르게 됩니다. 그리고 준비해 간 전도용품과 맛있는 차를 대접하며 사랑의 마음으로 대화를 나눕니다. 특별한 전도방법이 없어도 사랑으로 나가기 때문에, 섬기는 전도대원들의 얼굴과 행동에서 예수님의 사랑이 묻어나고, 그 사랑의 향기가 퍼져나가게 됩니다. 이렇게 진실한 사랑으로 비신자들을 섬겨주면 그 사랑에 이끌려 교회로 나오는 이들이 많을 수밖에 없습니다.

사랑의 마음은 반드시 전도의 열매를 맺습니다. 그래서 우리 교회에서 특별히 신경 써서 진행하는 것은 장례예식입니다. 성도나 성도의 가족이 세상을 떠나게 되면, 어디든지 기꺼이 달려가 유족들을 위로해주고 장례예식을 진행합니다. 소천 소식을 들은 직후부터 성도들과 수시로 장례식장을 찾아가 예배를 드려주고 슬픔을 함께 나누며 모든 장례 절차가 완전히 끝날 때까지 함께합니다. 이후에도 지속적인 심방을 통해 유족들을 위로하여 슬픔을 극복하게 하고 천국에서 다시 만날 소망을 품도록 돕습니다. 형식적으로 행하는 것이 아니라, 사랑하는 고인을 떠나보내고 슬픔에 잠긴 이들을 진심으로 대하고 사랑의 마음으로 위로하고 권면하다보면, 예수님을 믿지 않던 유족들까지도 그 사랑에 깊이 감동하여 교회에 나오게 되는 것을 보게 됩니다.

진실한 사랑의 모습을 통해 사람들은 감동을 받습니다. 그 사랑이 사람들의 마음을 움직입니다. 사람들을 옭아매고 있는 사탄의 올무를 풀수 있는 중요한 열쇠는 사랑입니다. 전도는 사랑을 실천할 때 주어지는 값진 열매입니다. 언제나 어디서나 하나님의 크신 사랑을 실천하여 전도의 열매를 많이 맺어야 합니다. 사랑은 전도의 열매를 맺게 합니다.

전도자로 나아가기 위한 본격적인 작전 개시

1단계 _ 나의 문제를 정확히 파악하기

1) 유난히 전도가 잘 되는 날, 어떤 생각이 드나요?

① 전도 실력이 많이 늘었기 때문이라고 생각한다.

② 내 컨디션이나 여러 가지 환경적 요인이 잘 맞아서 잘 되었다고 생각한다.

③ 성령의 도우심에 나의 노력이 더해져서 잘 되었다고 생각한다.

④ 전적인 성령의 역사라고 생각한다.

⑤ 기타 : (   )

2) 전도되어 온 새가족에게 어떻게 대하고 있나요?

① 조금 거리감을 둔 채 대하게 된다.

② 내가 데려온 사람이 아니면 크게 관심을 갖지 않는다.

③ 친절하게 인사하고 반기긴 하지만 그 이상 큰 관심과 애정을 드러내지는 않는다.

④ 내 가족처럼, 극진히 대하고 정착할 수 있도록 최선을 다해 돕는다.

⑤ 기타 : (   )

3) 주변 전도대상자에게 어려운 일이 생겼을 때 어떻게 하시나요?

① 아예 관심을 갖지 않는다(연락 자체를 안 한다).

② 전화나 메신저 등을 통해 위로를 전하고 격려를 해준다.

③ 직접 찾아가 필요한 부분을 적극적으로 도와준다.

④ 기타 : (   )

2단계 _ 하나님의 말씀 듣기

전도를 한 영혼을 구하는 위대한 일로 바라보아야 할 사람들에게 하나님은 이렇게 말씀하십니다.

▶ "네가 전도할 때 할 일은 성령을 의지하는 것뿐이다. 그것 하나면 충분하다."
▶ "누구나 전도를 잘 할 수 있다. 포기하지만 않으면 된다."
▶ "사람 낚는 어부는 사람을 낚기만 해서는 안 된다. 끝까지 살펴야 한다."
▶ "내가 너를 사랑한 것처럼 너도 전도대상자를 사랑하면 된다. 그게 전도의 시작이다."

3단계 _ 생각과 행동의 변화

▶ 전도할 때 나의 능력은 중요하지 않습니다. 오직 성령의 역사만 필요할 뿐입니다. 그러므로 아무리 어렵더라도 포기해서는 안 됩니다. 계속, 반복적으로 해야 합니다. 계속 하다 보면, 성령의 이끄심 속에서 변화를 느끼게 될 것입니다.

4단계 _ 변화를 향한 한 걸음

▶ 전도되어 온 영혼들은 내가 지키고 보듬어야 할 내 가족들이나 다름없습니다. 그러므로 절대로 놓쳐서도, 방관해서도 안 됩니다. 또한 전도에 있어 내가 가져야 할 유일한 스펙은 사랑임을 기억해야 합니다.

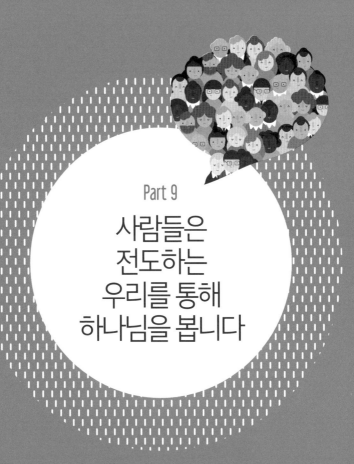

Part 9

사람들은
전도하는
우리를 통해
하나님을 봅니다

Part 9

사람들은 전도하는
우리를 통해
하나님을 봅니다

전도하는 사람에게 복이 기다리고 있습니다

진관교회 황일석 집사님의 전도 간증입니다.

처음에 진관교회에 등록했을 때 바나바인 친구가 매주 적극적으로 챙겨
주고 교회 사람들을 소개시켜 주었습니다. 사실 저는 낯선 사람들과 어
울리는 것을 무척이나 부담스러워하는 성격이었지만 바나바의 도움 덕
분에 교회에 빨리 적응할 수 있었습니다. 지금 생각해도 참으로 고맙기
그지없습니다. 바나바는 낯선 교회에서 저의 친구가 되어 주었고, 저는
그 친구를 버팀목으로 삼아 속회모임에도 잘 적응할 수 있었습니다. 또
바나바는 제 믿음과 교회생활이 견고해질 때까지 끊임없이 도움을 주었

습니다. 바나바는 저에게 믿음으로 사는 삶의 본을 보여 주었고, 저를 위해 기도해 주었으며, 저의 고민과 어려움을 들어주고 위로와 격려를 아끼지 않습니다. 저는 이런 바나바를 통해 신앙공동체의 따뜻함과 가족애를 느낄 수 있었습니다.

그렇게 계속 받기만 하던 어느 날 저도 이젠 교회에 도움이 되는 일을 하고 싶어졌습니다. 그래서 교회의 전도대에 참여하게 되었고, 전도로 교회를 섬기게 되었습니다. 그런데 뜻밖에도 전도를 시작하면서 제 내면에서부터 강한 변화가 일어나기 시작했습니다. 세상이 줄 수 없는 평안과 기쁨을 경험하게 되었고, 삶 속에서 성령의 인도하심을 받는다는 것이 무엇을 의미하는지도 알게 되었습니다. 또한 하나님께서 전도자인 나를 얼마나 사랑하시는지를 알게 되면서 그동안 무너져 있던 자존감이 다시 세워지기 시작했고, 항상 개인적이고 이기적이었던 제가 따뜻한 사람으로 변화되어갔습니다. 눈물이 회복되고 친구가 보이기 시작하고 마흔이 넘은 제가 주님 안에서 다시 꿈을 꾸게 되었습니다.

제가 변화되자 가정 또한 변화되기 시작했습니다. 고성이 오가던 남편과의 싸움이 사라졌고, 시댁에서도 불평 덩어리였던 제가 화평의 사람으로 변화되어 시댁 어른들께 사랑받고 인정받는 며느리가 되었습니다. 저의 이런 변화로 인해 남편과 시댁 어른들은 교회를 향하여 마음을 열었고 마침내 예수님을 영접하게 되었습니다. 저는 매일 네 살 된 딸아이에게 축복의 기도를 해주고 있습니다. 하나님은 저에게 행복한 가정천국을 이루고 살아가게 해주셨습니다. 이러한 모든 변화는 제가 전도함으로 복음을 나누었기 때문입니다.

전도를 통해 많은 변화를 경험했지만, 그중에서도 가장 큰 변화는 바로 제 자신의 변화였습니다. 바로 이것이 담임목사님께서 늘 말씀하시는 '전도자에게 주시는 축복'이 아닌가 싶습니다. 그렇습니다. 전도의 가장 큰 수혜자는 복음을 듣는 사람이 아니라 복음을 전하는 사람이라는 진리를 깨닫게 된 것입니다. 저는 이 진리를 가슴에 새기고 앞으로도 계속해서 전도하는 삶을 살아갈 것입니다.

황집사님이 간증하고 있듯이 전도에는 엄청난 복이 임합니다. 물론 가장 큰 복은 천하보다 귀한 그 영혼이 구원받아 하나님의 자녀가 되는 것이지만, 더불어 가장 실제적인 복은 '전도자가 받는 복'입니다.

하나님은 전도자를 하늘의 별과 같이 빛나게 만들어 주신다고 하셨습니다(단 12:3). 또한 일어나 복음의 빛을 발하는 전도자에게 하나님은 사람들을 잘 만나는 '인복의 복'을 주시고, 주의 영광을 위하여 쓸 수 있는 풍성한 '물질의 복'도 주시고, 그 이름이 어디서나 빛나는 이름이 되도록 만들어 주신다고 하셨습니다(사 60:1-7).

나아가 하나님은 전도하는 사람을 강한 그리스도의 군사로 만들어주심으로 시험과 환난을 능히 이기게 하십니다. 황집사님이 간증하고 있듯이 가정에서 천국을 경험하게 해 주시기도 합니다.

전도는 복입니다. 전도는 은혜의 통로입니다. 특별한 은혜와 복을 경험하기 원한다면 주저하지 말고 전도의 현장으로 나가시길 바랍니다.

전도, 하면 됩니다.

클린전도를 소개합니다

토요일 새벽, 이제 겨우 초겨울로 들어섰을 뿐인데 차가운 새벽공기는 몸을 움츠러들게 했습니다. 그러나 지역사회를 섬길 수 있다는 기쁨에 이끌려 추위를 이기며 교회를 향해 나섰습니다. 새벽 예배와 개인기도를 마친 후, 전도대원들과 함께 지역을 위해 통성기도를 하고 전도구호를 외친 후 집게와 비닐봉투를 들고 각자 맡은 구역을 향해 나아갔습니다. 컴컴했던 거리가 밝아오자 운동을 나온 초로의 부부가 우리를보고 반갑게 인사를 했습니다.

"안녕하세요? 진관교회에서 나오셨네요. 맞아요, 전도는 진관교회처럼 해야 해요. 진관교인들의 수고 때문에 우리 지역이 얼마나 깨끗해졌는지 몰라요. 감사해요. 그래서 저는 누가 다닐 교회를 찾으면 진관교회에 가라고 꼭 말해줘요. 수고하세요."

생각보다 많은 사람이 교회와 그리스도인에 대해 안 좋은 편견을 가지고 있습니다. 그리스도인이 가장 많이 봉사활동에 참여하고 있으며, 사회통합에 기여하고 있다는 여론조사 결과가 있음에도 불구하고 대부분의 세상 사람들은 교인들이 말로만 전도하는 사람들이라는 생각을 가지고 있습니다. 그런 면에서 생각해 볼 때 지금 우리 교회가 행하고 있는 클린전도는 작은 헌신과 섬김을 통해 지역주민들의 마음을 열고 호감을 얻는 데 최고의 전도법이라고 할 수 있습니다.

클린전도는 말이 아닌 몸으로 하는 전도입니다. 말로만 예수님을 믿으라고 하지 않고, 예수 믿는 사람들의 삶을 몸으로 보여주는 전도입니다. 그렇기 때문에 지금 당장 눈에 보이는 열매가 없을지라도 청소를 통해 지속적으로 지역을 섬기다보면 변화가 나타나기 시작합니다. 가랑비에 옷 젖듯이 많은 지역주민들이 교회의 모습에 감동을 받고 교회를 향하여 마음의 문을 열게 되는 것입니다. 그리고 결국에는 예수님을 영접하는 일들이 나타나게 되는 것입니다.

우리 교회의 클린전도는 청소를 하면서 지역주민들과 반갑게 인사하고 친근하게 대화하게 되기 때문에 교회에 대한 편견과 오해라는 복음의 걸림돌을 치우는 데 효과적입니다. 뿐만 아니라 우리가 청소하는 거리를 지나다니는 사람들에게 왠지 모를 고마움과 빚진 마음을 갖게 하는 것이 우리교회의 또 다른 전도법이 통하게 하는 하나의 지름길이라고 생각합니다.

클린전도의 일환으로 우리 교회는 매월 첫째 토요일 새벽마다 교회학교 아이들과, 중고등부 학생들 그리고 교사들이 거리로 나가 청소로 지역을 섬기는 일을 하고 있습니다. 이 일이 자랑스러운 이유는 클린전도를 통해 우리 아이들이 어릴 적부터 봉사의 기쁨을 알며 지역을 섬기는 차세대 리더로 자랄 것을 믿기 때문입니다. 특히 중고등학생을 자녀로 둔 어머니들이 자녀의 봉사점수를 높이기 위해 자녀 대신 아프리카의 갓난아이를 위한 모자를 떠 주거나 잡초를 제거해 주는 등의 일을 하며 너도나도 잘못된 모정을 쏟아 붓고 있는 이때에, 자녀와 함께 행하는 우리교회의 클린전도는 중요한 대안을 제시해 줍니다. 부모와 함께하는 클린전도야말로 봉사하고 헌신하는 마음을 길러주고 복음의 길을 닦는 기쁨을 가르쳐 줄 수 있는 최고의 신앙교육인 것입니다.

그래서 저는 오늘도 졸린 눈을 비비고 새벽에 일어나 기쁘고 즐거운 마음으로 청소하러 갑니다. 나의 섬김을 통해 영광 받으실 하나님과 밝아질 지역주민들의 얼굴을 생각하면서……."

이 이야기는 우리 진관교회 김미희 권사님의 간증입니다. 권사님이 간증을 통해 역설하고 있듯이 이 시대에 참으로 필요한 전도 중의 하나는 몸으로 하는 전도, 바로 '섬김의 전도'입니다. 우리 교회가 지역을 섬기기 위해 시작한 클린전도는 지역을 깨끗하게 할 뿐만 아니라 교회를 바라보는 지역 주민의 마음을 밝게 만들어 줍니다.

우리가 움직이는 교회의 주보요, 전도지라는 생각을 잊지 말고 예수님의 본질이신 섬김의 마음으로 작은 친절과 호의를 베풀며 살아야 합니다. '전도', 그것은 '섬김'입니다. 전도하면 전도됩니다.

전도는 성도의 존재 이유입니다

1967년 11월 12일, 故 유증서 목사님과 19명의 교인으로 출발한 진관교회는 얼마 전, 창립 50주년을 맞이했습니다. 격동의 민족사 속에서 지난 반세기 동안 진관교회를 지키시고 인도해 오신 하나님의 은혜에 감사하고 그 동안 교회를 충성되이 섬겨 온 모든 믿음의 사람에게 참으로 고마울 뿐입니다.

지금 세상은 따라가기 버거울 정도로 빨리 변하고 있고, 과거에 우리가 알던 개념들도 세상의 변화에 따라 달라지고 있습니다. 예를 들어 옛날에는 시장에 가서 물건을 직접 보고, 만지고 비교해 본 다음 구매했다면 오늘날에는 인터넷이나 TV를 통해 집에 가만히 앉아서 물건을 구매할 수 있게 되었습니다. 그래서 이제는 '시장'을 우리가 예전에 알던 개념으로만 생각하면 안 됩니다.

그런데 이렇게 빠르게 변화하는 세상 속에서도 절대로 변하지 않는 것이 있는데, 그것은 바로 하나님의 말씀입니다.

풀은 마르고 꽃은 시드나 우리 하나님의 말씀은 영원히 서리라 하라(사 40:8)

하나님의 말씀은 어제나 오늘이나 영원토록 동일한 생명의 말씀입니다. 시대가 아무리 바뀌어도 변치 않는 진리인 하나님의 말씀 속에서 우리 시대의 교회가 나아갈 길을 찾아야 합니다. 그렇다면 과연 성경이 말씀하는 건강한 교회, 신령한 교회란 어떤 모습일까요? 그 해답은 바로 사도행전에 나오는 예루살렘교회의 모습에서 찾아볼 수 있습니다.

사도행전 2장 47절을 보면 예루살렘 교회가 지역 사람들로부터 칭송을 받으며 구원받는 사람의 수가 더해 갔다고 말하고 있습니다. 120여 명으로 출발한 초기 예루살렘 교회는 하루에 3천 명, 5천 명씩 믿는 사람의 수가 더해지면서 놀라운 부흥을 이루었습니다. 그러나 이런 예루살렘 교회에도 한 가지 문제가 있었는데, 그것은 예루살렘 교회의 성도들이 유대주의적 선민의식에 사로잡혀 예루살렘 지역의 유대인에게만 복음을 증거했다는 것이었습니다.

그러자 하나님은 예루살렘 교회에 큰 박해를 허락하심으로 성도들은 흩어지게 되었습니다. 이후 흩어진 성도들은 이방 지역인 안디옥에 교회를 세웠고, 마침내 하나님이 교회를 세우신 목적대로 안디옥 교회를 통해 세계 열방을 향한 선교가 시작되었습니다. 초대 교회는 하나님의 주도로 예루살렘으로부터 시작해서 점점 선교의 영역을 넓혀 나갔습니다. 그리고 마침내 당시 세계의 중심이던 로마에까지 복음을 전하게 되었습니다.

이렇게 연약했던 초대 교회는 복음전도를 통하여 하나님이 쓰시는 세계적인 교회로 나아갈 수 있었습니다. 이처럼 우리 하나님은 전도와 선교에 힘쓰는 교회와 성도들에게 복을 주십니다. 전도가 하나님이 가장 기뻐하시는 일이기 때문입니다.

이 땅에 구원자로 오신 주님은 당신이 세상에 오신 목적을 이렇게 말씀하셨습니다.

인자가 온 것은 잃어버린 자를 찾아 구원하려 함이니라(눅 19:10)

우리가 다른 가까운 마을들로 가자 거기서도 전도하리니 내가 이를 위하

여 왔노라 하시고(막 1:38)

전도와 선교는 주님이 이 세상에 오신 목적이고 승천 이후 성령을 보내시고 오늘의 교회를 세우신 목적입니다. 이 땅에 계시는 동안 전도의 삶을 사셨던 예수님은 지금도 당신의 몸 된 교회를 통해 잃어버린 영혼을 찾아 구원하는 일을 계속하고 계십니다. 그러기에 오늘의 전도와 영혼구원은 교회가 반드시 행해야 할 필수사항이지 선택사항이 아닙니다.

전도하지 않는 교회는 성경적이지 않습니다. 전도하지 않는 성도는 주님의 유언과도 같은 지상명령을 거부하고 있는 것이나 다름없습니다. 주님이 오시는 그날까지 우리가 해야 할 가장 중요한 사명은 전도입니다. 전도는 결코 멈추어서는 안 되는 생명과도 같은 것입니다. 전도는 구원받은 우리가 존재하는 가장 큰 이유입니다. 전도, 하면 됩니다.

흘려보내는 전도를 하십시오

누가복음 10장을 보면 강도 만난 자에게 자비를 베푼 사마리아 사람의 이야기가 나옵니다. 한 사람이 예루살렘에서 여리고로 내려가다가 강도를 만나 거의 죽게 되었을 때 지나가던 제사장이 그 일을 목격했지만 그냥 지나쳤고, 레위 사람도 마찬가지로 그냥 지나쳤습니다. 그러나 사마리아 사람은 그를 불쌍히 여겨 돌보아 주고 치료비까지 지불하였습니다.

제사장이나 레위인도 강도 만난 사람을 보았을 때 마음이 편치는 않았을 것입니다. 분명 그들도 마음으로는 불쌍히 여겼을 것입니다. 그러나 그 마음은 행동으로 이어지지 않았고, 결국 그들은 피를 흘리며 죽어가는 사람을 그냥 지나쳐 갔습니다.

이 비유의 요지가 무엇일까요? 마음은 행동으로 나타나야 열매를 맺고, 간직한 은혜는 삶의 현장에서 행동으로 나타날 때 향기가 난다는 것입니다.

우리는 제사장이나 레위 사람이 예루살렘 성전에서 하나님을 예배하고 돌아오는 길이었다는 사실에 주목할 필요가 있습니다. 당시 율법의 규정에 의하면 제사장은 예루살렘 성전의 제사를 담당하기 위해 돌아가면서 한 달 동안 성전의 제사를 주관하였고, 레위 사람은 제사장 옆에서 그 예배를 도왔습니다. 그렇다면 제사장과 레위 사람은 한 달 동안 수없이 많은 예배를 드리면서 하나님의 말씀을 묵상했을 것입니다. 다시 말해 이들은 하나님의 성전에서 충만히 은혜를 받은 사람들이었습니다. 그러나 정작 그들 앞에 사랑을 베풀어야 할 대상이 나타나자 슬금슬금 도망치기에 바빴습니다.

제사장과 레위 사람의 문제는 무엇일까요? 그들의 문제는 예배 생활을 충실히 하지 않은 것도, 기도하지 않은 것도, 직분이 없는 것도 아닙니다. 그들은 누구보다도 많은 기도를 했고, 은혜를 받은 사람들이었으며 하나님의 말씀에 대해서도 잘 알고 있는 사람들이었습니다.

이들의 문제는 단 한 가지였습니다. 그것은 바로 마음이 행함으로 나타나지 않았다는 것입니다. 그들 속에 임한 하나님의 은혜가 다른 사람에게로 흘러가지 않았다는 것입니다. 주님께서 사마리아 사람의 비유를 통해서 우리에게 하시고자 하는 말씀이 바로 이것입니다. 우리는 그리스도인으로서 도움을 필요로 하는 사람에게 단순히 불쌍히 여기는 마음만 가지는 사람이 되어서는 안 되고, 그 마음을 행동으로 옮겨 실질적으로 그들에게 도움을 주는 신앙인으로 살아야 합니다.

사마리아 사람은 죽어가는 한 사람을 살리기 위해 먼저 그에게 다가갔습니다. 그리고 손을 뻗어 그가 살 수 있는 것들을 제공하여 주었습니다. 지금 우리는 예수님이 찾아와 나누어주신 사랑으로 인하여, 그리고 하나님께서 값없이 부어주신 은혜로 인하여 값으로 살 수 없는 복을 받은 사람들입니다.

그런데 지금 우리 주변에는 하나님의 은혜가 아니고서는 살 수 없는 사람들이 즐비해 있습니다. 어떻게 해야 합니까? '저 사람들 지옥가면 안 되는데……' 하면서 마음으로만 안타까워해서는 안 됩니다. 즉시 그들에게 다가가서 그들이 살 수 있는 길, 생명의 복음을 나누어 주어야 합니다. 영원히 살 수 있는 예수 그리스도의 복음을 말해 주어야 합니다.

전도하면 천하보다 귀한 생명을 살리게 됩니다. 그런데 그 전도에는 반드시 대가를 지불해야 합니다. 사마리아 사람이 시간을 드리고, 물질을 드리고, 정성을 드려서 죽어가던 사람을 살려냈듯이 말입니다.

전도는 생명을 살리는 것입니다. 그런데 전도하면 전도 받은 그 사람만 사는 것이 아니고 전도한 전도자도 모든 면에서 생명의 역사를 맛보게 됩니다.

안타까워만 하지 말고 전도지를 들고 죽어가는 영혼들에게로 나가십시오. 나가서 사랑을 주고 복음을 주고 물질에 깃든 마음도 주십시오. 반드시 주님이 기억하시고 칭찬하시는 사람이 될 것입니다. 전도, 하면 됩니다. 전도, 나가는 것이 능력입니다.

전도자로 나아가기 위한 본격적인 작전 개시

1단계 – 나의 문제를 정확히 파악하기

1) 전도자로서 살아가게 되면서, 어떤 삶의 변화를 경험하고 있나요? (복수 표기 가능)

① 기쁨과 감사가 넘치게 되었다.

② 주변 사람들을 귀한 영혼으로 바라보면서 더 사랑하게 되었다.

③ 하나님 나라를 먼저 구하자, 다른 일들도 잘 해낼 수 있게 되었다.

④ 일상에서의 변화는 딱히 없는 것 같다.

⑤ 기타 : (   )

2) 세상 사람들과 함께한 자리에서 불편을 자극하는 일이 벌어졌을 때 어떻게 대응하나요?

① 기분 나쁜 대로 그대로 표현하고 행동한다.

② 일단 참을 때까지 참아보고, 안 되면 그때 표현한다.

③ 내 행동이 복음전파에 영향을 미칠 수 있음을 기억하며 끝까지 참는다.

④ 기타 : (   )

3) 바빠서 전도할 시간이 주어지지 않을 때 어떻게 하나요?

① 어쩔 수 없는 상황에서는 전도를 미뤄도 된다고 생각한다.

② 그 상황 안에서, 복음을 전할 수 있는 방법을 찾아본다.

③ 직접적으로 복음을 전하지는 못하더라도, 하나님의 사랑을 나눌 방법을 찾아본다.

④ 기타 : (   )

2단계 _ 하나님의 말씀 듣기

이 땅에서 하나님의 사랑을 보여주어야 할 사람들에게 하나님은 이렇게 말씀하십니다.
▶ "네가 전도자로 세워지면 네 가정도 천국가정으로 변화하기 시작할 것이다."
▶ "한 영혼을 사랑한다면 섬김이 뒤따르는 전도를 할 수 있어야 한다."
▶ "세상에서 진정한 사랑을 전하는 교회는 칭찬 받는 교회가 될 수밖에 없다."
▶ "나의 사랑을 전하는 것은 생각만으로 되지 않는다. 지금 바로 세상을 향해 나가야 한다."

3단계 _ 생각과 행동의 변화

▶ 전도자가 된다는 것, 그 자체가 놀라운 축복이고 영광임을 기억해야 합니다. 그 감격을
지속하기 위해서 우리는 예수님이 보이신 섬김을 세상에 이어가야 합니다. 이런 섬김은
이 땅에서 전도의 기초를 닦는 것과 같기 때문입니다.

4단계 _ 변화를 향한 한 걸음

▶ 전도는 선택이 아니라, 의무이며, 우리 교회에 주어진 절대적인 사명입니다. 그러기에
그 어떤 상황에서도 전도는 미룰 수 없습니다. 행여 전도를 미루고 싶어진다면, 죽어가
는 영혼의 위급함을 떠올려야 합니다.

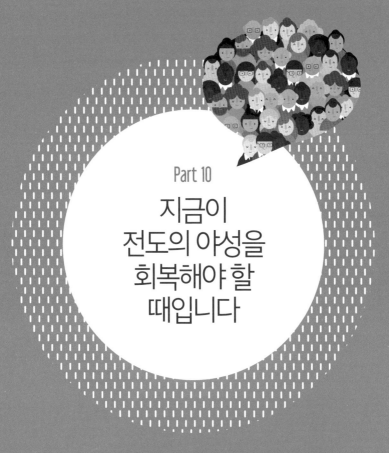

Part 10

지금이
전도의 야성을
회복해야 할
때입니다

Part 10

지금이 전도의 야성을
회복해야 할 때입니다

떠밀려 나가도 나가면 역사가 나타납니다

어렸을 때부터 동물원 철장 안에 갇혀 사육을 당하던 호랑이 한 마리가 아주 오랜만에 산으로 외출을 나갔습니다. 너무나 많이 변해 버린 산천초목을 구경하다보니 배가 고팠습니다. 호랑이는 본능적으로 먹잇감을 찾아 사냥을 나섰습니다. 때마침 토끼 한 마리가 깡충깡충 뛰어가기에 쫓아가서 앞발을 번쩍 들어 내려치려는데, 토끼가 날카로운 눈으로 호랑이를 째려보면서 호랑이의 앞발을 탁 쳤습니다.

"그 발 치워, 자식아!"

'토끼가 왜 이렇게 배짱이 좋은가?'

깜짝 놀란 호랑이는 오히려 도망을 쳤습니다. 그 다음 날 다시 먹이를 찾아 나섰는데 토끼가 깡충깡충 호랑이 앞을 지나갑니다. 다시 다가가서 앞발을 들어 탁 치려는데 토끼가 날카로운 눈으로 째려보면서 말합니다.

"짜식아. 내가 어제 그 토끼야!"

'아! 이 돌연변이 토끼는 안 되겠구나.'

포기하고 다른 토끼를 찾아 나섰습니다. 잠시 후 다른 토끼를 발견하고 쏜살같이 달려가서 앞발을 번쩍 들었더니 그 토끼가 씩 웃으며 말합니다.

"짜식아! 그 발 안 치워, 너 힘 하나도 없다는 것 소문 다 났어!"

웃자고 만든 이야기이겠지만 왜 이런 일이 벌어졌을까요? 동물원 철장 안에서 살아오던 호랑이에게 마땅히 있어야 할 야성이 사라졌기 때문입니다.

교인들 중에는 교회 안에서만 강한 사람들이 있습니다. 이들은 주로 회의 시간에 목소리를 높입니다. 안타까운 것은 세상에서는 늘 마귀에게 당하며 살고 이리 저리 깨지며 산다는 것입니다. 한마디로 사탄이 아주 가볍게 여기는 사람들입니다.

그런가 하면, 교회에서는 목소리를 낮추며 몸으로 헌신 봉사하는데 세상에 나가면 파워 크리스천의 모습을 드러내며 살아가는 사람들이 있습니다. 세상에 선한 영향을 끼치고 특별히 사탄 마귀가 함부로 할 수 없는 위용 있는 모습으로 살아갑니다. 이들은 대개 세상에서 복음을 전하는 전도자들입니다.

전도하면 우리 속에서 야성이 살아납니다. 전도하면 야전 군인처럼 강하게 무장하게 됩니다. 그리고 전도하면 세상에서 늘 동행하시는 주님을 깊이 경험하게 됩니다. 우리가 참으로 좋아하는 '세상 끝날까지 항상 함께 있으리라'(마 28:20)는 주님의 약속의 말씀은 '너희는 가서'(마 28:19)를 전제로 하고 있음을 놓쳐서는 안 됩니다. 주님은 결국 전도자와 세상 끝까지 함께하시겠다는 것입니다. 이제 우리가 회복해야 하는 것은 전도신앙, 이른바 흩어지는 교회입니다. 물론 자발적으로 흩어지는 신앙을 가지고 전도의 현장으로 나가는 것이 그리 쉽지는 않습니다. 그러기에 우리는 떠밀려서라도 전도의 자리로 나가야 합니다.

이런 이야기가 있습니다. 인도에서 외동딸을 가진 왕이 사위를 구한다는 방을 붙였습니다. 사위가 될 사람의 조건은 용감성이었습니다. 정해진 시간에 테스트를 받기 위해 전국에 있는 용감한 청년들이 왕궁 건너편 연못 앞에 모였습니다. 시험 출제관이 소리를 쳤습니다.

"오늘 너희들의 용감함을 시험하기 위해 주어진 미션은 너희가 서 있는 곳에서 연못을 가로질러 이곳으로 오는 것이다."

너무나 쉬운 문제였습니다. 누구나 쉽게 할 수 있었기 때문입니다. 그때 출제관이 이렇게 말을 했습니다.

"눈앞에 있는 그 연못 안에는 악어가 100마리 있고, 독을 품은 불뱀이 500마리가 들어 있다."

그 말을 듣자마자 모든 청년들이 꿈을 포기하고 뒤로 돌아 집으로 가려는데 한 청년이 그 연못에 뛰어들어 날아오듯이 왕 앞으로 오는 것이었습니다. 그런데 청년의 용감함에 감탄한 왕이 자리에서 일어나서 "네가 바로 나의 사위다."라고 말하자 그 청년이 뒤를 돌아보며 모여 있는 청년들을 향해 외쳤습니다.

"누가 내 등 떠밀었어!"

떠밀려 나가도 전도의 현장에 나가기만 하면 역사가 나타납니다. 자꾸 나가다보면 야성이 회복되어서 파워 크리스천이 될 수 있고, 준비된 영혼들을 만날 수 있습니다. 그리고 나가서 복음의 씨를 뿌리다 보면 언젠가 때가 되어 열매를 거둘 수 있습니다. 전도, 나가는 것이 능력입니다. 떠밀려 나가도 자꾸 나가면 영혼구원의 역사가 나타납니다.

전도 현장에 나가야 야성이 회복됩니다

어느 설날 연휴 기간에 모 TV에서 러시아 서커스단 내한 공연을 녹화 방송한 적이 있었습니다. 특설 무대 위에 러시아의 한 여성이 등장했고, 얼마간의 멘트 뒤에 무대 뒤에서 러시아 백호랑이가 무대를 향하여 걸어 나왔습니다. 그 자리에 있던 관객들은 긴장하는 표정이 역력했고 집에서 TV를 시청하고 있는 나 역시 그 호랑이의 모습에 잠시 숨을 죽였습니다.

그런데 이게 어찌된 일입니까? 집채만 한 그 호랑이가 가냘픈 여성의 손가락에 의해 조종당하는 것이었습니다. 왜 이런 일이 벌어졌습니까? 호랑이에게 마땅히 있어야 할 야성이 없어졌기 때문입니다. 왜 야성이 상실되었습니까? 그 호랑이는 어렸을 때부터 동물원 철장 안에서 사육사에 의해 자라났기 때문입니다. 앞 장에서 언급했던 '토끼에게 무시를 당하던 호랑이'와 같은 상황이라고 할 수 있습니다.

언제부터인가 사람들은 교회를 향하여 종이호랑이와 같다고 합니다. 세상을 향한 영향력을 잃어버렸기 때문입니다. 실제로 세상 사람들은 교회를 향하여 '자기들만 아는 이기적인 집단'이라고 말을 합니다. 대부분의 활동을 교회 안에서 교인들끼리만 하고 있기 때문입니다. 그러다보니 교회는 세상에서 외딴 섬이 되었습니다. 세상을 더 이상 변화시키지 못하게 되었습니다. 사탄 마귀가 아주 우습게 여기는 존재, 사탄의 손가락에 의해 조종당하는 어처구니없는 모습으로 전락되어 버리고 말았습니다.

우리 감리교회는 현장 즉, 세상에서 시작이 되었습니다. 교회 안에서의 강단권을 박탈당한 웨슬리 목사님이 복음을 들고 탄광으로, 공장으로, 시장으로 나가다가 오늘날의 감리교회가 태동하게 된 것입니다.

전도자는 교회 안에서 세워지는 것이 아니라 현장에서 세워집니다. 교회에서 아무리 전도 훈련을 받아도 현장으로 나가지 않으면 좋은 전도자가 될 수 없습니다. 그러나 이론이 부족해도 자꾸 나가다 보면 용기도 생기고 노하우도 생겨서 마침내 전도의 선수가 됩니다.

오래 전에 수원에 있는 어느 교회에서 전도부흥회를 인도한 적이 있습니다. 둘째 날 오전 집회시간에 전도에 대한 말씀을 전한 뒤 교인들을 데리고 지역 전도를 나갔습니다. 1시간가량 전도한 뒤 교회로 다시 돌아와서 김밥을 먹으면서 전도 소감을 함께 나누었습니다. 대부분의 사람들은 난생 처음으로 해 보는 전도라서 좀 두려웠다고 말을 했습니다. 그 다음 날 오전집회 후에도 다시 전도를 나갔고 돌아와서 이야기를 나누었습니다. 놀랍게도, 많은 사람은 어제와 다른 소감을 말했습니다. 전도지를 나눠주면 호감을 가지고 받아주는 사람들이 많아서 오늘 전도는 아주 재미가 있었다고 말을 했던 것입니다. 그리고 집회 마지막 날 오전 집회 후에 또 다시 전도를 나갔습니다. 그리고 교회로 돌아오는 시간에 두 사람이 전도되어 왔습니다. 하나님께서 예비해 놓은 영혼(행 13:48)을 만나 추수하여 온 것이었습니다. 그날 한 사람씩 앞으로 나와서 전도에 대한 보고와 다짐의 시간을 가졌는데 그때 모든 교인은 하나같이 "오늘 전도는 너무나 쉬웠고, 이제는 전도가 그냥 막 되어지는 것을 느끼게 되었다."고 말했습니다. 삼일 만에 야성이 회복된 것입니다. 하나님이 찾으시고 사탄이 두려워하는 전도자로 세워지게 된 것이었습니다. 심지어 어떤 집사님은 3일째 전도를 나가게 되었을 때에는 마을 중심에 깃발이 꽂혀 있는 점집까지 가서 담대하게 전도하고 왔노라고 할 정도였습니다.

지금 한국 교회는 더 이상 전도가 안 된다고 아우성입니다. 지금은 전도가 안 되는 시대를 맞이했다고 절망합니다. 그러나 정확히 말하면 지금은 전도가 안 되는 시대가 아니라 전도를 안 하는 시대가 되어버린 것입니다. 사단의 논리에 눌려서 전도를 안 하고 있을 뿐 지금도 전도하는 교회들을 통하여 전도는 계속되고 있습니다. 전도하기 위해 야성을 회복해야 합니다. 그런데 그 야성은 전도현장으로 나갈 때 회복이 됩니다.

전도함으로 영혼도 구원하고 사탄 마귀를 두렵게 하는 성도가 됩시다. 전도, 하면 됩니다. 전도는 나가는 것이 능력입니다.

구원의 기쁨이 클수록 전도에 대한 책임도 커야 합니다

몇 년 전에 복음을 전하기 위해서 중국에서 북한으로 들어가는 한 청년을 만난 적이 있습니다. 포켓용 성경을 몇 권 가지고 들어가는 그에게 국경에서 검문에 걸리면 큰 화를 입을 수 도 있는데 괜찮으냐고 물었더니 그 청년이 이렇게 말을 했습니다.

"내 형제들이 구원 받을 수만 있다면 나는 죽어도 천국에 갈 것이니 겁날 것이 없습니다."

그를 위해 기도한 뒤 헤어지면서 많은 생각을 했습니다. 그중에 하나가 내가 지금 예수를 자유롭게 믿을 수 있는 나라에서 산다는 것이 얼마나 행복한 일인가 하는 것이었습니다. 그리고 그와 더불어 들었던 생각이 바로 내 나라에 대한 고마움이었습니다.

어떤 사람은 예수를 믿으면 천국시민이 되었기에 이 타락한 세상은 분토와 같이 여겨야 한다고 생각하기도 합니다. 즉, 이 세상 나라를 사랑하는 것에 대해서 반대하거나 무관심하기가 쉽습니다. 그러나 성경을 보면 위대한 신앙의 사람들은 모두가 다 자기 민족과 나라를 누구보다도 사랑하는 애국자였음을 알 수 있습니다. 물론 우리가 민족주의와 같은 이념을 가지는 것은 잘못이지만 그러나 내가 살고 있는 내 나라를 사랑하고 내가 태어난 내 민족이 잘되기를 바라는 민족의식은 늘 가지고 살아야 합니다.

사도 바울이 예수님을 만난 이후 구원의 기쁜 소식을 전하기 위해서 감옥에 들어가는 것도 마다하지 않았고, 심지어 지구 끝까지라도 달려가겠다는 자세로 복음을 전했습니다. 그 결과 많은 사람과 많은 민족이 주님께로 돌아왔습니다. 그러자 바울은 너무 기뻤습니다. 많은 보람을 느꼈습니다. 그리고 복음의 열매를 바라보며 너무나 감사했고, 너무나 행복해했습니다. 그런데 어느 순간부터인가 마음의 기쁨 저 편에서는 그치지 않는 근심과 고통이 피어나기 시작했습니다. 가슴을 시리게 만든 그 근심과 고통은 바로 아직까지도 복음을 받아들이지 않고 있는 자기 민족, 자기 형제, 자기 이웃, 곧 유대 백성들 때문이었습니다(롬 9:1-5).

바울이 겪은 고통을 이렇게 설명할 수 있을 것입니다. 어떤 사람이 예수님을 소개받게 되었습니다. 예수를 믿고 보니 너무 기뻤습니다. 그는 자기 혼자만 그 기쁨을 누릴 수가 없어서 전도를 하기 시작했습니다. 친구도 전도하고, 이웃사람도 전도하고, 길 가는 사람에게도 전도하는 등 만나는 사람에게 전도를 했습니다. 그랬더니 수많은 사람이 예수를 믿고 아주 기쁘게 살아갑니다. 그들 중에 어떤 사람은 집사님이 되었습니다. 어떤 학생은 신학교엘 들어갔습니다. 또 다른 사람은 교회 안에서 좋은 일꾼들로 변했습니다. 그 모습을 보니 너무 좋았습니다. 그런데 그 사람의 마음 한 구석에는 아픔이 있습니다. 그 아픔은 아직까지도 예수를 믿지 않고 있는 부모와 자녀와 그리고 복음을 받아들이지 않는 사랑하는 남편 때문이었습니다. 아마 바울의 마음과 같은 마음이 아닐까요?

결국 깊은 아픔 속에서 바울은 어느 날 이렇게 결단합니다. "하나님 내가 죽더라도 내 동족이 내 사랑하는 식구가, 내 사랑하는 자녀들이 구원함을 받게 되기를 원합니다"(롬 9:3)

그렇게 바울은 고통 속에서 울부짖으며 하나님께 그 영혼을 제발 포기하지 말아 달라고 기도하였습니다.

오늘 우리는 바울의 모습을 통해서 한 가지를 분명하게 알아야 합니다. 구원의 확신과 기쁨이 크면 클수록 영혼구원에 대한 책임과 고통 역시 커야 한다는 사실을 말입니다. 천국의 소망과 확신이 크면 클수록 지옥 가서는 안 되는 영혼에 대한 책임도 커야 합니다. 특별히 믿음이 깊어질수록 영의 귀를 열어 다음과 같은 음성을 듣고 결단해야 합니다.

"너 구원받아 행복하니?"

"예. 구원받아서 너무 행복해요."

"그런데 너는 너만 구원받아도 행복하니? 아직까지도 구원받지 못한 너의 형제, 너의 가족, 너의 민족이 있는데 너는 너 혼자만의 구원으로 만족하니?"

이때, 우리 모두 이렇게 대답해야 합니다.

"아닙니다. 하나님. 아직까지 구원받지 못한 내 형제, 내 식구, 내 이웃 생각하면 너무 마음이 아파옵니다. 그래서 하나님 지금부터라도 그들의 구원을 위해 더 기도하고 그들에게 더 찾아가서 생명의 복음을 전하며 살겠습니다."

최고의 행복은 전도입니다. 구원받음의 기쁨 위에 내 가족, 내 민족이 구원받은 기쁨이 더해지고 이로써 전도자의 행복이 더욱 넘쳐나게 되길 바랍니다.

전도는 인내의 열매입니다

세상에서 가장 어려운 전도가 무엇일까요? 아마도 가족전도가 아닐까 생각됩니다. 가족은 그 누구보다도 서로에 대해 너무나 잘 알고 있기 때문입니다. 한마디로 가족전도는 민낯전도라 할 수 있습니다. 그래서 교회에서 열심으로 헌신봉사하며 신앙생활하는 직분자들의 자녀가 오히려 교회를 다니지 않는 이유가 바로 여기에 있습니다. 그들의 자녀는 이렇게 말하곤 합니다.

"우리 부모님은 교회에서와 집에서 너무 다른 사람이야. 교회에서는 천사의 모습인데 집에서는 정반대의 모습으로 사는 것이 가식적으로 보여. 내 부모님처럼 신앙생활하려면 차라리 교회 안 다니고 말겠어."

따라서 가족을 전도하기 위해서는 성경말씀이나 교리가 아니라 자기 자신이 먼저 변화되어 구별된 모습으로 살아가야 합니다. 사랑으로 가족을 섬겨야 합니다. 그렇게 삶으로 실천된 신앙의 모습을 보며 가족들의 마음이 변화가 되어야 하나님 품으로 돌아올 수 있게 되는 것입니다. 그렇기 때문에 가족전도는 장기전이요, 인내를 필요로 합니다.

우리 교회의 이경자 권사님은 결혼 이후 한결같이 남편의 구원을 위해 기도하며 노력했습니다. 매년 전도축제를 진행할 때마다 남편을 전도대상자로 삼고 눈물로 간구했습니다. 가정에서 자신의 역할을 충실히 행하며 가족을 섬겼습니다. 아내로서 최선을 다해 남편을 섬겼습니다. 또한 며느리로서 변함없이 시어머니를 보필했습니다. 자녀를 올바로 양육하기 위해 온 힘을 다 쏟았습니다. 오랜 고생의 시절을 지나며 주름이 많이도 늘었습니다. 그러나 아무리 노력해도 남편은 교회에 나올 생각이 없었습니다. 때로는 포기하고 싶기도 했지만, 언젠가는 이루어주실 것이라는 소망을 가지고 하나님 앞에 매달렸습니다.

그런데 시간이 지나 드디어 권사님의 기도가 이루어졌습니다. 시어머니가 예수님의 품안으로 돌아오셨고, 얼마 뒤 남편도 주님께로 돌아왔습니다. 병든 시어머니를 극진히 섬기고 가족을 위해 헌신했던 권사님의 헌신과 기도를 통해 남편의 마음이 열렸기 때문이었습니다. 지금 그 남편은 세례를 받고 열심히 신앙생활하고 있습니다. 80세가 넘은 연세에도 불구하고 예배 때마다 자신의 승용차로 권사님을 모시고 오십니다. 요즘 권사님은 인내의 열매를 맛보며 그 어느 때보다도 행복한 나날을 보내고 있습니다.

하나님은 오랜 인내의 기도와 노력을 잊지 않으십니다. 결국에는 열매를 맺게 하는 분이십니다. 그러기에 우리는 끝까지 소망의 끈을 놓지 않고 기도하고 노력해야 합니다.

갈라디아서 6장 9절 말씀에 "우리가 선을 행하되 낙심하지 말지니 포기하지 아니하면 때가 이르매 거두리라"고 했습니다. 하나님의 때는 분명히 옵니다. 따라서 한 영혼을 품고 전도하는 일에 힘쓰면 하나님께서 거두게 하십니다.

우리 교회 전도대에는 특징이 있습니다. 각 전도대별로 매주 같은 요일, 같은 시간대에, 같은 장소에서 전도한다는 것입니다. 따라서 매주 같은 사람들을 만나게 됩니다. 그런데 그들을 전도하기 위해 한 번에 승부를 내려고 하지 않습니다. 대신 매번 만날 때마다 반갑게 인사하고 대화하며 친밀함을 쌓아나갑니다. 인내하고 기다리며 그들을 위해 기도합니다. 그러다보면 때가 되어 복음을 전할 기회가 생기고, 결국 자연스럽게 교회로 인도되어 구원받고 행복하게 신앙생활하게 됩니다.

전도한 지 20년이 되었어도 아니 50년이 되었어도 열매가 맺혀지지 않았습니까? 그래서 포기하거나 그 전도가 실패했다고 생각하시는 분이 있습니까? 실패한 게 아닙니다. 지금도 전도는 되어지고 있습니다. 포기하지 않고 전도하면 반드시 하나님은 그 인내에 합당한 열매를 맺게 하실 것입니다.

전도에는 실패가 없습니다. 하나님은 포기하지 않는 그 사람을 위해 아름다운 구원의 열매를 준비하고 계십니다. 전도, 하면 됩니다.

전도자로 나아가기 위한 본격적인 작전 개시

1단계 _ 나의 문제를 정확히 파악하기

1) 내가 담대하게 전도하지 못하고 있다면, 그 이유가 무엇이라고 생각하나요? (복수 표기 가능)

① 본래 성격이 내성적이고 소심해서

② 그동안 전도를 하지 않아, 야성을 잃었기 때문에

③ 복음을 거부하는 완고한 사람들이 많기 때문에

④ 기타 : (　　　　　　　　　)

2) 복음과 관련하여, 우리 민족에 대해 어떤 마음을 가지고 있나요?

① 복음의 민족으로 세워야 하며, 내가 그 일에 일조해야 한다고 생각한다.

② 우리 민족에 대한 관심 자체가 없다(진지하게 생각해 본 적이 없다)

③ 열심히 전도해야겠지만, 민족 자체의 복음화는 내 몫이 아니라고 생각한다.

④ 세상 나라이기 때문에 내가 크게 관여할 필요는 없다고 생각한다.

⑤ 기타 : (　　　　　　　　　)

3) 내 가족 중 누군가가 아무리 전도해도 마음문을 열지 않을 때 어떤 생각이 드나요?

① 어쩔 수 없이 포기해야만 할 것 같은 절망적인 생각이 든다.

② 노력해도 안 되는 것에 대해 화가 난다.

③ 꾸준히 전도하고 있는 이상, 반드시 열매가 맺힐 것이라고 확신한다.

④ 기타 : (　　　　　　　　　)

2단계 - 하나님의 말씀 듣기

전도를 통해 그리스도인의 야성을 회복해야 할 사람들에게 하나님은 이렇게 말씀하십니다.

▶ "일단 전도하러 나가라. 전도에 필요한 힘은 내가 줄 것이다."
▶ "전도를 하는 만큼 전도의 야성도 불붙듯 타오를 것이다."
▶ "가족과 민족의 복음화를 위해 애타는 마음을 갖는 자를 내가 기뻐한다."
▶ "내가 네 가족을 포기하지 않듯, 너도 네 가족을 포기해서는 안 된다"

3단계 - 생각과 행동의 변화

▶ 지금은 교회가 전도의 야성을 회복해야 할 시대입니다. 더 이상 미뤄서는 안 됩니다. 특히 전도는 하면 할수록 잘하게 되고 안 하면 안 할수록 못하게 됩니다. 그러므로 지금 당장 전도 현장으로 나아가야 합니다.

4단계 - 변화를 향한 한 걸음

▶ 내 가족, 내 나라의 구원을 위해 책임감을 가지고 전도하고 기도해야 합니다. 우리가 그들을 향한 전도를 포기하려는 그 순간에도, 하나님은 열매가 맺힐 준비를 하고 계십니다.

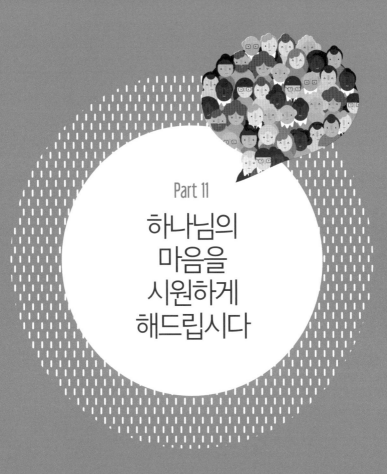

Part 11

하나님의
마음을
시원하게
해드립시다

Part 11

하나님의 마음을
시원하게 해드립시다

잘하는 것보다 집중하는 것이 중요합니다

2017년 12월 26일, 진관교회에서 웨슬리전도학교 총회가 있었습니다. 개회예배에서 설교를 하신 조재진 목사님이 이런 이야기를 들려주었습니다.

조 목사님은 지난 1년 동안 논문 쓰는 일에만 집중을 했다고 합니다. 할 일도 많고 하고 싶은 일도 많은 한 해였지만, 오로지 논문 작성하는 일에 온 힘을 다 쏟게 되었다고 합니다. 그렇게 노력한 결과, 비로소 '웨슬리와 전도'를 주제로 한 감리교 최초의 Ph.D 논문을 완성할 수 있었습니다. 그러면서 지난 20년 동안 웨슬리전도학교를 섬겨온 전도자로서 전도에 대한 자신의 확신을 이렇게 피력하였습니다.

"전도를 잘하는 것보다 더 중요한 것은 전도에 집중하는 것이다."

너무 많은 일을 하려 하지 말고 집중하여 계속 전도를 하다 보면 반드시 전도가 된다는 것입니다. 사실이 그렇습니다. 전도에 있어서 생명은 '집중과 지속'입니다. 영혼을 구원하는 일에 집중하며 포기하지 않고 그 일을 계속 행해 나가다 보면 반드시 아름다운 열매가 맺히게 됩니다.

우리 할머니가 시집을 오셨을 때 우리 집은 매우 열렬히 우상을 숭배하는 가정이었습니다. 할아버지의 여동생은 점을 치는 사람이었습니다. 그런데 할머니는 앞집에 사는 한 권사님의 끈질긴 전도로 예수님을 영접하고 교회에 나가게 되었습니다. 그 후 할머니에게 여간 많은 핍박이 찾아온 게 아니었습니다. 할아버지는 할머니가 들고 다니는 성경책을 아궁이에 던져 불태워 버리기 일쑤였고 심지어 교회를 다녀오는 할머니를 구타하기까지 하였습니다. 그렇지만 할머니는 '내가 씨앗이 되어 우리 가문을 구원시켜야 한다.'는 생각을 가지고 계속 기도하며 참으셨습니다. 그러던 어느 날, 새로 구입한 성경책을 또다시 빼앗아 아궁이에 던지는 할아버지에게 할머니는 성경책이야 10권이고 100권이고 불구덩이 속에 던져 태울 수 있지만 우리 집 식구들은 저 지옥의 유황불 속으로 들어가게 할 수 없다고 하셨습니다. 예수 믿지 않으면 영원한 지옥의 불 속에서 고통당해야 한다고 울부짖기까지 했습니다. 그때 성령의 역사로 할아버지의 마음이 누그러졌고 할아버지는 마침내 교회에 나가게 되었습니다.

그 후 우리 온 가족은 인가귀도(引家歸道) 즉 가족의 복음화가 이루어졌고 지금은 5대의 신앙을 이루어 나가고 있습니다. 할머니는 일자무식에 볼품없고 작은 체구를 가진 분이셨지만, 사도 바울을 연상시킬 정도로 포기하지 않는 정신을 가지고 계셨습니다. 식구들의 구원을 목표로 삼고 어떤 환난과 시련에도 포기하지 않고 그 일을 이루기 위해 집중했을 때, 할머니는 한 알의 밀알이 되어 수많은 열매를 맺게 할 수 있었던 것입니다.

참 신앙은 포기의 순간을 넘길 때 그 열매가 맺히게 됩니다. 기도도 마찬가지입니다. 응답이 지연될 때 포기하고 싶은 생각이 들지만, 그래도 그 순간을 이기고 다시 기도의 자리로 나아가게 될 때 응답의 역사가 이루어집니다.

개인적으로 참 좋아하는 말이 있습니다. '성공은 대박이 아니라 누적'이라는 것입니다. 많은 사람이 '벼락성장'을 원하고 '벼락출세'를 바랍니다. 그러나 성장과 성공은, 잰걸음일지라도 장애물 앞에서 포기하고 않을 때 주어집니다. 하루하루에 최선을 다하며 목표를 향해 나아갈 때 얻어집니다.

그 날 설교 말미에 조재진 목사님은 이런 이야기를 하셨습니다.

"웨슬리 목사님은 돌아가시기 1년 전까지 무려 50년 동안 순회 전도자로서의 삶을 사셨습니다. 결국 감리교회의 힘은 한 사람의 전도자가 끝까지 영혼구원에 집중하는 것입니다."

할 일 많은 세상을 살아가고 있지만, 진정 가치 있고 소중한 일은 천하보다 귀한 영혼을 구원하는 일입니다. 많은 일을 하려고 하지 말고 전도하는 일에 집중하는 것이 가장 아름다운 역사를 이루어 나가는 것입니다.

먼저 하나님의 생각으로 무장하십시오

벤자민 프랭클린은 "준비에 실패하는 자는, 실패를 준비하는 것이다."라고 했습니다. 이 말은 어떤 일을 이루기 위해 먼저 해야 할 '준비'의 중요성을 말하는 것입니다.

전도는 나아가는 것이 능력입니다. 그러나 쉽게 나가고, 자주 나가기 위해 전도에도 "준비"가 필요합니다. 준비되지 못한 전도는 그 활동이 오래 가지 못하고 큰 능력을 나타내지 못합니다.

전도에 대한 부정적인 인식을 가진 이들의 공통점은 전도를 준비하면서 먼저 '자기 생각'과 만난다는 것입니다. '자기 생각'은 사탄이 우리를 흔드는 가장 쉬운 도구이며 방법입니다. 합리적이고 이성적이라는 말로 우리의 생각을 부정적으로 만들어 갑니다.

가나안을 정탐하고 돌아온 12명의 정탐꾼 가운데 10명은 부정적인 보고를 했고 2명은 긍정적인 보고를 하였습니다. 같은 상황을 보고 돌아왔는데 전혀 다른 보고를 합니다. 10명의 정탐꾼이 잘못 보았습니까? 아닙니다. 잘 보았고, 분명히 확인했습니다. 그러나 10명의 정탐꾼은 먼저 '자기 생각'과 만났습니다. 눈에 보이는 거대한 적들을 향한 '자기 생각'에 사로 잡혔습니다.

그러나 긍정적인 보고를 하였던 두 사람, 여호수아와 갈렙은 달랐습니다. 그들은 먼저 '하나님'과 만났습니다. 그래서 여호수아와 갈렙은 백성들을 향해 선포했습니다.

여호와는 우리와 함께 하시느니라 그들을 두려워하지 말라(민 14:9)

'먼저 하나님'과 만난 두 사람에게 거대한 적은 넘지 못할 산이 아니었습니다. 견고한 성으로 무장한 가나안은 더 이상 두려움의 땅이 되지 못했습니다. 그들은 먼저 '하나님'과 만났고 하나님의 약속과 동행을 확신하며 믿음으로 나아갔기 때문입니다. 전도를 위한 준비는 먼저 하나님과 만나는 것입니다. 전도가 되도록 해주시겠다는 하나님의 생각과 만나는 것입니다.

여리고 성을 순종하며 13바퀴 돌면 그 성을 무너지게 하겠다는 하나님의 생각과 만나야 합니다. 내가 전도하면 하나님께서 전도가 되도록 만들어 주시겠다는 하나님의 생각과 만나야 합니다.

그런 차원에서 진관교회 행복전도대는 늘 전도에 앞서 찬양과 기도의 시간을 가집니다. 또한 전도대원들은 1년에 2-3회에 걸쳐 기도회와 수련회(전도여행)를 통해 은혜의 시간을 갖습니다. 이유는 '먼저 하나님을 만나는 준비'를 하기 위해서입니다. 전도를 위해 정성을 담은 차와 전도 물품을 준비하는 것도 중요합니다. 하지만 가장 중요한 준비는 전도가 되도록 만들어 주시는 하나님을 만나는 것입니다. 내 생각과 만난 뒤 나가면 두렵고 어렵고 힘들지만 하나님의 생각과 만난 뒤 나가면 그때부터의 전도는 너무나도 쉬워집니다.

사도행전 8장은 박해로 인해 흩어진 사람들 중 빌립의 이야기를 담고 있습니다. 빌립은 사마리아에 복음을 전했고, 에디오피아 내시를 만나 복음을 전하고 세례를 베풀었습니다. 빌립에게도 두려움이라는 '자기 생각'이 있었을 것입니다. 그러나 빌립은 먼저 '하나님'과 만나고 동행했습니다. 성령의 인도하심(29절)을 통해 사마리아로 나아가 복음을 전했고 가사로 향한 후 내시를 만나 복음을 전했습니다. 성령이 함께하시는 전도, 먼저 하나님을 만나는 전도가 빌립의 전도였습니다.

'먼저 하나님을 만나는' 전도자가 되어야 합니다. 시대에 따라 다양한 전도의 전략과 방법이 개발되고, 새로운 전도물품들이 쏟아져 나옵니다. 그러나 무엇보다 가장 중요한 전도의 준비는 먼저 하나님을 만나는 데 있습니다. 전도를 나가기 전에 먼저 자신의 생각 속에 하나님의 생각을 가득 채우십시오. "전도가 되게 하리라"(행 1:8)라고 말씀하신 주님의 마음을 전도자의 가슴속에 가득 채우십시오. 반드시 전도가 '되어지는' 역사를 맛보게 될 것입니다. 전도, 하면 됩니다.

하나님의 마음을 알아가고 있습니까?

켄 캔필트가 쓴 『아버지 당신은 카피되고 있습니다』라는 책이 있습니다. 이 책은 부모, 특히 아버지들에게 많은 경각심을 주고 있습니다. 왜 냐하면 '자녀는 아버지의 등을 보고 삶을 배운다.'는 사실을 가르쳐 주고 있기 때문입니다.

우리가 잘 알고 있는 고사성어 중에 부전자전(父傳子傳)이라는 말이 있습니다. 물론 신조어로 부전여전(父傳女傳)이라는 말도 국립국어원 '신어' 자료집에 수록되어 있습니다. 이런 말들의 뜻 역시 아버지의 성품이나, 행동, 습관 등을 자식들이 그대로 전수 받고 있음을 의미합니다. 부모의 행동이 자녀에게 영향을 끼친다는 말은 뒤집어 보면 '자녀가 부모를 은연중에 닮아간다는 것이고, 자녀의 그 행동을 보고 그가 누구 집 자식인지 알 수 있다는 것'을 의미합니다.

제 선친은 참으로 사람들을 향한 배려가 깊으셨고, 마음도 참 따뜻하셨습니다. 누구와 다툴 일이 생기면 손해를 보더라도 양보하셨고 화평을 추구하셨습니다. 돌아보면 수없이 다양한 사람들과 함께 걸어온 30여 년 동안의 목회가 평강 가운데 이어져 온 것 역시 선친의 모습에 큰 영향을 받았음을 부인할 수 없습니다. 부모가 자녀에게 좋은 영향을 주어야 하는 것은 당연합니다. 그러나 자녀가 놓치지 말아야 하는 것은 자녀는 부모로부터 좋은 것들을 배우고, 그것을 이어가야 한다는 것입니다. 우리는 본래 마귀에게 속한 악마의 자식(요 8:44)으로, 본질상 진노의 자녀(엡 2:3)로 살아오다가, 예수 그리스도의 피 공로로 인하여 하나님의 자녀(요 1:12)가 되었습니다. 그래서 우리는 입을 열어 하나님을 아빠 아버지라 부를 수 있게 되었습니다. 성령께서 '우리가 하나님의 자녀가 되었다는 사실'을 분명히 증언하고 계십니다(롬 8:14-16).

저의 선친께서 29년 전 하늘나라로 가셨기에 기도할 때마다, 그리고 찬송 부를 때마다 하나님을 아버지라 부를 수 있는 것이 얼마나 행복하고 좋은지 모릅니다. 어느 날 예배당 앞자리에 홀로 앉아 기도하면서 '하나님 아버지'를 부르는데 갑자기 어릴 적 제 손을 잡아 주시며 "현식아, 앞으로 네가 어른이 되면 이렇게 저렇게 살아야 한다." 하시던 아버지의 말씀이 생각이 났습니다. 기도를 멈추고 잠시 저를 돌아보았더니 죄송하게도 그렇게 살지 못한 제 모습을 알게 되었고 그 자리에서 다시 결심하며 마음을 다잡기도 했습니다.

보통, 사람이 철들었다는 것을 무엇으로 기준 삼습니까? 그것은 나이도 아니요, 결혼도 아닙니다. 그 기준은 '부모의 마음을 알게 됐느냐?'는 것입니다. 부모님의 그 깊은 마음을 헤아리고 부모님이 그토록 원하시는 것을 행하여 나갈 때 우리는 비로소 철이 들었다고 말합니다. 철든 성도, 성숙한 성도가 누구입니까? 신앙의 연조, 교회의 직분을 넘어 하나님 아버지의 마음과 뜻을 헤아리고 그 마음을 시원하게 해드리는 사람입니다.

부목사를 마치고 담임목회를 시작하면서 이런 기도를 드린 적이 있습니다.

"하나님! 당신의 마음을 시원하게 해드리는 목회를 하고 싶습니다."

그때 저에게 떠오른 성경 말씀이 "하나님은 모든 사람이 구원을 받으며 진리를 아는 데에 이르기를 원하시느니라"(딤전 2:4)였습니다. 저는 이 말씀 속에서 하나님 아버지가 그토록 원하시는 아버지의 소원을 알게 되었습니다. 그것은 바로 영혼구원이었습니다. 그렇습니다. 하나님의 소원은 한 사람의 영혼구원입니다(눅 15장). 하나님은 한 영혼이 전도를 통해 주님의 품으로 돌아올 때 너무나도 기뻐하십니다. 그러나 많은 사람은 하나님이 가장 원하시는 것이 무엇인지 알지 못한 채 교회를 다니고 있습니다. 어떤 이들은 목사님이 전도를 강조하는 것이 불편하다고 말하는 사람도 있습니다.

분명히 기억하십시오. 이미 오래전부터 아버지 하나님은 자녀인 우리에게 전도자의 삶을 살라고 말씀하셨습니다. 잊고 살아왔다면 다시 아버지의 마음으로 돌아가야 합니다. 하나님 아버지가 하신 것처럼 '전도함으로 아버지의 마음을 시원하게 해드리는 성숙한 자녀'가 되어야 합니다. 전도하면 전도됩니다. 전도는 아버지의 마음입니다.

전도에는 핍박과 복이 공존합니다

얼마 전 어느 남성 집사님이 이런 말을 했습니다. 직장 구내식당에서 식사할 때 식사기도를 하는 것이 어렵다는 것입니다. 그 이유는 첫째, 평상시 자신의 삶의 모습은 교인답지 않은데 밥을 먹을 때만 그리스도인인 척 하는 것이 남들에게 가식적으로 보일 것 같아서라는 것입니다. 둘째는, 자신이 그리스도인인 것이 밝혀지게 되면 동료들로부터 무시당하고 외면당할까 봐 두렵다는 것입니다. 그래서 직장에서 식사할 때

기도하지 않는다고 했습니다.

예수님께서는 이런 말씀을 하셨습니다.

누구든지 나와 내 말을 부끄러워하면 인자도 자기와 아버지와 거룩한 천
사들의 영광으로 올 때에 그 사람을 부끄러워하리라(눅 9:26)

우리가 예수를 믿는 것 때문에 세상으로부터 어려움을 당하고 불이
익을 당한다 할지라도, 우리는 자신이 그리스도인인 것을 자신 있게 드
러내야 합니다. 하나님의 자녀로서 구별된 삶을 살아야 합니다.

교인들에게 전도대에 들어와 헌신할 것을 권면하면, 즉시 거절하는
이들이 공통적으로 하는 이야기가 있습니다. 전혀 알지 못하는 사람에
게 다가가 말을 건네고 전도지를 나누어준다는 것이 너무 어렵다는 것
입니다. 더욱이 상대방이 자신이 내민 전도지와 전도용품을 뿌리치고
무시하며 지나갈 때, 큰 수치심을 느낀다는 것입니다.

'내가 왜, 그리고 무엇 때문에 여기서 이러고 있나?'

'내가 저 사람보다 못한 것도 없는데 왜 무시를 당해야 하나?'

이런 생각 때문에 전도대원이 되어 길거리에 나가 전도하는 것을 하
지 않겠다고 말을 합니다.

그러나 우리가 분명히 기억해야 할 사실이 하나 있습니다. 우리의 잘
못과 상관없이 예수님을 믿는다는 이유 하나 때문에 우리에게 세상으
로부터의 박해가 찾아온다는 것입니다. 특별히 전도의 현장은 복음을

전하려는 하나님의 일꾼들과 이를 저지하려는 사탄의 권세가 충돌하는 영적 전쟁터이기 때문에 항상 강력한 사탄의 방해와 박해가 기다리고 있습니다. 비단 길거리에 나가 전도하는 노방전도의 현장만 그런 것이 아닙니다. 한 영혼 구원을 위해 기도하고 전도하는 곳곳에는 언제나 사탄의 방해와 핍박의 역사가 나타나고 있습니다. 그런데 우리 예수님께서는 핍박과 박해 앞에 서 있는 우리를 향해 이런 말씀을 하십니다.

의를 위하여 박해를 받은 자는 복이 있나니 천국이 그들의 것임이라(마 5:10)

하나님께서 기뻐하시는 일, 곧 전도에 힘쓰다 받는 박해에는 하늘의 상급과 복도 함께 주어진다는 것입니다.

오래전에 한남동 오거리에서 교인들과 함께 찬양을 하면서 전도를 한 적이 있었습니다. 한창 전도를 하던 중 초등학교 5학년 여자아이가 울먹이면서 자기 엄마에게로 와서 이렇게 말을 하는 것입니다. 지나가는 한 어른에게 전도지를 주면서 "아저씨 예수님 믿고 천국 가세요."라고 했더니 그 사람이 그 아이가 내민 전도지를 받아들고는 그것으로 '재수가 없다'고 하면서 그 아이의 머리를 후려치고 갔다는 것이었습니다. 그러자 그 엄마가 아이를 가슴에 꼭 안고 이렇게 말했습니다.

"사랑하는 우리 딸, 오늘 하늘나라에 큰 상급이 쌓였어. 예수님이 말씀 하셨잖아. 전도하다가 핍박을 받는 사람에게 큰 복이 있다고."

그러자 금방 그 아이의 얼굴이 밝아지면서 다시 전도지를 들고 사람들 속으로 들어갔습니다. 그 후 아이는 잘 자라나게 되었고 지금은 신실한 크리스천 직장인이 되어 삶을 통해 복음을 전하며 살고 있습니다.

전도는 사탄의 진영을 향해 공격해 들어가는 것이기에 사탄 마귀가 아주 싫어합니다. 그래서 전도하는 곳에는 엄청난 핍박이 뒤따릅니다. 그러나 기억하십시오. 전도는 천하보다 귀한 한 영혼을 천국으로 인도하는 것이기에 핍박과 함께 하늘 상급과 면류관과 이 세상에서의 복도 엄청나다는 사실을 말입니다. 지금껏 수많은 영혼들을 주님 앞으로 인도한 전도자들은 핍박 너머에 있는 축복과 상급을 바라보면서 전도한 사람들이었습니다. 전도하면 전도 됩니다.

전도자로 나아가기 위한 본격적인 작전 개시

1단계 – 나의 문제를 정확히 파악하기

1) 일상 가운데서 전도에 어느 정도 집중하고 있나요?

① 교회 안에서는 전도에 집중할 것을 다짐하게 되는데, 일상으로 돌아오면 그 생각이 사라진다.

② 어떤 순간이든 복음을 전해야 한다는 생각에 사로잡혀 있다.

③ 특정 상황에서만 집중하게 되고 그 외에는 전도가 우선순위에서 밀린다.

④ 기타 : (   )

2) 전도하다가 난관에 부딪히는 일이 생겼을 때, 어떻게 하나요?

① 일단은 중지한 후, 쉰다(조금 쉰 후에 다시 시작하면 된다고 생각한다).

② 내가 왜 이런 갈등을 하는지, 내 입장에서 곰곰이 생각해 본다.

③ 나의 생각은 뒤로한 채, 일단 하나님의 마음을 알기 위해 기도한다.

④ 기타 : (   )

3) 전도하다가 굴욕을 당했을 때, 어떻게 반응하나요? (복수 표기 가능)

① 속상한 마음에 운다.

② 다시는 하지 말아야겠다는 생각을 한다.

③ 하나님이 받으실 영광, 하늘에서의 상급만 떠올린다.

④ 나를 위해 온갖 고초를 다 겪으신 예수님을 생각한다.

⑤ 기타 : (   )

2단계 _ 하나님의 말씀 듣기

하나님의 성숙한 자녀답게 살아가야 할 사람들에게 하나님은 이렇게 말씀하십니다.
▶ "전도에 집중해야 하는 이유는 영혼을 구원하는 일이 가장 소중한 일이기 때문이다."
▶ "나를 먼저 만나는 자가 영혼구원의 사역을 잘 감당할 수 있다."
▶ "영혼구원을 위해 헌신하는 것이 나의 마음을 시원하게 해주는 것이다."
▶ "네가 전도하면서 받는 고난, 겪는 수모를 나는 다 기억한다."

3단계 _ 생각과 행동의 변화

▶ 전도에는 왕도가 없습니다. 집중하면 됩니다. 집중하다 보면 잘할 수밖에 없게 됩니다. 그리고 집중하기 위해서는 먼저 '자기 생각'을 내려놓아야 합니다. 내 생각이 아닌 하나님의 생각에 집중할 때, 전도의 방해물은 사라집니다.

4단계 _ 변화를 향한 한 걸음

▶ 하나님을 닮으려고 노력하는 자녀, 하나님의 마음을 알고자 애쓰는 자녀가 전도에 끈을 놓치지 않게 됩니다. 특히 이런 자녀는 전도하면서 하나님을 자랑합니다. 이렇게 전도자가 하나님을 자랑스러워한다면, 하나님도 그를 자랑스러워하실 것입니다.

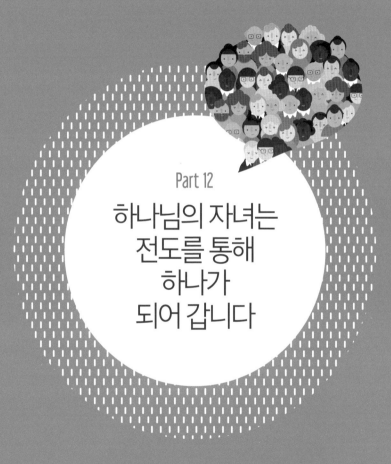

Part 12

하나님의 자녀는
전도를 통해
하나가
되어 갑니다

Part 12

하나님의 자녀는
전도를 통해
하나가 되어 갑니다

교회의 미래, 다음 세대 전도에 주목하십시오

이탈리아의 시인 로버트 브라우닝은 "행복한 가정은 미리 누리는 천국이다."라고 했습니다. 그만큼 행복한 가정은 우리 모두가 꿈꾸는 이상이며 바람입니다.

그렇다면 행복한 가정은 어떠한 가정입니까? 한마디로 말하면 온 가족이 주님을 영접하고 예배하는 가정입니다(신 12:7). 사도행전은 고넬료 가족의 구원(10장)과 루디아 가족의 구원, 그리고 간수 가족의 구원(16장)을 통해 가족 구원의 기쁨과 감격을 우리에게 전해 주고 있습니다.

교회 창립 50주년 기념예배를 마치고 한 통의 전화를 받았습니다. 희년을 기념하는 성금 전달식에 참석했던 한 단체의 대표가 그날 예배에 참석하고 받았던 감동을 전하는 전화였습니다.

"목사님, 2시간이 넘는 예배를 드리는데 교회학교 어린이들이 소란하지도 않고 부모와 함께 예배하는 모습에 큰 감동을 받았습니다."

그분 말대로 그날 예배는 2시간 30분가량 진행된 긴 예배였고 교회학교 어린이들과 함께 드리는 연합예배였습니다. 그 긴 시간 동안 아이들이 예배하는 일에만 집중하는 신기한 일이 일어난 것입니다. 전화를 끊은 뒤에 참 감사한 마음이 긴 여운으로 남았습니다.

"우리 교회가 부모와 아이들이 함께 예배하는 건강하고 행복한 교회가 되었구나."

교회 안에 부모와 함께 예배하는 다음 세대가 있다는 것은 큰 축복이며 감사한 일입니다. 교회학교의 아이들의 숫자가 점점 늘어나는 것은 참으로 복되고 복된 일이 아닐 수 없습니다.

그러나 이것은 저절로 이루어질 수 없습니다. 다음 세대를 위한 '다음 세대 전도'의 수고와 투자가 반드시 있어야 합니다. 사실 다음 세대 전도는 성인 전도보다 더 많은 수고와 노력이 필요합니다. 그러기에 지속적인 관심과 사랑을 통해 복음을 전하고, 전도된 영혼이 잘 정착할 수 있도록 예배, 교육, 활동에 수고를 아끼지 말아야 합니다.

진관교회는 다음 세대 전도를 위해 전도, 양육, 예배, 연합 등 4가지를 종합적으로 진행하고 있습니다.

첫째, 전도 활동으로는, 등굣길 함께 걸으며 전도하기, 학교 앞에서 전도하기, 그리고 친구야 놀자(친구초청잔치), 교회학교 행복축제, 친구초청 야외예배 등을 정기적으로 진행합니다. 이와 같은 다양한 만남의 기회를 통해 복음을 전하고 있습니다.

둘째, 양육활동으로는 전도된 친구들의 정착과 성장을 위한 특화된 활동을 개발 및 진행하고 있습니다. 특히 친밀한 소그룹 관계를 강화합니다. 그리고 매년 2회에 걸쳐 제자훈련을 진행하고 있습니다.

셋째, 예배활동으로는 자녀와 부모가 함께 예배의 감격을 경험할 수 있도록 부서별 부모 초청예배를 진행합니다. 또한 온 가족이 함께하는 성찬새벽기도회에 참석하여 성찬의 은총을 경험할 수 있게 합니다. 그 밖에도, 기도회 후 자녀들을 위한 축복안수기도와 가족 둘레길 걷기를 진행합니다.

넷째, 연합활동으로는, 매년 5월 대예배 시간, 유치부부터 중고등부 아이들을 앞으로 나오게 합니다. 그리고 담임목사가 한 명씩 축복안수기도를 해 줍니다. 이때 그 자리에 있는 성도들은 그들을 위해 중보하며 축복하는 "다음 세대를 위한 기도"의 시간을 갖습니다.

이밖에도 진관 연합 비전 트립과 같은 활동을 행하는 등 멈추지 않는 교회학교의 부흥을 이어 가고 있습니다.

새가족 심방을 하다 보면 자녀가 먼저 교회학교를 다닌 것이 계기가 되어 등록하게 되는 경우를 봅니다. 그들은 교회가 다음 세대를 향해 가진 비전에 감동을 받아 등록하게 되었다고 말합니다.

다음 세대의 전도는 결코 멈출 수 없는 교회의 사명이며 다음 세대 전도는 그들을 넘어 부모의 전도로까지 이어지게 됩니다. 교회의 미래는 다음 세대입니다. 오늘보다 더 나은 내일이 있는 교회가 되기 위해 다음 세대 전도에 온 힘을 쏟길 바랍니다. 다음 세대 전도, 하면 됩니다.

속회전도는 이 시대의 대안이 될 수 있습니다

진관교회는 전도를 교회와 성도들이 감당해야 할 최고의 사명으로 여기고 있습니다(마 28:19). 특히 교회 내 모든 기관과 부서가 적극적으로 전도에 동참하고 있는데, 그중에서도 속회를 통한 전도가 활발하게 이루어지고 있습니다.

수시로 진행되는 속회 지도자교육을 통해서 저는 속회가 지향해야 할 세 가지 목표를 강조합니다. 첫째는 말씀의 나눔을 통한 삶의 변화입니다. 둘째는 친밀한 교제와 나눔입니다. 셋째는 영혼구원의 사명입니다. 이러한 세 가지 목표를 세우고 한 해 동안 속회가 건강하게 운영이 되도록 격려하고 지원하고 있습니다. 그중에서도 세 번째 목표인 영혼구원의 사명을 위하여 속회가 나아갈 궁극적인 목적은 분속임을 강조하며 속회를 통한 전도를 독려합니다.

일 년에 한 차례씩 진행되는 전도축제기간에는 개인전도와 속회전도를 병행합니다. 먼저 속회모임 시간에 1명씩 전도대상자를 작정하게 한 뒤, 그 전도대상자를 놓고 속회원들이 합심해서 기도해 주며 전도하게 합니다.

이 일을 7-8주 진행하다가 초청의 때가 되면 속회별로 가정에서 속회 초청 잔치를 엽니다. 맛있는 음식과 레크리에이션, 은혜로운 간증 등을 준비하여 전도대상자들이 속회 모임에 오게 합니다.

그동안 교회에 선뜻 발을 내딛기 부담스러워하던 전도대상자도 가정, 카페, 야외 또는 식당에서 열리는 초청모임에는 쉽게 참석하게 되며, 거기에서 속도원들과 친밀한 관계를 형성하고 그 후 교회로 인도함을 받게 됩니다.

속회를 통한 전도에는 장점이 많이 있습니다. 첫째, 개인전도로 교회에 등록하는 이들에 비해 정착률이 매우 높습니다. 속회원들이 전도 대상자를 위해 끊임없이 기도하고 섬기는 집중 전도과정을 통해 1대 다수의 끈끈한 관계가 이미 형성되었기 때문입니다. 둘째, 함께 기도하며 전도하기 때문에 속회원들이 지치지 않는 열정으로 힘써 전도할 수 있습니다. 셋째, 전도가 성공적으로 이루어지게 되어졌을 때, 전도에 대한 자신감과 함께 또 다시 도전하고자 하는 적극적인 마음이 생기게 됩니다. 넷째, 속회가 영혼구원의 사명을 감당하는 건강한 모임으로 발전하게 됩니다. 나아가 이러한 속회의 건강은 교회의 건강으로 이어져 생명을 살리는 역동적인 교회로 변화하게 해줍니다. 전도, 하면 됩니다. 속회를 통한 전도는 전도가 안 된다고 말하는 이 시대의 대안입니다.

한마음으로 함께 나아갈 때, 하나님께서 기뻐하십니다

누가복음 10장에서, 예수님은 칠십 인의 사람들을 세우시고 각 동네와 각 지역으로 가서 복음을 전하도록 파송하셨습니다. 그런데 그들을 파송하실 때 한 명씩 파송하신 것이 아니라 두 명씩 짝을 지어 가도록 하셨습니다.

> 그 후에 주께서 따로 칠십 인을 세우사 친히 가시려는 각 동네와 각 지역으로 둘씩 앞서 보내시며 이르시되 추수할 것은 많되 일꾼이 적으니 그러므로 추수하는 주인에게 청하여 추수할 일꾼들을 보내 주소서 하라 (눅 10:1-2)

두 명씩 보내신 이유가 무엇입니까? 하나님께서 세상으로 파송되는 그들과 함께하시기도 하지만, 사람이 연합하여 힘을 합할 때 더욱 능력 있게 사역할 수 있기 때문입니다.

전도서 말씀에도 "한 사람이면 패하겠거니와 두 사람이면 맞설 수 있나니 세 겹 줄은 쉽게 끊어지지 아니하느니라"(전 4:12)고 했습니다.

결국 파송되었던 70인이 예수님께 돌아와 선교보고를 할 때, 영적인 승리의 고백을 할 수 있었습니다.

> 칠십 인이 기뻐하며 돌아와 이르되 주여 주의 이름이면 귀신들도 우리에

게 항복하더이다 예수께서 이르시되 사탄이 하늘로부터 번개 같이 떨어지는 것을 내가 보았노라 내가 너희에게 뱀과 전갈을 밟으며 원수의 모든 능력을 제어할 권능을 주었으니 너희를 해칠 자가 결코 없으리라
(눅 10:17-19)

전도에 대한 잘못 중에 하나는 전도를 혼자서 용감하게 하겠다는 것입니다. 물론 혼자 전도할 수 있습니다. 그리고 혼자서도 전도해야 합니다.

그러나 전도는 사탄과의 치열한 영적인 싸움이기 때문에 혼자보다는 두 사람, 혹은 여럿이 연합해서 전도하는 게 훨씬 좋습니다. 기도와 마찬가지인 것입니다.

진실로 다시 너희에게 이르노니 너희 중의 두 사람이 땅에서 합심하여 무엇이든지 구하면 하늘에 계신 내 아버지께서 그들을 위하여 이루게 하시리라 두세 사람이 내 이름으로 모인 곳에는 나도 그들 중에 있느니라
(마 18:19-20)

벌써 10여 년을 늘 한결같이 전도하며 열매를 맺어나가는 사람들이 있습니다. 그들의 공통된 특징은 혼자 전도하지 않고 함께 전도하고 있다는 것입니다.

특별히 그들은 속회를 전도의 장으로 적극 활용하고 있습니다. 각자

의 전도대상자를 정한 뒤 함께 기도하고 함께 전도함으로 전도의 효과를 극대화시키고 있는 것입니다. 전도, 하면 됩니다. 그런데 전도를 함께하면 더 잘 됩니다. 그 가운데 하나님께서 더욱 강력하게 역사하십니다.

찾으면 반드시 찾게 됩니다

얼마 전에 어느 목사님으로부터 전화를 한 통 받았습니다. 선조의 묘비를 찾아 달라는 내용이었습니다. 임진왜란 때 큰 공을 세운 호성공신인 조상의 묘가 제가 사는 지역에 있었는데 뉴타운이 건설되면서 사라지게 되었고, 수소문을 해보니 경찰서 뒤쪽의 야산으로 옮겨졌다는 것이었습니다. 몇 번의 시도를 해 보았으나 찾지 못하였는데 늘 마음속에 찾아야 한다는 생각을 가지고 있던 차에 그곳에 살고 있는 제 생각이 나서 연락을 하셨다는 것이었습니다. 조상의 묘비를 찾고 싶어 하시는 그분의 마음이 참으로 귀하게 여겨져서, 날이 좀 따뜻해지면 가서 찾아보겠다고 약속을 했습니다. 그 후 그분 조상의 묘비에 대한 생각이 종종 머리에 떠올랐고, 그러면서 잃어버린 조상의 묘비를 찾는 그분의 모습 속에서 잃어버린 영혼을 찾으시는 예수님의 마음(눅 19:10)을 생각하게 되었습니다.

사실 전도는 찾는 것입니다. 잃어버린 영혼을 찾아 나서는 것이 전도이고, 조금 좁혀 이야기하자면 하나님께서 예비해 놓으신 준비된 영혼들을 찾아나서는 것이 전도입니다. 전도의 현장에 나갈 때 반드시 명심해야 할 사실이 있는데, 나가면 준비된 영혼들이 있고, 찾으면 찾아낼 수 있다는 것입니다.

> 이방인들이 듣고 기뻐하여 하나님의 말씀을 찬송하며 영생을 주시기로
> 작정된 자는 다 믿더라(행 13:48)

우리가 전도현장에 나가 찾으면 반드시 하나님께서 영생을 주시기로 작정한 사람들을 찾아낼 수 있습니다.

> 말씀하시되 나를 따라오라 내가 너희를 사람을 낚는 어부가 되게 하리라
> 하시니(마 4:19)

우리가 잃어버린 영혼을 찾아 나서면 주님께서는 우리에게 '어부가 되게 하리라'는 말씀처럼 바로 준비된 영혼들을 찾게 해주신다는 것입니다.

안타깝게도, 전도 현장에서 추수의 때를 기다리고 있는 준비된 영혼들은 많은데 찾으러 나가는 사람들이 너무 적습니다.

> 이에 제자들에게 이르시되 추수할 것은 많되 일꾼이 적으니 그러므로
> 추수하는 주인에게 청하여 추수할 일꾼들을 보내 주소서 하라 하시니라
> (마 9:37-38)

실제로 지금도 계속 전도가 되는 것은 하나님께서 준비해 놓으신 영혼들이 많이 있기 때문입니다. 그런데 많은 사람이 '지금은 전도가 안 되는 시대'라는 마귀의 논리에 설득을 당하고 있습니다. 그런 이유를 대며 전도를 안 하고 있으니 우리 주님께서 얼마나 답답해하시겠습니까?

어느 교회에 부흥회를 인도하러 갔을 때 일입니다. 화요일 오전 집회 시간에 말씀을 전한 뒤에 그 마을 전도를 나가게 되었습니다. 시골이었던 그 마을의 전체 가구 수는 130호 정도였습니다. 그것도 같은 성씨를 가진 사람들이 모여 사는 곳이었습니다. 전도가 쉽지 않아 보였지만 이곳에도 주님께서 예비해 놓은 영혼이 있을 것이라는 확신을 가지고 20여 명의 교인들과 함께 한 시간 정도 전도를 했습니다. 그날 놀랍게도 하나님께서는 네 명의 준비된 영혼을 찾게 해주셨습니다. 그날 전도를 나갔던 교인들은 확실하게 알았습니다. 영혼을 찾아 나서는 곳에는 반드시 찾는 역사가 나타난다는 사실을 말입니다.

어느 목사님이 찾고 싶어 하는 그 묘비는 그 어느 곳에 반드시 있을 것입니다. 찾을 때 찾아지게 됩니다. 그냥 방치하면 못 찾습니다. 천하보다 귀한 그 영혼도 마찬가지입니다. 분명 어디엔가 있을 것입니다. 주님의 마음(딤전 2:4)을 가지고 찾아 나서면 반드시 찾게 됩니다.

지금도 주님께서 예비해 놓은 영혼들이 곳곳에 즐비하게 숨어 있습니다. 이 사실은 늘 제가 외치는 말인 '전도하면 전도가 된다.'의 근거이기도 합니다. 찾아 나서면 주님께서는 반드시 그 예비된 영혼을 찾게 해주실 것입니다. 전도, 하면 됩니다. 전도, 지금도 됩니다.

전도자로 나아가기 위한 본격적인 작전 개시

1단계 - 나의 문제를 정확히 파악하기

1) 다음 세대 전도에 어느 정도 열정을 쏟고 있나요?

  ① 어른을 대상으로 하는 전도에만 집중하는 편이다.

  ② 기회가 되면(다음 세대와 마주치는 등) 하지만, 굳이 기회를 만들지는 않는다.

  ③ 다음 세대 전도는 그쪽으로 사명이 있는 사람이 하는 것이라 생각한다.

  ④ 다음 세대 전도도 성인전도와 동일한 비중(혹은 그 이상)을 두고 전도한다.

  ⑤ 기타 : (   )

2) 함께 전도하는 것은 어떻게 생각하나요?

  ① 하나님이 함께하시기 때문에, 그냥 혼자 해도 상관없다고 생각한다.

  ② 하나님의 사람과 함께하는 만큼 더 큰 힘을 얻는다.

  ③ 마음에 안 맞는 사람과 같이 하느니, 차라리 혼자 하는 게 낫다고 생각한다.

  ④ 기타 : (   )

3) '전도하면 전도 된다'라는 말에 대해 어떻게 생각하나요?

  ① 말이 안 되는 말 같다.

  ② 멋진 말, 좋은 말이긴 한데 정말로 그렇게 될지, 의구심이 조금 든다.

  ③ 열정적인 전도자들에게나 해당되는 이야기일 뿐, 나에게는 해당되지 않는 것 같다.

  ④ 주님이 예비해놓으셨기 때문에 당연히 그 말대로 된다고 생각한다.

  ⑤ 기타 : (   )

2단계 – 하나님의 말씀 듣기

전도자로서 화합을 이루어야 할 사람들에게 하나님은 이렇게 말씀하십니다.
▶ "이 시대에 흔들리는 다음 세대를 바로잡아야 할 사람은 바로 너다."
▶ "영혼 구원을 위한 모임 하나하나가 건강한 교회를 세우는 동력이 될 것이다."
▶ "두세 사람이 모여 함께 전도할 때, 나도 함께할 것이다."
▶ "찾으려고 하면 찾을 수 있다. 그러나 가만히 있으면 찾지 못할 것이다."

3단계 – 생각과 행동의 변화

▶ 전도자라면, 어린 영혼들의 아픔과 상처 하나하나까지 소중하게 바라볼 수 있어야 합니다. 그만큼 다음 세대들을 향한 관심을 끊지 말아야 합니다.

4단계 – 변화를 향한 한 걸음

▶ 속회 등을 비롯한 함께하는 전도는 지속가능한 전도를 하게 만듭니다. 이제 함께하는 전도를 하러 밖으로 나가야 합니다. 나가면 찾을 수 있습니다. 반드시 찾게 됩니다.

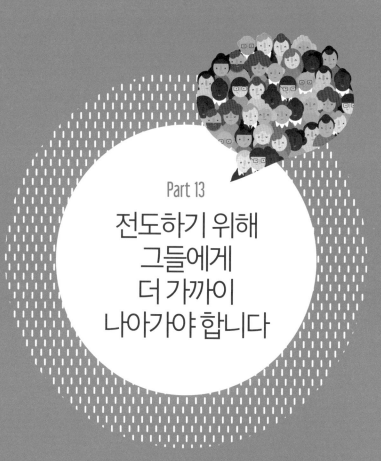

Part 13

전도하기 위해
그들에게
더 가까이
나아가야 합니다

Part 13

전도하기 위해
그들에게 더 가까이
나아가야 합니다

다음 세대를 전도하려면 부모에게 집중해야 합니다

현대 교회 안에서 가장 많이 거론되는 단어는 '위기'가 아닐까 생각됩니다. 그런데 교회 안에서 나타나는 많은 위기 중에서도 교회학교 붕괴 및 침체는 어느 교회든 고민하지 않을 수 없는 문제입니다.

교회학교가 무너진다는 것은 미래의 교회가 무너진다는 것입니다. 우리는 이 문제를 심각하게 받아들이고 여기에 대한 방안을 모색해야 합니다.

진관교회는 교회학교 침체에 대한 원인과 그 해결방안으로 부모(가정)에게 집중했습니다. 유아부터 청소년에 이르기까지 삶의 과정에 필요한 기초적인 지식, 행동양식 및 신앙을 부모를 통해 배우기 때문입니다. 또한 부모를 통해 인격을 형성해 나가며 삶의 방향성을 제시받고 이끌려 가기 때문입니다. 이에 진관교회는 부모에게 집중하면서 두 가지에 초점을 맞췄습니다.

첫 번째, '부모의 인식을 바꾸는 것'에 초점을 맞췄습니다. '부모의 인식을 바꿔라'라는 말은 '전문성을 가져라'라는 말로 바꿀 수 있습니다. 많은 기독교인인 부모가 교회교육을 일반교육보다 낮은 수준으로 생각하곤 합니다. 그래서 교회교육에 대한 기대가 낮습니다. 기대가 낮기 때문에 관심이 적고, 관심이 적기 때문에 예배에 보내지 않습니다. 진관교회는 부모의 인식을 바꾸기 위해 교육계 전문가들에게 고문역할을 맞게 하여 일반교육과 버금가는 교회교육 커리큘럼을 세웠습니다.

유아유치부를 한 예로 들자면, 많은 교육프로그램 중 '인성교육'이 있습니다. 현대사회에서 나타나는 많은 문제점들의 원인을 인성으로 보는 경향이 있습니다. 어린 시절부터 인성교육을 잘 하여 사회범죄를 미리 방지하자는 움직임들이 교육계 안에서 일어나고 있습니다. 그런데 진관교회는 이 인성교육을 교회 안으로 가져와 일반교육과 동일한 관점과 맥락에서 출발하는 것이 아닌, 기독교적인 관점을 가지고 진행하고 있습니다. 가령, 성령의 아홉 가지 열매를 인성덕목으로 세우고 매달 한 덕목을 배워 나갈 수 있도록 계획을 세웠습니다. 또한 단순히 말씀만 듣고 끝나는 것이 아닌 연령대에 맞는 활동(조형, 요리, 음악, 게임, 언어, 동작, 수 조작 등)을 진행하여 설교 때 배운 내용을 더 확장시켜 나가기도 합니다. 그 결과물들을 가정으로 가져가 집에서 부모님들과 재교육도 할 수 있게 하고 있습니다.

두 번째, '부모와의 소통'에 초점을 맞췄습니다. 좋은 커리큘럼과 전문가들을 배치했어도 일주일에 1-2시간이라는 짧은 시간에 예배와 교육을 진행해야 하기 때문에 부모와의 협력(가정교육)이 없으면 교육효과가 적을 수밖에 없습니다. 이에 부모와의 소통을 진행하면서 사용한 방법은 '부모초청예배'와 'SNS'입니다.

'부모초청예배'의 목표는 여러 가지가 있지만 가장 주된 목표는 '교회학교 커리큘럼에 대한 소개와 신앙의 중요성'을 알리는 것입니다. 세상에 뒤처지지 않는 커리큘럼과 전문가들이 배치되어 있음을 알리고, 아이들이 성장함에 있어 신앙이 얼마나 중요한 위치에 있는지 소개하면서 실제 예배와 활동하는 모습을 보여드렸습니다. 어떻게 준비되고 진행되는지 역시 공개했습니다. 이 과정을 통해 부모들이 교회교육에 많은 관심을 갖게 되었고, 실제로 이 예배를 드리고 나서 아이들의 출석률이 23.6% 향상되었습니다.

부모와의 연계 방법 중 또 다른 하나는 'SNS'입니다. 빠르고 유기적으로 소통할 수 있는 매체를 이용하여 예배현황과 부모들이 가정에서 자녀에게 가르칠 수 있는 방법을 공유하여 가정에서도 신앙교육이 이루어질 수 있도록 하였습니다. 이러한 모든 것이 교회학교 내부적으로 성장할 수 있는 원동력이 되었습니다. 또한 이것은 내적성장 뿐만 아니라 외적인 성장 즉 전도에도 많은 영향을 끼쳤습니다. 이후, 교회학교에 대한 입소문이 퍼지기 시작했고 "진관교회 커리큘럼을 소개받을 수 있을까요?" "진관교회에서는 다양한 활동을 통해 성경을 배우는데 어떻게 진행이 되는 거죠?"등 교회학교 커리큘럼에 대한 문의전화가 계속 이어져왔습니다. 실제로 프로그램 진행 후 6개월간 새로 유입 된 인원(유아유치부)이 28명이었습니다.

꽃이 있는 곳에는 벌이 모여들게 되어 있습니다. 전도! 여러 가지의 방법이 있지만 교회학교가 아름답고 건강한 꽃이 되는 것 또한 전도의 한 방법입니다. 교회의 희망은 다음 세대입니다. 다음 세대 전도, 부모에게 집중하면 됩니다.

다음 세대 전도를 위해 온갖 방법을 다 동원해야 합니다

아브라함 링컨은 "만약 누군가를 당신의 편으로 만들고 싶다면, 먼저 당신이 그의 진정한 친구임을 확신시켜라."라고 말했습니다. 이것은 만남의 중요성을 가리키는 말입니다.

천하보다 귀한 한 영혼을 구원하는 전도의 가장 큰 시작은 만남입니다. 예수님도 우리를 만나기 위해 하늘에서 우리에게로 내려 오셨고, 그 후 사람들이 있는 곳에 가서서 수많은 사람을 만나셨습니다. 우리도 전도를 하려면 예수님처럼 끈질기게 사람들을 만나야 합니다. 어린이 전도에 있어서는 더욱 그러합니다. 만나는 것이 보다 더 중요합니다. 계속해서 만나 얼굴을 익히고, 대화하고 그들의 관심을 함께 나누어야 합니다.

사실 저마다 전도가 잘 안 된다고 말하고, 교회학교가 급속도로 쇠퇴하고 있다고 토로하지만, 그런 현실 속에서도 진관교회 교회학교는 계속해서 부흥합니다. 그 이유는 다양한 방편을 동원하여 전도하고 있기 때문입니다. 우리 교회의 다음 세대 전도전략 중에서 몇 가지를 소개해 보도록 하겠습니다.

첫 번째는, 놀이터 전도입니다. 저희 교회 주변에는 상당히 많은 놀이터가 있습니다. 오후 2-3시쯤이 되면 많은 어린이와 부모들이 그곳에 삼삼오오 모여 있습니다. 그때 우리 교회의 전도팀은 커피나 매실차를 부모들에게 권하면서 다가갑니다. "감사합니다." 하면서 받아 마시거나 "늘 이렇게 받아먹기만 해도 되나요?" 하는 부모도 있습니다. 전도대원들을 향하여 거부 반응을 보이지 않는 부모에게 우리 교회 전도대원은 교회학교의 프로그램들이 인쇄된 안내 책자를 주면서 아이를 교회학교에 보내주면 최선을 다하여 가르치고 돌보겠다고 이야기를 합니다. 놀랍게도 놀이터에서 만남을 통해 아이들이 먼저 교회로 나오고 그 아이의 부모도 뒤따라 교회에 등록하는 경우가 참으로 많이 있었습니다.

두 번째, 제자훈련을 통한 전도자 양성입니다. 우리 교회에서는 다음 세대 제자훈련 과정이 있는데 제자훈련에 참여하는 아이들은 토요일 오후가 되면 풍선 2개와 사탕 몇 개를 손에 들고 가까운 놀이터로 나가 전도를 합니다. 제자훈련이 진행되는 5주 기간 동안 매번 이렇게 밖으로 나가 전도를 합니다. 놀랍게도 아이들은 아주 열심히 전도를 했고 그들의 전도는 유치원, 학교에서의 전도로 이어지게 했습니다. 결국 제자훈련은 아이들을 현장 전도자로 세워서 전도가 생활이 되게 하는 열매를 가져다주었습니다.

세 번째, 학교 앞 전도입니다. 우리 교회는 학교 앞에서 하교하는 어린이들을 종종 만나 전도합니다. 특별히 성경학교, 친구 초청 잔치 등과 같은 특별한 행사를 앞두게 되면 각 부서의 선생님들과 담당 교역자들이 매주 학교 앞에 나가 전도를 나갑니다. 특히 아이들이 매우 좋아하는 아이스크림, 팝콘, 호떡 등을 매개로 아이들이 지나가는 길목에 서서 아이들을 만나곤 합니다. 놀랍게도 이런 일이 진행되는 동안 어떤 아이들은 요즘 부모님한테 혼난 일, 학교에서 있었던 일들을 먼저 이야기하며 마음을 터놓기도 합니다. 한번은 초등부에 3명의 아이가 자진해서 등록하였는데, 그들은 학교 앞 전도에서 만나 시시콜콜한 이야기를 나누었던 아이들이었습니다.

진관교회의 다음 세대 전도방법은 다른 교회에서 진행하고 있는 전도 방법과 비교해 볼 때 아주 특별한 것은 없습니다. 그럼에도 진관교회의 다음 세대 전도가 수많은 열매로 나타나는 이유는 우리의 상황에 맞는 다양한 전도 방법을 계속해서 시행하고 있기 때문입니다. 어떤 교회에서 많은 효과를 본 전도방법이라 할지라도 우리에게 맞지 않으면 곧바로 그만두든지 아니면 수정해서 다시 적용합니다.

전도에 왕도란 없습니다. 그러나 굳이 왕도를 한 가지 이야기하자면 그것은 아이들을 계속해서 만나 다양한 방법으로 꾸준하게 전도해야 한다는 것입니다. 아이들을 향한 꾸준한 만남과 상황에 맞는 다양한 전도는 인구 절벽시대를 맞이한 조국 교회의 희망이 될 것입니다.

다음 세대 전도, 포기하지 말고 계속 해야 합니다. 계속 하면 반드시 됩니다.

동아리 전도로 눈높이를 맞추어 봅시다

한 겨울의 매서운 추위나 여름철의 무더위에도 아랑곳하지 않고 매달 전국의 산을 찾아다니며 등산을 하는 사람들이 있습니다. 바로 '진관등산동아리' 회원들입니다. 이들이 이렇게 열심을 내서 등산하는 이유는 바로 한 영혼 구원 때문입니다. 수년 전 구성된 진관등산동아리는 등산 전문가들로 구성된 임원진들에 의해 체계적으로 운영되고 있으며, 매달 7-80여명의 사람들이 참여하여 행복하게 산행을 하고 있습니다. 교인들뿐만 아니라 지역 주민이면 누구나 참여할 수 있도록 문을 열어 놓았습니다.

동아리의 특징은 한번 참여한 이들은 지속적으로 산행에 동참하게 된다는 것입니다. 여기에는 중요한 이유가 있습니다. 여기서는 세상 등산동아리와 같이 주초행위를 하지 않고 분위기를 흐리는 행동을 하는 사람이 없어서 오로지 등산과 교제하는 일에만 집중할 수 있기 때문입니다.

그 결과, 우리 지역에서도 진관등산동아리와 함께 진관교회에 대한 소문이 매우 좋습니다. 이렇게 등산동아리 임원들은 지속적인 등산을 전도의 기회로 삼고 자연스럽게 그들과 교제하고 있으며, 전도된 이들은 교회에 잘 정착해서 신앙생활을 하고 있습니다.

등산동아리뿐만 아니라, 진관교회에는 매 주일 오후 시간마다 모여 운동과 교제를 나누는 축구동아리와 족구동아리도 운영되고 있습니다. 주로 청장년을 중심으로 구성된 이 두 동아리는 우리 교인뿐만 아니라 축구와 족구를 좋아하는 이들이면 누구나 참여하여 함께 운동할 수 있습니다. 이렇게 교제하며 만들어가는 끈끈한 관계 속에서 많은 전도가 이루어지고 있습니다. 그 외에도 진관교회에는 탁구동아리 그리고 문화센터 동아리들이 있습니다.

이러한 동아리활동은 불신자들과 만남을 용이하게 하는 기회를 주고 있습니다. 동아리를 잘 활용하여 전도의 기회로 삼으니 자연스럽게 전도되는 효과를 얻고 있습니다. 특히 교회에 대한 거부감이 있는 이들이 부담 없이 동아리 활동에 참여하면서 교회에 대한 벽을 허물게 되는 경우도 많습니다. 그만큼 동아리전도는 진관교회 부흥의 효자 역할을 한다고 볼 수 있습니다.

우리는 한 영혼의 구원을 위해서 적극적으로 불신자와의 만남의 기회를 만들고 그 기회를 잘 활용해야 합니다. 2천 년 전 하나님의 본체이신 예수님이 인간의 형상을 입으시고 친히 이 땅에 오셨습니다. 하늘 보좌를 버리시고 낮고 낮은 곳으로 찾아오신 예수님은 친히 백성을 찾아가 만나고 섬기시고, 말씀을 가르치시며 천국을 선포하셨습니다(막

1:38-39). 이 일을 통해 수많은 구원의 역사가 나타나게 되었습니다.

또한 사도 바울도 "약한 자들에게 내가 약한 자와 같이 된 것은 약한 자들을 얻고자 함이요 내가 여러 사람에게 여러 모습이 된 것은 아무쪼록 몇 사람이라도 구원하고자 함이니"(고전 9:22)라고 하면서 한 영혼의 구원, 전도를 위해서는 어떤 곳이든 먼저 찾아가 그들과 동일한 눈높이에서 섬기며 열심히 전도를 했습니다. 바울은 자신이 가지고 있던 모든 고급 지식과 능력, 자존심을 배설물과 같이 여기고, 예수님처럼 낮은 자리로 내려가서 사람들을 섬기고 사랑하며 복음을 전했습니다. 그 결과 복음이 널리 전파되어 놀라운 구원의 역사가 나타나고, 세계 곳곳에 교회가 세워졌습니다.

전도는 그냥 되어지지 않습니다. 적극적으로 불신자들과의 만남의 시간을 만들고 그들에게 먼저 다가가 섬기고 사랑할 때 전도의 기회가 주어지고 그 기회를 통해 전도가 되어집니다. 하나님은 우리 모두에게 전도의 사명을 주셨습니다. 그 사명을 이루기 위해서는 먼저 불신자들에게 다가가는 노력과 지혜가 필요합니다.

오늘 우리 교회들이 동아리 모임처럼 세상 사람들이 눈높이 맞는 방법으로 전도에 힘쓴다면, 하나님께서는 우리의 그 전도에 반드시 열매 맺도록 인도해 주실 것입니다. 동아리 전도는 불신자들에게 자연스럽게 다가가서 복음을 전하는 좋은 도구입니다. 전도하면 반드시 전도됩니다. 오늘도 전도하며 삽시다.

찬양 전도는 더 큰 기적을 일으킵니다

매일 거리에 나가 전도하는 진관교회 행복전도대 중에는 화요일 오전을 담당하고 있는 우쿨렐레 전도대가 있습니다. 우쿨렐레 전도대는 총 5-6명으로 구성되어 있는데, 교회에서 열심히 연습하고 기도한 후 교회 근처 사거리에 자리를 잡고 우쿨렐레와 젬베 연주에 맞추어 기쁘게 찬양을 합니다. 그 옆에서는 입술로 찬양하는 전도대원들이 있고 또 그 주변에는 맛있는 차와 전도지를 나눠주며 전도하는 전도대원들이 있습니다. 맑고 청아한 울림이 있는 우쿨렐레 연주는 지나가는 이들의 마음을 행복하게 합니다. 또한 기쁘게 연주하고 찬양하며 친절하게 전도하는 그들의 모습은 그곳을 지나는 이들의 시선과 귀를 사로잡고 마음을 평안하게 해 줍니다.

사실 이들의 연주는 전문가들처럼 탁월하지는 않습니다. 그러나 열심히 준비하는 그들의 아름다운 찬양과 미소에는 그 누구와도 비교할 수 없는 예수 그리스도의 따뜻한 향기가 묻어납니다. 그래서 이들의 연주와 찬양에는 믿지 않는 이들의 영혼을 두드리는 능력이 있습니다.

또한 우리 교회에는 수요일에 길거리로 나가서 뜨겁게 찬양하며 전도하는 수요 엘림 찬양전도대가 있습니다. 열정이 넘쳐난 나머지 기타와 마이크를 앰프에 연결한 채 아파트 주변에서 뜨겁게 찬양하다가 경찰의 제재를 받기도 했지만, 영혼 구원을 향한 이들의 열정은 그 누구에게도 뒤처지지 않습니다.

지금은 구파발역 근처로 장소를 옮겨 매주 수요일 새벽 6시부터 약한 시간 동안 뜨겁게 찬양하면서 출근길에 나선 이들에게 생명의 복음을 전하고 있습니다. 하나님께서는 우리 찬양 전도대원들의 찬양을 참으로 기뻐하십니다. 그렇기에 찬양을 통하여 그들의 마음을 열어 주시고 수많은 사람이 교회에 등록하는 역사를 일으켜 주셨습니다.

사도행전 16장 말씀을 보면, 바울과 실라가 복음을 전하다가 많은 매를 맞고 빌립보 감옥에 갇히게 됩니다. 억울하고 답답한 상황 가운데에 있었지만, 그들은 좌절하지 않고 여전히 그들과 함께하시는 하나님을 찬송했습니다. 그러자 기적이 일어났습니다. 큰 지진이 나서 옥의 터가 움직이고 문이 열리며 모든 사람의 매인 것이 다 벗겨졌습니다. 그 후 간수와 그의 온 가족이 다 세례를 받고 예수 그리스도를 믿게 되었습니다. 찬양을 통해 큰 기적과 구원의 역사가 나타난 것입니다.

역대하 20장에서, 남유다의 여호사밧 왕은 모압과 암몬 연합군에 맞서 백성들을 이끌고 전쟁터로 나갔습니다. 상식적으로 이해할 수 없는 것은 그가 노래하는 자들을 택하여 거룩한 예복을 입히고 선봉에 세우고 하나님을 찬양하며 나가게 했다는 것입니다. 아무런 싸움의 준비도 되지 않은 찬양대를 맨 앞에 서게 한 것입니다. 놀라운 것은 그들의 노래와 찬송이 시작될 때에 하나님께서 복병을 두어 적들을 치게 하셨다는 것입니다. 결국 남유다가 전쟁에서 크게 승리했습니다. 감사와 찬양은 성도들의 삶의 승리의 원천이고, 영적 전쟁에서 승리할 수 있는 최고의 무기입니다. 또한 찬양은 인간의 영혼을 옭아매고 있는 사탄의 세력을 물리치는 최고의 도구입니다.

15년 전, 한남동지역에서 목회할 때 매주 한남 오거리에서 행한 노방 찬양전도에서 일어난 구원의 열매들을 저는 지금도 생생하게 기억하고 있습니다. 지금 진관교회 찬양전도대는 은평뉴타운 지역의 공중 권세를 잡고 있는 사탄의 세력을 향해 찬양이라는 무기로 공격을 하고 있습니다. 찬양으로 사탄에서 잡혀 있는 영혼들을 계속 구해내고 있습니다.

전도에는 반드시 구원의 역사가 나타나지만 찬양 전도에는 더 큰 기적의 역사가 일어납니다. 전도, 하면 됩니다. 찬양하며 행하는 전도에는 반드시 기적이 일어납니다.

전도자로 나아가기 위한 본격적인 작전 개시

1단계 _ 나의 문제를 정확히 파악하기

1) 교회가 다음 세대 교육과 관련하여 많은 시간적, 물질적 노력을 들이는 것에 대해 어떻게 생각하나요?

① 당연한 일이라고 생각한다.

② 지금보다 더 많은 수고와 재정적 지원이 있어야 한다고 생각한다.

③ 다음 세대를 위한 일에 많은 수고와 비용을 들일 필요는 없다고 생각한다(오히려 다른 데에 집중해야 한다고 생각한다).

④ 기타 : (   )

2) 어린아이들을 전도하는 방법과 관련하여 어떤 생각을 가지고 있나요?

① 어떤 방법이든 최대한 많이 동원하여 전도에 적용해야 한다.

② 우리 교회, 혹은 나에게 맞는 한두 가지 방법에 집중하는 것이 좋다.

③ 교회학교가 흔들리는 상황에서 기존의 방법들이 아닌, 특별한 전도 방법을 더 고민해야 한다고 생각한다.

④ 기타 : (   )

3) 복음을 전하기 위해 세상 사람들에게 어느 정도 가까이 다가가고 있나요?
   (복수 표기 가능)

① 아무리 전도 목적이 있다고 하더라도, 세속적인 자리라면, 최대한 피한다.

② 불편한 자리, 거리낄 만한 자리라도 복음을 전하기 위해서라면 하나님께 도움을 구하며 그 안에 들어간다.

③ 같은 세속적인 곳이라 할지라도, 내가 내키는 곳이라면 당당히 가서 전도하지만 도저히 내키지 않는 곳이라면 그냥 피한다.

④ 기타 : (   )

2단계 – 하나님의 말씀 듣기

하나님의 마음으로 어린 세대와 이 세상 사람들을 품어야 할 사람들에게 하나님은 이렇게 말씀하십니다.

▶ "교회는 어린아이를 사랑하는 나의 마음이 전달될 수 있게 해야 한다."
▶ "어린 영혼을 구하기 위해서라면, 어떤 방법이든 다 동원해야 한다."
▶ "더 많은 영혼을 구원하기 위해서는 먼저 교회의 담을 허물어야 한다."
▶ "전도하는 가운데 울려 퍼지는 찬양이 영혼구원의 열매를 맺게 하는 씨앗이 될 수 있다."

3단계 – 생각과 행동의 변화

▶ 교회는 교회학교의 영적 부흥을 위해 실질적인 노력을 해야 하며, 특히 부모와의 바른 관계를 형성하는 데에 주목해야 합니다. 특히 방법을 몰라서 어린아이들을 전도하지 못 하는 것이 아닙니다. 아는데 안 하고 있기 때문에 못하고 있는 것일 뿐입니다.

4단계 – 변화를 향한 한 걸음

▶ 우리는 낮은 데까지 이르셨던 예수님처럼, 영혼구원을 향한 목적을 품고 잃어버린 영혼 가운데 더 깊숙이 들어가야 합니다. 무엇보다 찬양을 통해 하나님을 증거해야 합니다. 하나님은 그 찬양을 통해 예상치 못한 기적의 역사를 이루어 내실 것입니다.

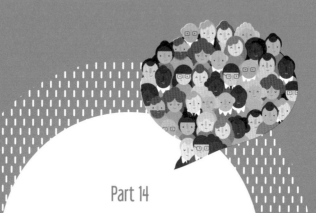

Part 14

전도자의 삶,
그 자체가
전도가 됩니다

전도자의 삶,
그 자체가 전도가 됩니다

나의 일상 하나하나가 전도의 요소입니다

정약용이 편찬한 『이담속찬』에 보면 "느릿느릿 걸어도 황소 걸음"(緩

緩驅緩驅壯牛之步, 완구완구 모우지보)이라는 말이 있습니다. 이 말은 "시간이 더

디게 걸리더라도 꾸준히 노력해 나가는 것이 믿음직스럽다."는 뜻을 가

지고 있습니다.

이 말처럼, 어떤 일이든 '더딘 발걸음'이라도 이를 계속 이어가는 꾸

준함이 중요합니다. 그래서 성공은 대박처럼 터지는 것이 아니라 꾸준

함의 결과라고 하지 않습니까? 전도를 하다가 포기한 사람들의 이야기

를 들어보면 영혼구원의 결과가 황소걸음처럼 더디기 때문이라고 합니

다. 하지만 포기하지 말고 꾸준하게 전도하다 보면 열매가 맺혀지는 것

을 많이 보게 됩니다. 그러므로 영혼구원의 아름다운 열매를 거두기 위해서는 전도를 지속적으로 행하는 게 중요합니다. 즉, 전도가 일상이 되고 일상이 전도가 되는 삶을 살아갈 때 거기에는 수많은 열매가 맺혀지게 됩니다.

어떤 분들은 '일상의 전도'를 이야기하면 이것은 계속 복음만 전하라는 것으로 오해합니다. 그러나 '일상전도'는 복음을 전함과 더불어 일상생활을 통해 향기로운 삶을 드러내고 이를 통해 행복한 나와 교회를 알리는 것입니다.

새가족 심방을 하다보면 새가족들이 교회를 찾게 된 동기를 듣게 됩니다. 누군가의 권면과 초대를 통해 교회를 찾는 경우가 많지만 의외로 교회에 대한 좋은 소문 때문에 교회를 찾았다는 경우가 적지 않습니다. 소문을 듣고 교회를 찾았는데 좋은 소문처럼 교회가 너무 행복해 보여서 등록하게 되었다는 것입니다. 복음을 전하는 직접적인 만남도 중요하지만 교회의 좋은 이미지를 지역에 만드는 것 역시 매우 중요합니다.

그렇다면 '일상전도'는 어떻게 해야 할까요?

첫째, 행복한 웃음과 인사가 필요합니다. 진관교회는 행복한 웃음이 가득한 교회입니다. 설교 중에도 웃고, 서로 인사를 나누면서도 웃고, 애찬을 함께하고 모임을 통한 교제를 나누면서 웃음을 이어갑니다. 나아가 이 웃음과 인사는 이웃들과의 만남에서도 이어집니다. 아파트 엘리베이터에서, 슈퍼마켓에서, 미용실에서, 그리고 길을 오가며 해맑은 미소로 인사를 나눕니다. 전도대 활동 속에서도 행복한 웃음과 인사는 멈추지 않습니다. 전도대원들이 서로 먼저 웃고 인사합니다. 그리고 이웃들에게 준비한 차를 대접하며 웃음으로 전하고 미소를 머금고 교회를 소개합니다.

그 결과, 행복한 웃음으로 가득한 교인들 덕분에 교회의 좋은 이미지가 지역에 알려지게 되었고, 좋은 소문으로 인하여 교회를 찾는 이들이 많이 생기고 있습니다.

늘 강조하는 것이 있는데, 그것은 진관교인들은 걸어 다니는 전도지이며, 주보이며, 진관교회라는 것입니다. 그 결과, 그 어떤 전도지의 장황한 설명보다 교인들의 표정에 넘쳐나는 행복한 미소는 최고의 진관교회 홍보물이 되고 있습니다.

둘째, 즐거운 칭찬과 자랑이 필요합니다. 진관교회는 칭찬과 자랑을 잘하는 교회입니다. 진관교회 교인은 누구나 '엄지척'을 알고 있고 행하고 있습니다. 그래서 교회 안팎에서 엄지를 치켜세우는 성도들을 어렵지 않게 볼 수 있습니다. '엄지척'은 성도의 만남뿐만 아니라 이웃과의 만남 속에서도 이어집니다. 서로를 칭찬하고 격려하다 보면 친밀하게 되고 좋은 관계로 발전하게 됩니다. 여기에 교회에 대한 자랑을 이어가면 이를 통해 교회를 긍정적으로 바라보게 되고 복음에 대해 마음 문을 열게 됩니다.

황소의 더딘 걸음 덕분에 농부는 봄에 씨앗을 뿌리고 가을의 풍성한 열매를 거두게 됩니다. 더딘 걸음이지만 꾸준한 일상의 전도를 통해 주님이 원하시는 영혼구원의 풍성한 결실을 거두어 보시지 않겠습니까?

전도, 할 수 있습니다. 전도하면 반드시 전도됩니다.

전도대실에서의 나눔은 행복한 전도의 비밀입니다

이 세상에서 숨길 수 없는 것 두 가지가 있다고 합니다. 그것은 바로 '재채기'와 '사랑'입니다. 시원하게 뿜어내야 해소되는 재채기처럼, 사랑에 빠진 사람은 눈빛과 표정과 말투를 통해 그 행복한 마음이 자연스럽게 드러납니다. 사랑하고 사랑받으면 행복하기 때문입니다. 마찬가지로 전도의 현장에 억지로 나간다고 전도가 되는 것은 아닙니다. 예수 그리스도를 마음 중심에 모시고 예수 사랑 안에서 행복하게 신앙생활 할 때, 그 행복이 삶을 통해 드러나 전도가 되는 것입니다.

저는 진관교회에 부임한 이후로 지금까지 매년 '건강한 교회 행복한 교인'을 우리 교회 표어로 삼고 있습니다. 우리 교회는 교회로서의 사명을 다하므로 건강하게 세워져 나가고 저희 교인들은 신앙과 삶이 행복해지는 교회를 만들고자 항상 고민하고 노력하고 있습니다. 교회가 건강하고 교인이 행복해지면 전도는 자연스레 되어집니다. 그래서 저는 전도가 되어지는 교회로 만들기 위해 교회 안에서 이루어지는 모든 행사와 사역, 모임들을 교인들이 행복을 느끼게 하는 데 그 초점을 두고 있습니다.

진관교회 행복전도대에 있어서도 마찬가지입니다. 그들이 전도현장에 나가 전도하는 것도 중요하지만, 전도대원들이 먼저 행복해지는 데 관심을 두고 있습니다. 그리하여 세 가지 풍성함을 통해 행복을 만들어 가고 있습니다.

첫째는, 풍성한 음식의 나눔입니다. 전도대원들은 모일 때마다 그들이 함께 나눌 수 있는 음식을 자유롭게 준비해 와서 전도 전후로 맛있게 먹으며 교제합니다. 모일 때마다 다양한 음식을 함께 나누다 보니 더욱 친밀해지고, 끈끈한 공동체 의식이 생깁니다. 또한 전도에 대한 강한 행복의식이 자리 잡힙니다. 결국 대원끼리의 나눔은 전도 전후를 아주 행복하게 만들어 줍니다.

둘째는, 풍성한 삶의 나눔입니다. 비록 한 주에 한 번씩만 갖는 만남이지만, 만날 때마다 서로 간에 풍성한 삶의 나눔의 시간을 갖습니다. 한 주간 있었던 각자의 삶을 나누고 사랑으로 격려하며 한바탕 웃다 보면 걱정근심은 사라지고 행복감이 찾아옵니다. 그 결과, 서로 가족 이상의 친밀한 동지가 되었음을 느끼게 됩니다. 또한 전도에 나가기 전에 이미 하나님의 사랑으로 가득 채워지는 것을 느낍니다. 그래서 많은 전도대원이 전도대 모임을 손꼽아 기다린다고 합니다. 이렇게 삶의 나눔을 통해 찾아온 넘치는 행복과 웃음은 전도의 현장에서 행복 바이러스가 되어 이웃들에게 퍼져나가 전도를 행복하게 만들어 줍니다.

셋째는, 풍성한 기도의 나눔입니다. 전도대의 능력은 기도에서 나옵니다. 전도하기 전 전도대실에 모여 하나님의 도우심을 기대하며 간절히 간구하는 기도의 시간을 가집니다. 기도를 통해 죽어가는 영혼을 향한 하나님의 긍휼의 마음을 품게 되고, 전도할 수 있는 용기와 능력을 갖게 됩니다. 또한 전도 후에는 전도현장에서 만났던 영혼들에 대한 소개와 그 영혼들을 위한 중보기도를 합니다. 특히 전도대 기도의 클라이맥스는 전도대원들이 가지고 있는 각자의 기도 제목들을 나누며 중보기도 할 때입니다. 서로를 위로하고 격려하며 눈물로 기도할 때 그 시간 하나님께서 그 기도에 응답해주시고, 행복하고 은혜로운 시간을 경험케 하십니다. 이것을 알기에 전도대원들은 기상 상황이 좋지 않을 때에도 변함없이 모여서 뜨거운 찬양과 기도집회를 갖곤 합니다. 이러한 기도의 시간을 통해 풍성한 하나님의 은혜가 전도대원들에게 주어집니다. 그리고 그 은혜를 안고 기쁨으로 전도하며 나갈 때 하나님은 그들을 통해 영혼구원의 역사를 이루어나가십니다. 이처럼 전도 현장에 나가기 전에 갖는 행복 충전의 시간 역시 매우 중요합니다.

우리 전도대원들이 오늘도 행복하게 전도하는 이유는 전도를 나가기 전에 가지는 음식의 나눔, 삶의 나눔 그리고 풍성한 기도의 나눔이 있기 때문입니다. 우리 교회 전도대실은 전도대를 행복하게 움직여 나가는 강력한 엔진과도 같습니다.

쓴 것이 다하면 단 것이 옵니다

사자성어 중에 '고진감래'라는 말이 있습니다. '쓴 것이 다하면 단 것이 온다. 즉 힘든 일이 지나면 즐거운 일이 온다'는 뜻입니다. 어느 주일 예배 후 저희 교회 한 권사님이 저에게 이렇게 말씀을 하셨습니다.

"목사님, 제가 50년 만에 과부신세 면했어요!"

저는 의아한 마음이 들었습니다. 권사님의 남편은 분명히 살아계시기 때문입니다. 그런데 거기에는 사연이 있었습니다. 권사님은 친정아버지가 장로이고, 오빠가 목사이며, 친족 중에서도 목사가 여럿이나 있는 신실한 신앙의 가정에서 자랐습니다. 그런 권사님이 24세에 8남매 중 장남인 남편을 만나서 결혼했습니다. 남편은 신앙생활을 하지는 않았지만, 가정생활에 큰 지장을 주지만 않는다면 교회에 출석하는 것을 반대하지 않았습니다. 착한 성품과 부모에 대한 지극한 효성을 가진 남편이었기에 권사님이 노력하면 금방 전도할 수 있을 것만 같았고, 그 가정을 믿음의 가문으로 세우겠다는 큰 꿈도 품어보았습니다. 그러나 그것이 착각이었음을 아는 데에는 그리 오랜 시간이 걸리지 않았습니다.

'착한 사람을 전도하는 게 더 힘들다.'는 말이 있습니다. 착한 사람은 주변 사람들에게 늘 친절하고 원만한 관계 가운데에서 무난하게 살아가기 때문에 복음에 대한 필요성을 크게 느끼지 못하는 경향이 있습니다. 바로 권사님의 남편이 그러했습니다. 권사님이 신앙생활 하는 것을 반대하지는 않았지만, 본인은 갈급함도 아쉬움도 없었습니다. 권사님은 쉽게 전도할 수 있을 줄 알았는데 실상은 그렇지 않았던 것입니다.

설상가상으로 본격적인 시집살이가 시작되면서 살림뿐만 아니라 시동생들을 돌보고 공부시키는 일까지 도맡아 하게 되니 주일을 성수하는 것조차도 쉽지 않았습니다. 주일예배조차 참석하지 못하는 현실 앞에서, 더 이상은 안 되겠다고 생각한 권사님은 에스더의 '죽으면 죽으리라'는 믿음의 결단으로 주일을 지켰다고 합니다. 대신 평일에는 이전보다 더 집안일에 최선을 다했습니다. 엄한 시어머니도 그런 권사님을 더이상 채근하지 않으셨고, 권사님은 열심히 교회 일에 헌신할 수 있었습니다.

그러나 아직도 남편을 전도하지 못했다는 생각에 마음이 무거웠습니다. 권사님은 그럴수록 더 힘을 다하여 가족을 위해 기도하고 섬겼습니다. 시어머님이 돌아가시기 전 1년 여 동안, 거동을 하지 못하시는 시어머니를 위해 정성스럽게 병수발을 다하셨습니다. 이러한 권사님의 정성으로, 시어머니는 예수님을 영접하시고 세례까지 받으신 후 편안히 천국으로 가셨습니다.

그 후, 드디어 권사님의 기도가 응답이 되었는데, 그토록 소망하던 남편이 저희 교회에 출석하시고 예수님을 영접한 것입니다.

그리고 현재는 부부가 함께 행복하게 신앙생활을 하고 있습니다. 권사님은 수십 년의 세월 동안 남편 구원의 소망을 품고 끝까지 포기하지 않았기에 남편뿐만 아니라 시어머니와 시동생들까지도 주님께로 인도할 수 있었습니다. 그러기에 이제는 더 이상 혼자서만 신앙생활 하는 신앙의 과부가 아니라고 기뻐하신 것입니다.

중국 선교의 아버지인 허드슨 테일러 선교사는 "내가 만약 1,000 파운드의 금화가 있다면 모두 다 중국을 위해서 쓸 것이고 내가 만약 1,000개의 목숨이 있다면 중국을 위해서 그중 하나라도 남겨둘 수가 없다."고 했습니다. 중국 땅의 죽어가는 영혼들을 구원하고자 하는 간절한 소망이 이 말 안에 담겨있습니다.

그리스도인들이 모두 이러한 열망을 품고 세상의 죽어가는 영혼들을 바라본다면 얼마나 많은 영혼을 구원할 수 있을까요? 하나님은 죄로 죽을 한 영혼을 위해 그 아들을 보내시고, 그 아들을 죽이시고 또 그 아들을 살리셨습니다. 이것이 바로 한 영혼을 사랑하시는 하나님 아버지의 마음입니다.

한 영혼이 천하보다 귀합니다. 지금 당장 열매 맺지 못한다고 포기하지 마십시오. 천하보다 귀한 영혼을 섬기며 전도할 때, 하나님께서는 반드시 '고진감래'의 은혜를 허락해 주실 것입니다. 전도하면 전도됩니다!

청소년 동아리활동으로 청소년들을 품어야 합니다

이 땅에 살아가는 사람들이라면 누구나 행복한 삶을 지향합니다. 하지만 안타깝게도 대한민국은 OECD 국가 중에서 행복지수가 가장 낮으며 어린이·청소년의 주관적 행복지수는 거의 최하점을 기록하고 있습니다.

학생들의 행복지수가 낮은 이유에는 여러 가지 요인들이 있겠지만 가장 주된 이유는 대학입시제도 때문입니다. 오늘날 많은 학생이 대학입시 준비로 인하여 어려서부터 학업 스트레스와 부담감, 진로에 대한 심리적 불안감을 가지고 살아갑니다. 이로 인해 학업에 대한 심리적 압박감과 부정적인 반응, 인간관계, 적성 및 진로에 대한 다양한 문제가 청소년들에게 나타나고 있습니다. 또 많은 학업량을 소화해야 하기 때문에 주일에도 교회에 나오지 못하고 학원에 가는 학생들이 날로 늘어나고 있습니다.

다음 세대를 책임지고 있는 진관교회는 이런 문제들을 직시하고 청소년들이 어떻게 하면 행복해할 수 있을지, 영적으로, 육적으로, 정서적으로 건강하게 성장할 수 있을지에 대한 방안을 모색하였습니다.

그 방안으로 실시하고 있는 것이 청소년 동아리활동입니다. 청소년 동아리활동은 청소년의 균형 있는 성장을 위하여 필요한 활동과 이러한 활동을 소재로 하는 수련활동, 교류활동, 문화활동 등 다양한 형태의 활동을 말합니다.

청소년 동아리활동은 국·내외적으로 '청소년들에게 긍정적인 영향을 미치고 있다.'는 사례와 연구결과를 드러내고 있습니다. 우선, 이런 활동을 통해 학업성취도와 자존감이 향상되고 있다는 사실이 밝혀지고 있습니다. 또한 인성변화, 대인관계, 시간관리, 직업성숙도와 관련된 영역에서 역시 긍정적인 효과를 드러내고 있습니다.

진관교회에서는 이런 긍정적인 청소년활동을 기획하면서 동아리 활동에 주목하였습니다. 청소년들의 관심사를 조사하여 축구동아리, 농구동아리, 연극부, 보드게임부, 사진부 등 관심사에 맞게 동아리를 조직하여 운영하고, 평소 관심 있는 분야의 문화활동(공연관람 등)을 할 수 있도록 하였습니다. 이 모든 활동은 예배 후에 이루어지며 동아리 활동 안에서도 기독교인으로서 갖춰야 할 덕목들을 제시함으로 성경적이고 건전한 동아리 활동을 할 수 있도록 하였습니다.

이로 인해 나타난 긍정적인 효과는 두 가지입니다.

첫째는 청소년들의 변화입니다. 즉, 청소년활동으로 인해 나타나는 긍정적인 면들이 진관교회 청소년들에게도 나타났습니다. 학업으로 인한 스트레스가 해소되고, 대인관계능력, 자존감, 리더십, 학업성취도가 향상되었고 교회에 적응하지 못하는 학생들이 동아리를 통해 잘 적응하게 되었습니다. 개인의 문제가 해결되니 행복이 왔고, 행복한 개인이 모여 건강한 공동체가 되었습니다. 개인의 변화를 체험한 학생들은 동아리활동에 대해 높은 만족감을 드러냈습니다.

둘째는 전도입니다. 동아리 활동을 교회 내에서만 진행하지 않았습니다. 교회주관으로 대회를 열고 기존에 있는 대회를 참석하는 등, 교회 내에 있는 동아리를 내·외부에 알렸습니다. 이에 여러 학생들이 교회에서 주최하는 대회와 동아리에 참가하게 되었고 자연스럽게 교회 안으로 들어오게 되었습니다. 물론 동아리에 가입하고 대회에 참석한 모든 학생이 복음을 받아들인 것은 아닙니다. 그러나 다수의 학생들이 복음을 받아들이고 현재 진관교회에서 신앙생활을 하고 있습니다.

청소년 동아리활동을 진행하면서 기존 학생들에게는 행복을 안겨주게 되었습니다. 그리고 믿지 않았던 친구들에게는 교회에 대한 인식을 바꿔주게 되었으며 복음을 선물로 줄 수 있었습니다. 다음 세대를 책임지는 교회는 학생들의 영적인 부분만을 책임지는 것이 아닌 전인격적으로 건강하게 성장할 수 있도록 관심과 노력을 기울여야 합니다. 그랬을 때 내·외적으로 건강하고 행복하게 성장하는 교회학교를 이루어나갈 수 있을 것입니다.

우리 교회의 희망은 다음 세대입니다. 다음 세대 전도는 교회 실정에 맞는 동아리 활동을 통해서 활성화될 수 있습니다. 청소년 전도, 하면 됩니다. 청소년 전도, 할 수 있습니다.

전도자로 나아가기 위한 본격적인 작전 개시

1단계 – 나의 문제를 정확히 파악하기

1) 세상에 나가있을 때, 혹은 일상생활을 할 때 나의 모습은 어떠한가요?
① 일상에서 부정적이고 어두운 모습으로 일관할 때가 많다.
② 기쁜 일, 평탄한 일 앞에서는 문제없는데 갈등이 생기면 부정적인 모습을 드러낸다.
③ 어떠한 상황에서도 하나님의 사람임을 떠올리며 긍정적이고 밝은 모습을 드러내기
  위해 최대한 노력한다.
④ 특별한 의지와 노력 없이도, 사랑이 넘치는 모습을 항상 드러내고 있다.
⑤ 기타 : (   )

2) 내가 소속된 전도팀의 분위기는 어떠한가요?
① 갈등이 항상 존재하는 것 같다.
② 밖에서 사역을 할 때는 분위기가 좋은데 우리끼리 있을 때는 침체되어 있는 경우가
  많다.
③ 잘 지내다가도 가끔씩 보이지 않는 갈등의 기류가 형성될 때가 있다.
④ 사역현장에서는 내부에서든 항상 사랑이 가득한 것을 느낄 수 있다.
⑤ 기타 : (   )

3) 세상에서 만나는 청소년들에게 나는 과연 어떻게 대하고 있나요? (복수 표기 가능)
① 사춘기라서 예민한 만큼, 어느 정도 거리를 둔다.
② 경쟁 분위기 속에서 힘들어하는 만큼, 최대한 가까이 다가서려고 한다.
③ 기도는 해주지만, 관심을 갖고 친해지려는 노력은 하지 않는다.
④ 교회 내 청소년들에게는 잘해 주지만, 세상에서 만나는 청소년들까지 품을 필요는
  없다고 생각한다.
⑤ 기타 : (   )

2단계 _ 하나님의 말씀 듣기

자신의 삶 자체를 전도로 연결시켜야 할 사람들에게 하나님은 이렇게 말씀하십니다.

▶ "네 얼굴의 표정과 말투 하나하나를 통해 세상 사람들은 나를 느끼게 될 것이다."

▶ "전도대상자에게 나의 사랑을 전하려면, 전도자들 간에 먼저 사랑을 나눌 수 있어야 한다."

▶ "복음을 전하되, 기다리고 또 기다리라. 그러면 내가 열매로서 응답할 것이다."

▶ "세상에 있는 청소년들에 나의 진실한 사랑과 돌보심을 전하고 보여 줄 수 있어야 한다."

3단계 _ 생각과 행동의 변화

▶ 언제 어디서든, 나의 행동과 언어를 통해 그리스도의 향기가 전파될 수 있어야 합니다. 전도를 향한 나의 노력과 수고는 작은 것 하나라도 절대 무의미하지 않을 것입니다.

4단계 _ 변화를 향한 한 걸음

▶ 내 곁에 있는 전도 동역자들은 하나님이 나에게 붙여주신 소중한 사람들입니다. 그만큼 더 아끼고 사랑해야 합니다. 더불어, 이 세상의 청소년들 역시 내가 품어야 할 소중한 인격체들입니다. 이제 그들과 눈높이를 맞추어 나가야 합니다.

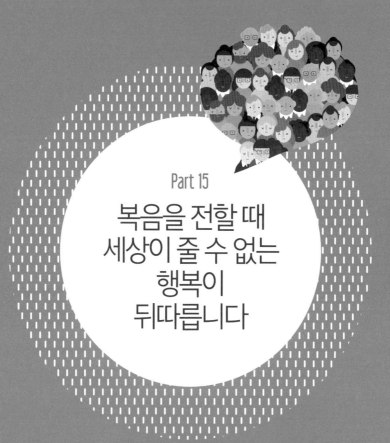

Part 15

복음을 전할 때
세상이 줄 수 없는
행복이
뒤따릅니다

Part 15

복음을 전할 때
세상이 줄 수 없는 행복이
뒤따릅니다

전도 만한 보약이 없습니다

탈무드 내용 중에 이런 말이 있습니다.

"매일, 오늘이 네가 끝나는 날이라고 생각하라. 매일, 오늘이 네가 시작하는 날이라고 생각하라."

오늘이 내 인생의 '마지막 날'이라고 생각하면 가장 가치 있는 일을 하고 싶을 것입니다. 또한 오늘이 우리 인생을 다시 시작하는 '첫 날'이라고 생각하면 가장 의미 있는 일로 인생을 새롭게 채워나가고자 할 것입니다.

성경은 "내일 일을 너희가 알지 못하는도다 너희 생명이 무엇이냐 너희는 잠깐 보이다가 없어지는 안개니라"(약 4:14)라고 말씀합니다. 내일

일, 아니 한치 앞도 내다보지 못하는 것이 우리의 삶입니다. 이러한 유한한 존재인 우리는 인생이 끝나는 날, 주님 앞에 서게 될 것입니다. 그리고 이 땅에서의 삶을 어떻게 살았는지에 대해 평가받게 될 것입니다. 그렇다면, 우리가 주님 앞에 섰을 때 부끄럽지 않으려면 어떠한 삶을 살아야겠습니까? 주님께서 가장 귀하게 여기시는 것이 무엇인지 알고 사는 것입니다. 주님의 소원, 그것은 바로 영혼 구원입니다(딤전2:4).

진관교회는 남녀노소 할 것 없이 전도에 힘쓰는 교회입니다. 전교인이 기쁨으로 전도에 동참할 수 있도록 해마다 '전도축제'를 진행하고 있고, 정기적인 '전도훈련'과 '전도대 사역'의 자리를 마련하여 전도가 삶이 되도록 돕고 있습니다.

진관교회 행복전도대에는 80세 이상 되시는 분들도 대원으로 여럿 동참하고 있습니다. 그런데 이분들의 전도에 대한 열정은 젊은이들보다도 더 뜨겁습니다. 한번은 전도대실에 들어갔다가 깜짝 놀란 적이 있습니다. 얼마 전에 무릎 수술을 받으신 80대 권사님께서 전도하기 위해 교회에 나오신 것입니다. 깜짝 놀라 여쭈어봤습니다.

"아니, 권사님, 아직 회복도 안 되셨는데 이렇게 나와서 전도하셔도 괜찮으세요?"

권사님은 말씀하셨습니다.

"전도하는 것이 너무 좋아서 집에 가만히 앉아있을 수가 없어요. 그리고 전도는 제 몸을 치료하는 약이에요."

젊은 사람들조차도 '바쁘다', '힘들다'는 핑계로 전도하기를 꺼리는데 불편하신 몸을 이끌고 나오신 권사님의 열정에 감동과 도전을 받지 않을 수 없었습니다.

또 다른 70대 여권사님은 한 주에 두 번씩 투석을 받으면서도 틈만 나면 전도하기 위해 교회에 나오십니다. 집에서 대중교통으로 약 1시간 30분가량이나 소요되는 긴 거리이지만, 전도를 위한 열정으로 신나게 교회에 나오십니다. 전도 나가기 전, 찬양과 기도로 무장한 전도대원들끼리 하이파이브를 할 때면, 손바닥이 얼얼해서 정신이 바짝 날 정도로 힘차게 하이파이브를 하십니다. 투석 받으시는 분이라고 생각할 수 없을 정도로 힘이 넘치십니다. 그 권사님이 늘 하시는 말씀이 있습니다.

"제게 있어서 전도는 보약이에요."

이 권사님의 전도에 대한 열정은 다른 전도대원들에게도 옮겨지곤 합니다. 모두가 신나게 전도할 수밖에 없습니다.

불면증에 시달리던 권사님이 있었습니다. 이 병원, 저 병원 찾아다녔지만 차도가 없자 어느 날 전도하러 나왔습니다. 열심히 전도하면서 불면증이 사라지게 된 그 권사님은 사람들 앞에서 이런 간증을 했습니다.

"전도가 제게 꿀잠을 가져다준 보약이었어요."

평소 약을 달고 살던 어느 권사님은 10년째 전도를 계속하고 계시는데, 전도를 하면서부터 감기 한번 걸린 적이 없다고 하시면서 "전도는 제게 산삼보다 더 좋은 보약이라."고 간증을 했습니다.

하나님은 전도하는 사람을 참으로 귀하게 여기십니다. 전도하는 각 사람에게 은혜를 주시고 영혼이 잘 되는 복을 주시는 것은 물론, 육신적으로도 강건한 은혜를 베풀어주십니다. 전도자가 건강하고 행복하게 살아가도록 만들어 주십니다.

"전도가 보약이에요." 이런 간증이 계속 이어지고, 앞으로 전도하는 모든 분에게도 나타나길 바랍니다. 전도, 하면 됩니다. 전도, 할 수 있습니다.

식구들과 함께 천국에 가야 합니다

가화만사성(家和萬事成)이라는 오자성어가 있습니다. 이 말은 '집안이 화목하면 모든 일이 잘 이루어진다', '모든 일은 가정에서부터 비롯된다.'는 것을 뜻합니다. 가정은 공동생활이 이루어지는 최소의 단위이자, 사회생활의 출발점입니다. 따라서 가정에서 화목하지 않으면 사회 구성원들 사이에서 갈등을 겪게 되고 사회에서의 갈등은 결국 가정을 불행하게 만들게 됩니다.

목회하면서 느끼는 것 중의 하나는 교회 내의 각 부서 간, 유기적인 연결이 되지 않는다는 것입니다. 또한 세대 간에 신앙의 계승이 이루어지지 않는다는 것입니다. 한 논문에 의하면 초등부에서 시작하여 청년부에 남는 비율이 채 10%가 되지 않는다고 합니다. 위로 올라갈수록 교회를 떠나는 경우가 많아지고 그 결과 신앙의 이어짐은 점점 미미해지고 있습니다. 아버지는 장로이고 어머니는 권사이지만 자녀는 교회를 다니지 않는 경우를 주변에 너무나 쉽게 볼 수 있습니다.

진관교회에서는 신앙의 계승을 목표로 세우고, 1년에 4차례에 걸쳐 세대 통합예배를 드리고 있습니다. 통합예배의 순서도 평소 때와는 조금 다르게 진행됩니다. 한번은 중고등부 찬양단과 초등부 찬양단이 연합하여 예배를 여는 찬양을 인도하였습니다. 그리고 회중 기도 시간에는, 3대를 대표하는 어린이가 가족의 건강과 화목을 위하여, 2대를 대표하는 집사님이 성령 충만한 가족과 믿음의 가문을 위하여, 1대를 대표하는 장로님이 나라와 민족과 교회를 위하여 릴레이로 기도를 했습니다. 세대 간의 기도 하모니를 이루는 순간이었습니다. 그밖에 유아유치부 아이들과 유초등부 아이들의 봉헌찬양으로 헌금 시간을 가졌고, 장년 찬양대와 교회학교연합찬양대가 서로 호흡을 맞추어 하나님을 찬양하는 특송 시간을 갖기도 했습니다. 이어서 두 명의 유치부 어린이가 복음서와 서신서의 말씀을 봉독하였고, 교회 소식을 전하는 광고도 각 세대를 대표하는 이들이 나누어서 감당하였습니다.

　담임목사의 설교 역시 가정과 어린아이의 소중함에 대한 말씀이었고 말씀 말미에 아이들을 포함한 모든 이가 앞으로 초청되어 예수님을 영접하는 시간을 가졌습니다.

　설교 후에는 학생부를 필두로 각 부서별 어린이와 청소년들이 강단으로 나와 온 교우들의 축복기도와 축복의 찬양을 받으며 기쁨으로 예배를 드렸습니다.

　이 예배의 초점은 어떻게 예배를 잘 디자인하여 아름다운 예배를 만들지에 역점을 둔 것이 아닙니다. 온 가족이 함께 하나님을 예배하므로 신앙의 단절 없이 신앙이 계승되게 하는 것이 핵심이었습니다. 더 나아가 또한 이 시간을 통해 그 동안 교회를 등지고 살던 가정 안의 잃은 양들을 다시 찾는 것이 또 다른 목적이었습니다. 이를 위해서 아이들은 미리 준비된 초대장을 통해서 조부모와 부모를 초대하고, 조부모와 부모들은 아들을, 딸들을 초대하였습니다.

한 권사님은 중학교 때까지 함께 예배했던 손녀를 이번 온 가족 예배에 초대해서 다시 예배하는 감동을 맛보았습니다. 예배를 중단했던 할아버지가 손녀의 손에 이끌려 와 예배에 출석하기도 했으며, 교회를 나오지 않던 아버지와 어머니가 딸과 예배에 참석하는 일들도 나타났습니다.

세상에 있는 잃은 양을 찾는 것만 중요한 게 아닙니다. 우리 가정 안에 있는 잃은 양들을 찾아내는 것 역시 중요합니다. "더불어 사는 식구들을 두고 나 혼자만 천국 갈 수 없다."는 할머니의 말에 감동이 되어 교회에 나왔다는 한 청년의 말을 저는 아직도 잊을 수가 없습니다. 가족을 사랑하는 모든 이가 기억해야 할 말이 아닐까 생각합니다.

전도, 하면 됩니다. 전도, 할 수 있습니다.

밥 한번 사겠습니다

"곳간에서 인심난다"는 속담이 있습니다. '창고가 넉넉해야 남을 배려하는 인심이 생겨남'을 이르는 말입니다. 무언가 나누고 베풀려면 그 안에 '넉넉함'이 있어야 합니다. 그러나 이 '넉넉함'은 어떤 재화나 소유의 의미도 있지만 그 마음의 '넉넉함'을 의미하기도 합니다. 성령의 충만함을 입은 초대 교회의 모습이 바로 마음의 '넉넉함'을 가진 모습이었습니다.

"믿는 사람이 다 함께 있어 모든 물건을 서로 통용하고 또 재산과 소유를 팔아 각 사람의 필요를 따라 나눠 주며"(행 2:44-45)

성령의 충만함을 받고 거듭나게 된 제자들과 무리들은 주님의 사랑으로 인해 그 마음에 '넉넉함'이 넘쳐났습니다. '넉넉한 마음' 덕분에 서로 나누고 섬길 수 있었고, 그 가운데 "주께서 구원받는 사람을 날마다 더하게 하시는" 부흥의 역사가 나타나게 되었습니다.

진관교회 교인이라면 누구나 자주하는 인사말이 있습니다.

"조만간 밥 한번 사겠습니다!"

사랑의 '넉넉한 마음'을 가지고 상대방을 대접하겠다는 뜻으로 성도들과 함께 나누는 인사말입니다. 처음에는 담임목사의 선창에 마지못해 따라하던 인사였는데 지금은 성도들 간에 밥을 사고, 차를 사며 대접한다는 소식이 심심치 않게 들려오고 있습니다. 물론 제게도 밥이나 차를 사는 분들이 종종 있습니다. 서로 대접하고 대접받는 관계 속에서 사랑이 깊어지고 기쁨이 넘쳐나게 됩니다.

그런데 이 '밥 한번'의 인사는 영혼을 구원하는 지렛대가 되기도 합니다. 전도대상자로 품고 기도하던 어떤 교인이 있었는데 좀처럼 그를 예배로 초대할 기회가 없었다고 합니다. 그러다 문득 "조만간 밥 한번 사겠습니다."라는 인사가 떠올라 그분에게 인사를 건네고 약속을 잡아 식사를 대접했습니다. 푸짐한 식사를 대접하고 즐거운 분위기 속에 교회 자랑을 하면서 그분을 주일예배에 초대하였습니다. 그 후 놀라운 일이 일어났습니다. '밥 한번'에 마지못해 예배에 참석하게 되었는데, 그 예배시간에 그분이 은혜를 받아 예수님을 믿겠노라 결단하고 교회에 등록해 열심히 신앙생활을 하게 된 것입니다. 육신의 양식인 '밥 한번'이 영혼을 살리는 '생명의 양식'이 된 것입니다.

저 또한 '밥 한번'의 인사를 실천하려고 노력하며 지냅니다. 지난 주일에도 오후예배 후 청장년선교회 회원들과 소중한 만남을 가졌습니다. 청장년회원 20여명을 초대해 가까운 식당에서 저녁을 샀습니다. 1년에 한 두 차례씩 갖는 청장년들과의 만남인데 밥도 먹고, 차도 마시다 보면 이야기보따리가 술술 풀려가고 웃음이 만발하게 됩니다. 이번 모임에는 신앙생활을 시작한지 몇 개월 안 된 초신자 한 분이 있었는데 그분은 살면서 처음 경험하는 너무나 행복한 시간이 되었다며 감사 인사를 전하기도 하였습니다. 그때 저는 앞으로 2개월에 한 번씩 밥을 사기로 약속했습니다. 이와 더불어 밥을 사는 저와 우리 청장년들이 한 가지 약속한 것이 있습니다. 밥을 먹기 전에 1시간 동안 거리전도를 하자는 것이었습니다. 모두 다 흔쾌히 동의하였습니다. '밥 한번'이 20여명의 젊은 전도자를 만든 셈이 되었습니다.

사랑과 감사를 담아 대접하는 '밥 한번'의 인사가 오늘 누군가를 구원하고 전도자로 세우는 소중한 지렛대가 될 수 있습니다. '넉넉한 마음'

을 가지고 인사를 전하시기 바랍니다.

"제가 밥 한번 사겠습니다."

그리고 그 약속을 지키며 행복 가득한 밥 한 끼의 사랑을 나누어 보십시오. 하나님이 역사하시는 구원의 역사가 그 일을 통해서 나타나게 될 것입니다. 전도! 할 수 있습니다! 하면 됩니다!

윗물이 맑으면 아랫물도 맑습니다

좋은 리더는 조직이 나아가야 할 방향을 가리키며 '달려가라'고 하는 사람이 아니라 '함께 가자'고 하는 사람입니다. 팀원들과 함께 대화로 방향을 설정하고, 함께 갈 수 있도록 보조를 맞추어주고, 먼저 본을 보이는 섬김의 리더가 좋은 리더입니다.

예수님은 가장 훌륭한 리더였습니다. 하나님의 아들이신 예수님께서는 하늘보좌를 버리시고 낮고 천한 인간의 자리로 내려 오셨습니다. 그리고 가난한 자, 연약한 자, 소외받는 자들을 찾아가셔서 위로하고 사랑으로 품어주셨습니다. 공생애 기간 동안 하늘나라를 선포하시고 무지한 자들을 일깨우며 가르치신 예수님은 누구보다도 열심히 기도하셨고 말씀대로 사셨습니다.

특별히 마가복음 1장 28-39절에서 예수님은 당신이 이 세상에 오신 목적은 전도라고 말씀을 하시면서, 예수님을 따르는 사람들, 즉 구원받은 하나님의 백성은 반드시 전도해야 함을 역설하셨습니다.

그런데 예수님은 전도의 중요성을 말씀하신 이후에 제자들만 전도현장으로 내보내시지 않고 당신이 친히 전도현장으로 나가서 전도의 본을 보이며 전도하셨습니다. 그렇기 때문에 예수님 부활승천 후 남아있던 사도들은 권위주의적인 교회의 지도자가 아니라, 순교의 각오로 땅 끝까지 복음을 전하는 위대한 전도자들이 되었습니다. 그리고 그러한 사도들의 본을 통해 교회는 건강하게 성장할 수 있었습니다.

사도 바울 역시 돌에 맞아 죽을 위기를 맞이했지만 굴하지 않고 전도에 최선을 다했습니다. 언제나 자신이 먼저 앞장서서 전도의 본을 보였던 사도 바울을 통해 교회들이 든든히 서가게 되었고 하나님의 나라는 계속 확장되어 갔습니다.

우리 진관교회는 먼저 리더들이 본을 보이는 교회입니다. 장로님들이 솔선수범하여 섬기며 헌신하는 모습들을 통해 많은 성도가 감동과 도전을 받고 있습니다. 그만큼 교회가 건강하게 성장해나가고 있습니다.

한번은 '은평뉴타운 가족사랑대축제'에서 장로님들의 빛나는 헌신을 본 적이 있습니다. 그날, 장로님들은 땡볕 아래에서 하루 종일 차량통제와 각 부스 프로그램을 담당하며 열심히 섬겨주셨고 그 덕에 성대하게 행사를 잘 마칠 수 있었습니다.

또한 진관교회 장로님들은 전도에도 힘을 기울이고 있습니다. 일주일 내내 진행되는 '행복전도대' 사역에도 모두 참여하여 성도들에게 전도자의 본을 보이고 있습니다. 그야말로 모든 성도가 믿고 따라갈 신앙과 삶의 본을 보이는 훌륭한 장로님들이십니다.

또한 진관교회는 '장로전도대'를 조직하여 좀 더 집중적으로 전도하고자 계획을 세우기도 했습니다. 구체적으로, 매달 첫 주 토요일 새벽에 드리는 성찬새벽기도회를 마치고 아침식사를 한 후 저와 함께 구파발 역 앞으로 나가 1시간 동안 전도할 계획을 세웠습니다.

장로님들뿐만이 아닙니다. 진관교회는 매주 금요일 아침에 교역자들이 나가서 전도를 합니다. 수요일 아침에는 원로 장로님들 몇 분이 전도를 합니다. 그 모습을 보면서 '윗물이 맑으면 아랫물도 맑다.'는 속담이 생각납니다.

교회가 건강한 교회가 되는 길은 예수님이 보여주신 섬김의 리더십을 실천하는 것입니다. 윗물에 해당되는 장로 등 중직자들이 교회의 모든 사역, 특히 전도에 앞장 서 본을 보인다면 아랫물, 즉, 모든 평신도들 모두가 기쁨으로 전도에 참여하게 될 것입니다.

전도는 누구나 다 해야 합니다. 전도로부터의 은퇴는 하늘나라에 갈 때 이루어집니다. 인생과 신앙의 최고의 행복은 영혼을 구원하는 일을 통해서 주어집니다. 전도, 하면 됩니다. 전도, 할 수 있습니다.

전도자로 나아가기 위한 본격적인 작전 개시

1단계 – 나의 문제를 정확히 파악하기

1) 육체적으로 힘에 부칠 때 전도 일정에 어떤 변화가 나타나나요?

① 이참에 전도를 쉬어도 된다고 생각하며 쉰다(한편으로 다행이라는 생각을 하게 된다).

② 직접 참여하지는 못하지만 뒤에서라도 기도하는 등, 전도에 참여할 수 있는 방법을 생각해 본다.

③ 하나님이 도우실 것을 믿고 일단 전도에 참여한다.

④ 기타 : (   )

2) 아직 믿지 않는 가족이나 친지를 보면 어떤 생각이 드나요?

① 언젠가는 구원받을 것이기 때문에 걱정되지도 않고 긴장되지도 않는다(적극적으로 전도하지 않는다).

② 구원받지 못하게 될까 봐 걱정되고 염려는 되는데, 그렇다고 전도하려는 노력을 잘 하지는 않고 있다.

③ 하나님이 구원해 주실 것은 믿지만, 가족 전도를 위한 노력 역시 게을리하지 않는다.

④ 구원보다는 가족들의 다른 부분에 관심이 더 많다.

⑤ 기타 : (   )

3) 전도를 위해 내 물질을 쓰는 것에 대해 어떻게 생각하고 있나요?

① 왜 써야 하는지 모르겠다(조금도 쓰기 싫다).

② 가끔씩, 조금은 쓸 의향이 있다.

③ 뭔가 가능성이 있는 사람을 위해서는 써도 되지만, 그게 아닌 것 같으면 잘 안 쓰게 된다.

④ 기회가 될 때마다, 적극적으로 쓰고 싶다(드러나는 결과와 상관없이).

⑤ 기타 : (   )

2단계 – 하나님의 말씀 듣기

복음전파의 끈을 놓지 않아야 할 사람들에게 하나님은 이렇게 말씀하십니다.

▶ "복음을 증거하는 전도자는 내가 부어주는 놀라운 힘과 예상치 못한 복을 경험하게 될 것이다."

▶ "믿지 않는 가족의 구원을 위한 애타는 기도를 나는 결코 외면하지 않을 것이다."

▶ "복음을 위해 사용하는 물질을 나는 기쁘게 받을 것이다."

▶ "리더로 부름 받았다면, 먼저 나아가 전도하고 섬겨라."

3단계 – 생각과 행동의 변화

▶ 전도하러 나아갈 때마다 새 힘을 부어주시는 하나님을 기대해야 합니다. 그리고 복음을 전할 수 있다면, 그 어떤 것도 아끼지 않아야 합니다. 만약 부족한 것이 생긴다면, 하나님께서 채우실 것입니다

4단계 – 변화를 향한 한 걸음

▶ 가족 모두가 다 함께 하나님을 찬양하고 경배할 날이 오기를 고대해야 합니다. 더불어 우리 교회가 서로 전도의 본을 보이는 교회로 세워질 수 있게 해야 합니다.

Part 16

복음의
밀알이 되어
사랑을
흘러 보냅시다

Part 16

복음의 밀알이 되어
사랑을 흘러 보냅시다

한 영혼의 구원은 돈으로 환산할 수 없습니다

14만 7천 원이란 금액이 적다고 생각하십니까? 많다고 생각하십니까? 진관교회는 매일 오전과 오후에 교우들이 팀별로 전도를 나갑니다. 그런데 교우들만 전도하러 나가는 것이 아니라 교역자들도 전도를 나갑니다. 길거리를 청소하는 클린전도에 참여하기도 하고, 매주 금요일 상가에 있는 각 매장을 방문하여 전도지와 티슈로 나누어 주며 전도합니다.

어느 날 심방 전도사님이 한 옷가게 주인을 집중 전도대상으로 정했습니다. 오가며 반갑게 인사하고, 티슈와 종이컵 등을 나누어 주며 전도를 했습니다. 그러다보니 자연스레 옷가게 주인과 편하게 대화하는 관계로 발전하게 되었습니다. 그러던 어느 날, 그 가게를 방문하여 옷을 한 벌 사줘야겠다는 생각을 가지고 반팔 티셔츠 하나를 골랐습니다. 티셔츠 한 장이라면 그저 2-3만 원 정도 하리라 생각하고 계산을 하려 하니 무려 14만7천 원이나 되었습니다. 전도사님이 예상했던 금액과 5배 이상의 차이가 났지만 당황하지 않고 값을 치르고 나왔습니다. 가게 문을 나선 전도사님은 놀란 가슴을 쓸어내리며 교회로 왔지만 그렇게 해서라도 복음을 전했다는 기쁨 때문에 마음은 조금도 불편하지 않았습니다.

그로부터 2주일 뒤, 옷가게 주인이 자진해서 교회로 나와 등록을 했습니다. 나중에 심방을 가서 물어보니, 그 날 전도사님에게 티셔츠를 14만 7천 원에 판 뒤 계속해서 마음이 불편하였다는 것입니다. 그러다가 문득 교회에 나가 주는 게 좋을 것 같다는 생각 때문에 교회에 나왔는데, 와서 보니 교회가 너무 좋아서 계속해서 다니게 되었다는 것이었습니다. 그분은 지금도 열심히 신앙생활을 하고 있습니다. 그 후 심방 전도사님은 자신이 전도한 그 옷가게 주인이 교회에 올 때마다 그 비싸게 산 티셔츠가 생명을 구원한 세상에서 가장 아름다운 옷이라고 자랑하곤 합니다.

세상의 경제논리는 조금도 손해 보려 하지 않는 계산법을 가지고 있습니다. 그러나 성경이 말씀하고 있는 논리는 생명의 논리입니다. 천하보다 귀한 한 영혼을 구원하는 일을 위해서는 경제논리를 뛰어넘어야 함을 말씀하고 있는 것입니다.

누가복음 15장에 등장하는 백 마리의 양을 가진 목자는 양 한 마리를 잃어버리자 아흔아홉 마리를 들판에 두고 한 마리를 찾으러 나섭니다. 그리고 양을 찾은 후 큰 기쁨을 가지고 이웃과 친구들을 불러 잔치를 벌입니다. 당시 세계에서 잔치를 벌였다면 분명 양 몇 마리는 잡았을 것입니다. 세상의 경제논리로 보면 말이 안 됩니다. 어떻게 한 마리를 찾아 기쁘다고 양 몇 마리를 잡아 죽여 잔치를 베풀 수 있겠습니까?

그뿐이 아닙니다. 열 드라크마를 가진 사람을 보십시오. 열 중 하나를 잃어버리자 등불을 켜고 집을 쓸며 부지런히 찾습니다. 그 후 그는 이웃과 친구들을 불러 잔치를 열며 기쁨을 나눕니다. 아마 그 날 파티에 들어간 돈은 몇 드라크마는 족히 되었을 것입니다. 한 드라크마를 찾아서 기쁘다고 몇 드라크마를 소비한다는 것 역시 세상의 경제논리로 보면 맞지 않습니다. 탕자의 이야기도 마찬가지입니다.

이 모든 것은 우리에게 무엇을 말해 주고 있습니까? 한 영혼은 천하보다 귀한 존재이며, 이 잃어버린 한 영혼을 찾아 구원하는 일은 세상의 경제논리를 넘어 생명의 논리로 임해야 한다는 것입니다.

이 생명의 논리를 제일 먼저 실천하신 분이 누구입니까? 하나님이십니다. 하나님과 원수 되었던 우리를 구원하기 위해 독생자 예수를 이 세상에 보내시고 십자가의 대속의 죽음을 감당하게 하셨습니다. 이것은 전도를 할 때 주판 알 굴려서 계산하는 세상의 경제논리를 뛰어넘어야 함을 것을 역설하고 있습니다.

오늘 우리의 구원은 수많은 순교자의 값진 희생의 터 위에서 이루어졌습니다. 우리는 다 복음의 빚진 사람들입니다. 그 빚을 갚기 위해 오늘도 우리는 전도의 자리로 나아갑시다. 전도, 하면 됩니다. 꼭 해야 합니다.

사랑을 유통시키는 전도자가 되십시오

이용남 선교사가 쓴 『복음에 미치다』라는 책이 있습니다. 그 책을 보면 장래가 보장된 엘리트 목회자들이, 그리고 미래가 밝았던 평신도 선교사들이 참혹한 죽음이 기다리고 있는 이 땅 조선을 향해 올 수 있었던 동력에 대해 설명합니다. 그 힘은 바로 조선의 영혼을 향한 불타는 사랑, 곧 영혼 사랑의 마음 때문이었습니다. 조선의 한 영혼을 향한 그 사랑의 마음이 온갖 부귀와 영화, 보장된 미래를 다 내려놓게 했습니다. 그리고 이 땅 조선으로 향하게 했습니다.

예수님을 통해서 나타나고, 그 후 수많은 신앙의 사람들이 간직했던 우리 기독교의 사랑은 어떤 사랑일까요? 그것은 움켜쥐고 있는 것도, 주고받는 것도 아닙니다. 계속해서 한 방향으로 흘러 나가는 사랑입니다.

즉, 성경이 말하는 하나님의 사랑은 마치 흐르는 강물처럼, 한 쪽에서 또 다른 한쪽으로 계속해서 흘러 나가는 일방통행의 사랑입니다.

요한일서 4장 7절은 "하나님은 사랑이시다"라고 기록합니다. 하나님께서는 사랑의 근본이며 시작이 되십니다. 하나님에게서 시작된 사랑이 예수님에게로 흘러갔습니다. 그러자 예수님은 죄악으로 인해서 도저히 소망이 없는 우리를 사랑하시기 위해서 우리 인간의 몸을 입고 이세상 속으로 흘러 들어오셨습니다. 바로 그 사랑을 우리 가슴 속에 나누어 주시기 위해서 십자가 위에서 우리 대신 죽는 '대속의 죽음'을 죽으셨습니다.

우리는 누구입니까? 예수님이 주신 사랑, 바로 십자가의 사랑을 다 받은 사람들입니다. 그런데 너무나도 안타까운 사실은 하나님에게서 예수님에게로, 예수님에게서 우리 교회와 성도들에게로 흘러 들어온 그 사랑의 물결이, 오늘 우리 앞에서 멈추어 서 있다는 것입니다. 예수 그리스도의 십자가를 통해서 이 교회 안과 우리 성도들의 심령 속으로 하나님의 사랑이 흘러들어 왔는데, 그것이 세상을 향해 흘러가지 못하고 있습니다. 지금 우리 앞에 그냥 머물러 있습니다.

물론 우리 딴에는 사랑을 실천하며 산다고 말합니다. 그러나 알고 보면 그 사랑은 우리들 끼리만의 쌍방의 사랑일 뿐, 우리 안에서만 맴도는 사랑인 경우가 많습니다.

우리는 받은 그 사랑을 나 혼자 움켜쥐고 있어서도 안 되고, 너하고 나하고 주고받는 차원에 머물러 있어서도 안 됩니다. 계속해서 다른 사람, 새가족, 연약한 사람, 그리고 세상의 불신자들을 향해 흘러 보내야 합니다.

하나님은 사랑을 나누라고 주셨습니다. 밖으로 표현하고 쏟아내라고 사랑을 주셨습니다. 사랑은 서로 주고받는 차원이 아닙니다. 아낌없이

다 주고 십자가에서 죽으신 예수님처럼 대가를 바라지 말고 그냥 주고 나누어야 합니다. 그러라고 우리에게 주신 것입니다.

지금 세상의 사람들은 예수님의 사랑이 없어 죽어가고 있습니다. 예수님의 사랑은 세상의 그 어떤 조직이나 사람을 통해서 받을 수 없습니다. 오직 예수님의 사랑을 소유한 우리들이 그 사랑을 세상을 향하여 흘러 보낼 때에만 사람들은 사랑을 받을 수 있습니다.

세상을 살리는 사랑은 예수 그리스도입니다. 그러므로 우리는 전도를 통하여 하나님의 사랑이신 예수 그리스도를 세상으로 흘러 보내는 사랑의 유통업자가 되어야 합니다.

지금 내가 전도하고 있지 않다면 주님의 사랑은 나에게만 머물고 있는 것입니다. 지금 내가 전도하고 있지 않다면 우리는 세상의 영혼들을 간접적으로 죽이고 있는 것입니다. 주님의 지상명령에 순종하며 오늘도 세상을 향하여 십자가의 사랑을 흘러 보내는 사랑의 유통업자가 됩시다. 위대한 전도자가 됩시다. 전도, 하면 됩니다. 전도, 얼마든지 잘할 수 있습니다.

칭찬 한 마디가 생명을 살립니다

『칭찬은 고래도 춤추게 한다』 세계적으로 저명한 경영컨설턴트인 켄 블랜차드가 쓴 책의 제목입니다. 이 책은 3톤이 넘는 범고래가 관중들 앞에서 멋진 쇼를 펼쳐 보일 수 있는 것이 고래에 대한 조련사의 긍정적 태도와 칭찬 때문이라고 설명합니다. 이 책은 칭찬이 가져다주는 긍정적인 변화를 재미있고 흥미로운 이야기로 담아내고 있습니다.

누군가를 향한 칭찬은 상대방을 향한 관심과 배려, 존중과 사랑을 담아낸 최고의 선물입니다. 그렇기 때문에 칭찬은 고래를 춤추게 할 수 있고 더 나아가 천하보다 귀한 영혼을 살릴 수도 있습니다.

얼마 전 교회에 등록한 성도분의 이야기입니다. 이 성도에게는 유치원을 다니는 자녀가 있었습니다. 친구를 통해 진관교회 유치부에 등록하게 되었습니다. 아이가 교회 다니는 것을 너무나 좋아해서 주일이면 예배시간에 맞추어 교회를 찾게 되었습니다. 아이를 유치부실에 들여보내고 집으로 돌아갔다가 끝나는 시간에 맞추어 다시 교회에 오기를 반복하던 중, 유치부실 안에서 아이가 무엇을 하는지 궁금한 생각이 들어 예배실을 들여다보았습니다. 마침 선생님이 자기 아이를 칭찬하며 안아주는 모습을 보게 되었고 그때 왠지 모를 마음의 뭉클함을 가지고 집으로 돌아왔습니다. 늘 모든 것이 서툴러 부족하다고만 생각했던 자기 아이를 누군가가 칭찬해주는 그 모습이 너무 좋았고 감사했습니다. 그 후에도 자기 아이를 칭찬하며 격려하는 선생님의 모습을 자주 접하게 되었습니다.

그러던 중 문득 이런 교회라면 나도 한번 다녀 보아야겠다는 생각이 들어 자진해서 등록하게 되었고 지금은 남편을 비롯한 온 가족이 교회에 출석하며 신앙생활을 하고 있습니다. 유치부 아이를 향한 선생님의 칭찬이 한 가정을 구원하는 놀라운 계기가 된 것입니다. 칭찬이 천하보

다 귀한 영혼을 살리는 통로가 되었던 것입니다

또 다른 새가족의 이야기입니다. 진관교회 행복전도대는 매일 오전과 오후의 전도대로 나누어 운영됩니다. 각 전도대마다 장소와 형식을 조금씩 달리하여 차 전도, 우쿨렐레 전도, 핫케이크 전도, 관공서 전도 등을 다양하게 진행하고 있습니다. 각 전도대가 일정한 장소와 시간에 전도하다 보니 반복해서 만나게 되는 이웃들이 많습니다. 그러다보니 잠깐 부스에 서서 차 한 잔을 나누며 이야기꽃을 피우고 교제하게 되는데 한 여성분이 매주 만나며 인사를 나누다 전도대원들과 친구처럼 지내는 사이가 되었습니다. 매주 친구를 만나듯 전도대원들과 만나게 되었는데 그때마다 자신을 칭찬하는 전도대원의 말이 너무 좋았다고 합니다. "오늘 머리를 예쁘게 하셨네요!" "새로 산 신발인가 본데, 참 잘 어울려요!" "누굴 만나러 가는지 오늘 얼굴이 너무 밝아요!" 처음에는 그런 말들이 쑥스러운 칭찬이었는데 듣다 보니 그것이 자신에 대한 관심이고 사랑이라는 것이 느껴져 더 친근하게 다가왔다고 합니다. 그러다가 행복축제 초청주일에 초대를 받게 되었고, 지금은 등록교인이 되어 너무나 행복하게 신앙생활을 하고 있습니다.

늘 얼굴이 어둡게 굳어 있는 한 중년의 남성이 있었습니다. 인사를 해도 반응이 없고 언제나 땅을 쳐다보며 걷는 무표정의 사람이었습니다. 인사와 함께 칭찬하기로 했습니다.

그 사람은 남들보다 눈썹이 참 진합니다. 그래서 만날 때마다 눈썹 이야기를 했습니다. '멋있다, 영화배우 같은 눈썹이다. 눈썹이 진한 사람이 정이 많다고 하더라.' 얼마 뒤부터 그의 표정이 밝아졌습니다. 인사를 받아주고, 입을 열어 대꾸를 하다가, 어느 날, 차를 한 잔 같이 마시게 되었습니다. 자신의 삶에 있었던 큰 아픔을 이야기했습니다. 늘 업신여김을 당하고 무시를 당했던 자신의 과거를 이야기했습니다. 놀랍게도 그런 그에게 제가 했던 칭찬이 치료약이 되었다고 했습니다. 그리고 지금은 예수님을 잘 섬기는 밝은 사람이 되었습니다.

관심과 배려와 사랑이 담긴 칭찬의 한마디는 천하보다 귀한 영혼을 살려냅니다. 칭찬하면, 전도됩니다.

가족전도, 더 이상 미뤄서는 안 됩니다

남녀노소, 지위고하, 빈부격차를 막론하고 이 세상에 살아있는 누구에게나 다 적용되는 사실이 있습니다. 그것은 언젠가는 반드시 '죽는다'는 것입니다. 죽음은 무엇으로도 막을 수가 없는 하나님의 고유 영역입니다. 사람은 언제 죽을지 알 수 없고, 어디서 죽을지도 모르며, 아무리 주변에 많은 사람이 있어도 결국 혼자 죽습니다.

몇 해 전, 한 성도님의 임종을 맞이했습니다. 60세의 많지 않은 나이로 무려 5년여 동안이나 암과 싸워왔고 항암치료도 100회 이상 받아왔던 강한 성도님이었습니다. 결혼 전엔 신앙생활을 했었는데, 독실한 불교 가정에서 자란 남편을 만나 결혼하면서 30년이 넘도록 신앙생활을 하지 못했습니다. 2남 1녀의 자녀를 두며 다복하게 가정을 꾸려오다 어느 날 갑자기 암을 선고받게 되었고, 여러 치료를 받다 결혼 전에 살던 동네로 이사 오게 되었습니다. 그리고 2016년 우리 교회에 등록하며 한 가족이 되었습니다.

항상 환한 미소와 밝은 얼굴로 다녔기에 누구도 그 성도님이 암 환자라고 생각을 하지 못했습니다. 막내딸과 함께 열심히 신앙생활을 하며 지내다가 4개월 후에 남편도 함께 등록하게 되었습니다. 그렇지만 남편 성도님은 아직 불교적 습성을 버리지 못했기에 자주 예배를 드리지 않았습니다. 그 성도님의 기도 제목을 보면 자신의 건강보다는 늘 가족의 구원 특히 아직 교회에 다니지 않는 두 아들의 구원이 우선순위였습니다. 그러던 중 둘째 아들이 교회에 등록하게 되었고, 그로부터 3개월 후 드디어 큰 아들까지 등록을 하게 되었습니다. 마침내 그 가정이 믿음의 가정으로 세워지기 시작한 것입니다. 자신의 육체보다 가족들의 영혼을 더 사랑했던 성도님께서는 얼마 후 천국으로 떠났습니다. 교회에서는 정성을 다해 장례를 도왔습니다. 입관 예배를 드린 후 남편 성도님께서 제게 다가와 그동안 아내가 살아있을 때 제대로 신앙생활 못한 것을 후회했습니다. 앞으로는 자녀와 함께 아내의 신앙을 이어받아 신실하게 신앙생활 하겠노라고 다짐했습니다.

요한복음 12장 24절은 "내가 진실로 진실로 너희에게 이르노니 한 알의 밀이 땅에 떨어져 죽지 아니하면 한 알 그대로 있고 죽으면 많은 열매를 맺느니라"라고 기록합니다. 죽어야 다시 살아나는 진리를 주님께서는 십자가에서 죽으심을 통해 몸소 우리에게 보여 주셨습니다.

60세의 나이에 사랑하는 가족들과 가슴 아픈 이별을 해야 했던 그 성도님은 이사 후 암 투병 2년 동안 당신 스스로가 한 알의 밀알이 되었습니다.

육신이 떠나는 그 이별 뒤에 천국에서의 영원한 만남을 남편과 자녀들에게 남기신 것입니다. 이른바 짧은 이별 뒤에 영원한 만남을 준비해 놓으신 것입니다.

저는 큰아들과 함께 교회에 와서 "이젠 우리 식구들 모두 교회에 데리고 왔어요." 하면서 어린아이처럼 좋아하던 그분의 해맑은 함박웃음을 잊을 수가 없습니다. 뒤늦게나마 영원한 세상을 발견하고 그 나라에서의 삶을 하나씩 준비해 나간 성도님이 참으로 귀하게 느껴집니다.

남북 이산가족 상봉 추첨에 뽑히지 못한 95세의 노인께서 "이제는 더 기회가 없는데, 이건 아닌데." 하며 탄식하던 모습이 생각납니다. 육신의 이산가족이 되는 것도 이루 말할 수 없는 아픔이지만, 저 천국에서 만나지 못하는 영원한 이산가족이 되는 것은 더 극한 아픔과 슬픔이 아닐 수 없습니다. 그런 의미에서 짧은 시간이었지만 그 시간에 영원한 만남을 준비한 그 성도님의 가족전도가 더욱더 귀하게 여겨집니다.

우리의 가족들은 이 세상에서 영원히 함께하지 못합니다. 그러기에 더 미루면 안 됩니다. 지금 바로 사랑하는 가족들에게 전하십시오. 가족전도 해야 합니다. 그리고 하면 됩니다.

전도자로 나아가기 위한 본격적인 작전 개시

1단계 _ 나의 문제를 정확히 파악하기

1) 전도하다가 경제적인 투자, 혹은 손실을 보게 되었을 때 어떤 생각이 드나요?
   (복수 표기 가능)
   ① 속상하고 실수했다는 마음이 든다.
   ② 아깝긴 하지만 영혼구원을 위해 쓰였다 생각하며 만족스러워 한다.
   ③ 나를 위한 예수님의 희생, 신앙의 선진들의 희생에 비하면 아무것도 아니라 생각한다.
   ④ 기타 : (   )

2) 내가 지금 사랑을 흘러 보내고 있는 범위는 어떠한가요?
   ① 아직은 내 가족에게만 사랑을 베풀고 있다. 그 이상은 아직 아니다.
   ② 교회 성도들에게까지는 사랑을 베푼다. 그 이상은 아직 아니다.
   ③ 교회 밖, 세상을 향해서도 사랑을 베풀고 있다.
   ④ 기타 : (   )

3) 복음을 전할 때, 전도대상자에게 어느 정도 칭찬을 해주고 있나요?
   ① 하고 싶지만 쑥스러워서 잘 하지 못하는 편이다.
   ② 혹여 빈말이라고 생각하며 기분 나빠 할까 봐, 잘 하지 않는다.
   ③ 상대가 어떻게 생각하든, 진심을 담아 칭찬을 전한다.
   ④ 전도할 때 칭찬하는 것에 대해 생각 자체를 해본 적이 없다.
   ⑤ 기타 : (   )

2단계 _ 하나님의 말씀 듣기

전도하는 만큼 풍성한 사랑을 전하게 될 사람들에게 하나님은 이렇게 말씀하십니다.

▶ "복음을 전하면서 경험하게 되는 희생과 손실은 귀한 영혼을 살리기 위한 밀알이 될 수 있다."

▶ "지금 네 앞에 멈춰 있는 나의 사랑을 더 넓은 곳까지 흐르게 하라."

▶ "복음 전파의 열정을 불태우는 자의 입에서 아름다운 말이 흐르도록 그 입술을 내가 주관할 것이다."

▶ "리더로 부름 받았다면, 먼저 나아가 전도하고 섬겨라."

3단계 _ 생각과 행동의 변화

▶ 내가 구원받을 수 있기까지 수많은 희생이 있었습니다. 전도할 때마다 이 사실을 상기해야 합니다. 그리고 그 사랑에 보답하고자, 더 멀리 하나님의 사랑을 흘러 보내야 합니다.

4단계 _ 변화를 향한 한 걸음

▶ 진심이 담긴 칭찬과 각종 아름다운 언어를 복음 전파의 도구로 활용해야 합니다. 더 나아가, 영혼구원을 위해서라면 기꺼이 밀알이 되어야 합니다.

Part 17

복음을 전할 때,
그 누구도
열외 될 수
없습니다

Part 17

복음을 전할 때,
그 누구도
열외 될 수 없습니다

열매는 씨 뿌림에서 시작됩니다

하나님은 모든 사람이 구원을 받으며 진리를 아는 데에 이르기를 원하시
느니라(딤전 2:4)

하나님께서는 모든 사람에게 구원의 길을 열어 두셨습니다. 우리는
누구에게나 예수님을 전하고 복음을 전해야 합니다. 물론 씨앗을 심으
면 자라는 과정이 눈에 확연하게 보이지 않을 때가 많습니다. 그렇지만
하나님께서는 반드시 열매로 거두십니다.

진관교회는 모든 사람에게 열어두신 구원을 위해 다양한 전도를 진
행합니다. 먼저 진관교회는 매년 ○○사단의 신병교육대를 방문하여

세례를 주관하면서 전도하는 시간을 가집니다. 신병교육대 훈련생들의 세례예식을 위해 교인 50여명이 함께 동참하여 찬양인도, 특송 등을 진행합니다. 예배가 시작되기 전 예배당은 시원한 바람이 가득하지만 병사들이 모두 착석하고 예배드리는 중반에는 그 열기가 뜨거워 모두가 숨쉬기가 힘들 정도입니다. 실로암 찬양이 시작되기가 무섭게 병사들 모두가 두 손을 높이 들고 "오 주여~ 당신께 감사하리라~ 실로암 내게 주심을~"하고 목청껏 찬양합니다. 앉아 있는 사람은 찾아볼 수 없을 정도로 모두가 서서 힘차게 찬양하고, 찬양 중간 중간에는 훈련 중 많이 복창했던 "각개전투"라는 말을 소리쳐 외치며 힘들었던 시간들을 찬양으로 풀기도 합니다.

이렇게 찬양을 하고 나면 세례가 이어지는데 150여 명의 병사들이 앞에 서 있는 5명의 목사님 앞에 줄지어서 세례를 받습니다. 무릎을 꿇고 세례를 받는 병사들은 모두 진지하게 손을 모으고 세례를 받습니다. 이후 모든 병사에게는 간식이 제공되고 그날 세례를 받은 병사들에게는 십자가 목걸이와 필요한 용품이 선물로 주어집니다. 예배 후 복귀하는 병사들은 연신 감사하다며, 함성과 박수를 칩니다. 그 모습을 보면서 오늘 우리가 세례를 통해 심은 씨앗들이 잘 자라나게 되기를 기도하게 됩니다.

또한 진관교회 근처에는 경찰서와 검문소가 있습니다. 진관교회에서는 매달 한 번씩 경찰서를 방문하여 신우회원들과 전·의경들을 위해 예배를 인도합니다. 그러던 중 관내에 있는 검문소에서 예배를 인도해 달라는 요청이 있었습니다. 이유인즉슨 경찰과 군인들이 함께 생활하고 있는 검문소에서 불의의 인명사고가 일어났기 때문입니다. 그만큼 이제 그들은 위급한 상황에서 교회를 의지할 정도가 되었습니다.

검문소에는 의경들과 ○○사령부 소속 군인 20여명이 생활하고 있습니다. 함께 예배를 드린 후에는 모든 이에게 간식이 제공됩니다. 지역을 수호하고 있는 병사들에 대한 감사의 선물입니다.

처음에 예배를 시작할 때에는 신앙을 가지고 있는 병사 두세 명만 모였습니다. 이후 시간이 지날수록 불신자 병사들이 하나둘씩 함께 예배하기 시작했습니다. 생전 처음 듣고 처음 불러보는 찬양을 기타반주에 맞춰 조용히 따라 부르기도 했지만 말씀을 들을 때는 고개를 숙이기 일쑤였습니다. 시간이 지나갈수록 낯설게만 느껴졌던 찬양에 그들은 박수를 치고 때론 추임새를 넣어가며 즐겁게 찬양했습니다. 고개를 숙이며 듣던 말씀에 대해 그들은 어린아이들처럼 호기심 가득한 눈빛으로 반응하게 되었습니다.

어느 날 한 병사가 이런 이야기를 했습니다. 그는 세례식에 참석하면 먹을 것과 선물을 준다고 하여서 1년 전 훈련소에서 세례를 받았습니다. 그런데 자대 배치 후에 자신이 세례를 받았다는 사실을 잊고 지내 왔는데 오늘 예배를 드리던 중에 세례를 베푸신 목사님이 하신 말씀이 생각이 났다는 것입니다.

"너는 하나님의 아들이란다. 그리고 하나님은 너의 아버지가 되신단다."

그 날 이후 그는 그 누구보다도 예배를 기다리는 신실한 믿음의 사람이 되었습니다. 그 날 그 한 영혼에게 맺혀진 아름다운 구원의 열매는 세례라는 씨 뿌림을 통해서 이루어지게 되었습니다.

지금 당장 열매가 없다고 해서 뿌리는 시도조차 하지 않는 우를 범하면 안 됩니다. 또한 우리 교회의 성도가 될 수 없다고 하여 전도를 중단해서도 안 됩니다. 우리가 뿌리면 하나님은 반드시 하나님 나라의 멋진 열매로 거두게 하십니다. 전도, 하면 됩니다!

매실에 사랑을 푹 담급니다

어느 월요일, 교회 식당에 가보니 성도님들의 다정한 대화소리와 웃음소리가 주방을 넘어 넓은 식당까지 아름답게 울려 퍼지고 있었습니다. 무슨 일인가 하여 주방을 들여다보니 행복전도대원들이 옹기종기 둘러앉아 한가득 쌓여있는 매실을 열심히 다듬고 있는 것이었습니다. 열심히 매실을 다듬는 그들의 얼굴에는 행복한 미소가 흘러넘치고 있었고, 즐거운 대화가 끊일 줄 모르고 이어졌습니다. 열심히 일하는 그들을 보며 저의 마음은 금방 감사와 행복감으로 가득 채워짐을 느꼈습니다.

진관교회 행복전도대에서는 매년 5월 즈음, 많은 양의 좋은 매실을 준비하여 매실청을 담니다. 그리고 지하실에 1년간 숙성시켜 그 다음 해에 전도용 매실차로 사용하고 있습니다. 6월부터는 날씨가 많이 더워지기 때문에 노방전도를 하는 전도대원들은 맛있게 담근 시원한 매실차에 얼음을 띄워 지나가는 지역주민들에게 나누어줍니다. 시원한 매실차는 특별히 인근 학교 학생들의 하교시간과 겹쳐진 오후전도의 시간에는 몰려오는 아이들, 학생들에게 환영을 받곤 합니다. 그래서 몇 번이고 다시 와서 요청하는 아이들에게도 전도대원들은 매실차를 기쁨으로 나누어주고 있습니다.

이처럼 진관교회 전도대의 매실차는 지역주민들에게 인기가 많습니다. 매실차를 마셔본 분들은 하나같이 '진관교회 매실차는 특별한 맛이 있다'고 칭찬합니다. 저는 그 이유가 사랑과 기쁨으로 매실청을 담는 성도들의 마음이 그 속에 담겨 있기 때문이라고 생각합니다.

무더운 여름 날씨에 잠시나마 그들의 갈증을 해소시켜주며 기분 좋게 만들어주는 매실차 나눔 전도는 먼저 교회에 대한 지역주민들의 시선을 바꾸어놓았습니다. 더운 날씨에도 불구하고 날마다 길목에 나와 주민들을 위해 시원한 차를 제공해주는 교회에 대해 좋은 생각을 갖게 되었고, 전도의 문 또한 열려지게 되었습니다. 그래서 많은 분이 전도대원들과 함께 시원한 매실차를 마시며 대화하다가 마음의 문이 열려 교회에 등록하게 되곤 합니다.

진관교회가 매실차 전도를 하면서 많은 구원의 열매를 맺는 것은 그 매실차 속에 하나님의 사랑, 예수님의 사랑이 담겨있기 때문입니다. 매실차로 전도하는 대원들이 마음속에 품는 성경구절이 있습니다. 그것은 예수님께서 사마리아 여인에게 말씀하셨던, "내가 주는 물을 마시는 자는 영원히 목마르지 아니하리니 내가 주는 물은 그 속에서 영생하도록 솟아나는 샘물이 되리라"(요 4:14)라는 말씀입니다. 분명 우리가 전해 주는 매실차는 먹은 뒤에 다시 목이 마를 수밖에 없습니다. 그러나 매실차와 함께 전해지는 예수 생명의 복음은 영생하도록 끝없이 솟아나는 샘물과 같아서 수많은 영혼의 갈증을 완전하게 해소해 줄 것입니다. 전도대원들은 바로 이런 믿음을 가지고 있습니다.

매실차 전도를 지속적으로 행하는 이유가 있습니다. 먼저 매실차를 준비하는 그 과정에서 전도대원들은 심고 거둠의 법칙을 다시 한 번 배우게 됩니다. 지금은 자갈밭에 뿌려진 씨앗처럼 아무런 열매의 징조가 없지만 뿌려 놓고 기도하며 기다리면 반드시 알곡으로 맺혀지게 될 것이라는 기대감을 갖게 되는 것입니다. 또한 이 매실차 전도는 전도대원 끼리의 연합에 큰 매개체가 되기도 합니다.

앞으로도 진관교회 행복전도대원들은 찌는 듯한 무더위 가운데에서도 주변 길목에 나가 땀을 흘리며 열심히 매실차 전도를 할 것입니다. 그 어떤 더위도 그들의 전도를 중단시키지 못하는 이유는 매실차 한 잔을 기다리는 사람들과 매실차에 담긴 사랑을 통해 전해질 복음의 소망 때문입니다. 매실차와 함께 나누어지는 이들의 헌신이 있기에 우리 교회에는 내일이 있습니다.

전도하면 전도 됩니다. 전도, 할 수 있습니다.

전도는 입에서부터 시작이 됩니다

요한복음 1장에는 네 명의 사람이 전도를 받게 되는 이야기가 나옵니다. 그 과정을 보면, 전도대상자에게 입을 열어 예수님에 대해서 말을 하는 것에서 시작이 됨을 알 수 있습니다. 많은 사람이 "전도는 말이 아니라 그리스도인들의 착한 행실을 통해서 이루어진다."고 생각합니다. 그러나 입을 열어 전도하지 않으면 전도가 되지 않습니다(롬 10:14-15).

오래 전에 우리나라를 떠들썩하게 만들었던 지존파 사건을 우리는 아직도 생생하게 기억하고 있습니다. 지존파는 자기들이 지존, 하나님이라고 생각하는 사람들입니다. 자기가 하나님이라고 생각하니까 못할 일이 없었습니다. 그래서 자기들 기분대로, 자기들 마음대로 사람을 죽이고, 그 죽인 사람을 고기처럼 먹었습니다. 그들은 이미 인간이기를 포기한 사람들이었습니다. 그들이 경찰에 붙잡혔습니다. 재판을 받고 사형을 선고받았습니다. 그리고 감옥에서 죽을 날을 기다리고 있었습니다. 모든 사람은 이들을 포기했습니다. 짐승만도 못한 사람들, 인간이기를 스스로 포기한 사람들이라고 생각하면서 말입니다.

그러나 어느 교회의 한 집사님이 그들을 찾아가서 복음을 전하기 시작했습니다. 몇 번이고 거절을 당했지만, 포기하지 않고 사랑의 편지를 보내면서 예수의 복음을 전했습니다. 결국 이 집사님의 전도로 그 흉악한 지존파 사람들이 예수님을 믿게 되었습니다. 그러나 그중의 두목이었던 사람은 좀처럼 예수님을 믿으려고 하지 않았습니다. 그는 이렇게 말했습니다.

"나는 지존이다. 나는 하나님이다. 그러니 나는 나를 믿지 그 누구도 믿지 않는다."

그러나 그렇게 말한 그도 그 집사님의 끈질긴 전도를 받고 마침내 예수님을 영접하게 되었습니다. 그 후 그는 죄수들에게 외쳤습니다.

"나를 보시고 내 얼굴을 보십시오. 누가 나를 이렇게 변화시킨 줄 아십니까? 바로 예수님이십니다. 예수님을 믿으십시오. 그러면 당신들도 나처럼 변화될 수 있습니다."

만일 이 지존파 사람들이 너무 잔인하고 흉악하다는 이유로 입을 열어 복음을 전하지 않았더라면 어떻게 되었겠습니까? 다 지옥에 갔을 것입니다. 그러나 그 집사님이 입을 열어 예수 복음을 전하였을 때 그들의 마음이 뒤흔들렸고 마침내 그들은 구원의 자리로 나아가게 만들었던 것입니다.

지금 우리의 가정에 있는 안 믿는 남편들의 마음이 아무리 완악하다 한들 지존파 사람들보다 더 합니까? 지금 우리의 주변에 살고 있는 불신자들이 아무리 악하다 해도 지존파 사람들처럼 악합니까? 그들 모두를 다 주님께 맡기고 그들에게 입을 열어 복음을 전하십시오. 그러면 능력의 주님께서 그들의 마음을 변화시켜 구원의 은혜를 베풀어 주실 것입니다

하나님은 온 땅의 사람들이 예수님께로 돌아오도록 하기 위해 우리들을 '왕 같은 제사장'으로 세워주셨습니다(벧전 2:9). 왕 같은 제사장은

다리를 잇는 사람입니다. 하나님과 저 죽어가는 사람들 사이의 다리 역할을 하는 사람입니다. 나아가 왕 같은 제사장은 영적 중매쟁이입니다. 세상의 사람들을 그리스도의 정결한 신부로 만들어 신랑 되시는 주님과 만나게 하는 사람입니다. 또한 왕 같은 제사장은 선포자입니다. 복음을 듣지 못한 사람들에게 예수가 그리스도가 되심을 증거하는 사람입니다.

전도, 그렇게 복잡하지 않습니다. 불신자들에게 입을 열어 "내가 예수를 믿어 보니까 너무 좋더라. 그러니까 너도 믿어 보라."고 말하는 것입니다.

전도를 하는 것은 우리의 몫이고, 전도가 되게 하는 것은 성령님의 몫입니다. 입을 열어 외치는 것은 우리가 할 일이고, 거기에 합한 열매를 맺게 하는 분은 바로 성령님이십니다. 전도, 하면 됩니다. 전도, 얼마든지 할 수 있습니다. 입만 열 수 있다면!

일단 뿌려놓으면 누룩처럼 확장되어 나갑니다

사도행전 9장을 보면, 복음이 바울에게로 들어갔을 때 핍박자 사울이 전도자 바울로 변화가 됩니다. 그런데 그 복음의 역사는 거기서 멈추지 않고, 복음으로 변화 된 그 한 사람 바울을 통해 수많은 복음의 열매가 맺혀지게 되었습니다. 바울을 통하여 복음은 안디옥에서 아시아로 그리고 유럽을 향하여 나가게 되었습니다. 그 복음이 들어가는 곳곳마다 수많은 사람이 구원받고, 그 구원받은 사람들을 통하여 또 다른 구원의 열매가 계속 맺혀지게 되었습니다.

예수 그리스도의 복음은 확장되는 특징을 가지고 있습니다. 한 알의 밀알처럼 30배, 60배, 100배로 번져 나가는 생명력을 가지고 있습니다.

어느 전철 역 앞에서 전도지를 나누어 주던 한 전도자가 어느 날, 기독교 서점에 와서 전도지를 사 가면서 그 주인에게 "이제 오늘이 마지막으로 전도지를 사 가는 날입니다. 나는 오늘까지만 전도지를 나누어 주고 앞으로는 하지 않을 것입니다."라고 했습니다. "왜 그러느냐"고 묻는 서점 주인에게 "내가 지금까지 수많은 전도지를 나누어 주었는데 내가 전한 전도지를 받고 예수를 믿게 되었다고 하는 사람을 아직 한 사람도 만나지 못했기 때문입니다."라고 했습니다.

그 순간, 바로 옆에서 책을 고르던 어떤 사람이 그 전도자 권사님을 힐끔 힐끔 쳐다보다가 가까이 다가와서 "권사님, 권사님은 실패한 전도자가 아닙니다."라고 말 하며 이런 이야기를 들려주었습니다.

5년 전, 저는 회사에서 강제 퇴직 권고를 받고 집으로 가는 길에 전철역 앞에서 한 아주머니가 주는 전도지 한 장을 받았습니다. 무심결에 받아 호주머니에 넣고 집에 온 뒤, 그 전도지가 생각나서 꺼내 읽었는데 거기에 "수고하고 무거운 짐 진 자들이 다 내게로 오라, 내가 너희를 쉬게 하리라"(마 11:28)라고 적혀있었습니다. 저는 이 말씀을 보는 순간, 눈물이 비 오듯 흐르게 되었고, 그 날 집 근처의 교회에 가서 수요예배를 드리다가 주님을 만나게 되었습니다.

그 때부터 저는 혼자 교회를 다니기 시작했고, 얼마 뒤에는 저의 아내와 아이들 그리고 나중에는 부모와 형제들이 다 예수님을 믿게 되었습니다. 심지어 저의 동생은 얼마 전에 필리핀 평신도 선교사로 나가기까지 했습니다. 그는 그 자리에서 권사님께 고마움을 전했습니다.

"권사님, 너무 감사합니다. 권사님 한 분 때문에 우리 집 식구들이 모두 다 구원을 받게 되었고, 우리 식구들로 인하여 또 수많은 구원의 열매가 맺혀지게 되었습니다."

복음은 뿌려 놓으면 누룩처럼 번져가고 확장이 됩니다. 어제까지의 나의 전도는 오늘 그 어디에서 열매로 맺혔을 것이고 오늘 나의 전도는 내일 그 어디에선가 열매로 맺혀지게 될 것입니다. 전도에는 실패가 없습니다. 지금도 전도는 계속 되고 있습니다. 깜짝 놀랄 번식의 능력으로 말입니다.

전도자로 나아가기 위한 본격적인 작전 개시

1단계 _ 나의 문제를 정확히 파악하기

1) 평소에 군인, 경찰과 같이 우리를 지켜주는 분들에 대해 어떤 생각을 하나요?
   (복수 표기 가능)
   ① 관심이 없다.
   ② 고마운 마음을 갖는 것, 그뿐이다.
   ③ 생각날 때 기도해 준다.
   ④ 믿지 않는 군인과 경찰을 전도해야 한다는 생각을 놓지 않고 있다.
   ⑤ 기타 : (   )

2) 전도에 필요한 도구를 준비하는 과정에서 어떤 생각을 하게 되나요?
   ① 이 과정 자체가 전도의 일환이라 생각하기에 힘들다고 생각되지도 않고 그저 기쁘다.
   ② 왜 이렇게까지 해야 하는지 모르겠다(억지로 할 뿐이다).
   ③ 함께 모여 준비하는 것이 재밌긴 하는데, 그냥 재밌는 것 그 이상도 그 이하도 아니다
      (전도보다는 그런 친교 자체가 좋다).
   ④ 힘들고 번거롭기도 하지만, 그럼에도 복음을 위해서는 꼭 필요하다고 생각한다.
   ⑤ 기타 : (   )

3) 주변에 구제불능이라고 생각되는 사람들, 비인간적이라고 생각하는 사람들을 보면서
   어떤 생각을 하게 되나요?
   ① 한심하다고 생각되며 전도하고 싶은 마음도 없다.
   ② 전도하고 싶긴 한데, 괜히 후환이 두려워 시도하기가 어렵다.
   ③ 그들을 안타깝게 여기며 뒤에서 기도는 해 주지만 전도할 생각까지는 없다.
   ④ 끝까지 포기하지 않고 그들을 전도해야겠다는 의지를 가지고 있다.
   ⑤ 기타 : (   )

2단계 – 하나님의 말씀 듣기

전도의 모든 과정 하나하나를 소중히 여겨야 할 사람에게 하나님은 이렇게 말씀하십니다.

▶ "나라를 위해 수고하는 자들에게 필요한 것은 나의 사랑과 위로를 분명하게 느끼게 하는 것이다."

▶ "복음을 전하기 위해 준비하는 작은 수고 하나하나를 내가 다 기억할 것이다."

▶ "사람들이 누군가를 손가락질하고 포기할지라도 너는 포기하지 말아야 한다. 나도 너를 포기하지 않았다."

▶ "지금 네가 하는 전도가 영적 지도자를 세우고 하나의 공동체를 살릴 밑거름이 될 수 있다."

3단계 – 생각과 행동의 변화

▶ 우리를 위해 매순간 수고하는 분들을 위해 우리가 할 수 있는 것들을 찾아나가야 합니다. 그 핵심이 전도라는 것도 잊지 말아야 합니다. 더불어 그 누구도 전도대상자에서 열외 될 수 없음을 기억하며, 그 누구도 포기하지 않아야 합니다.

4단계 – 변화를 향한 한 걸음

▶ 전도를 위해 준비하는 과정 하나하나가 하나님과 동행하는 시간입니다. 그 과정 자체를 소중히 여기고, 당장 드러나는 전도의 성과에 집착하지 않겠습니다. 그리고 지금 하는 전도에 집중하겠습니다.

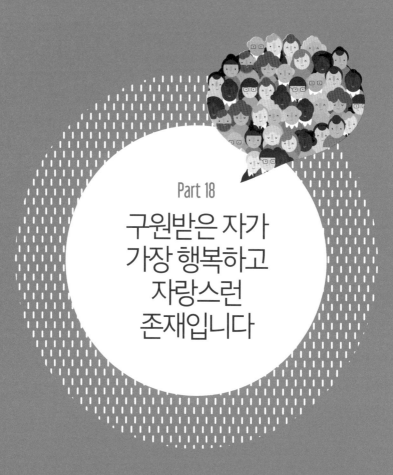

Part 18

구원받은 자가
가장 행복하고
자랑스런
존재입니다

Part 18

구원받은 자가
가장 행복하고
자랑스런 존재입니다

포기만 하지 않으면 됩니다

하나님의 소원은 우리가 하나님의 마음을 품고 영혼을 구원하는 전도자가 되는 것입니다(딤전2:4). 좋은 전도자가 되기 위해 가져야 할 6가지 확신이 있습니다.

첫째, 분명한 구원의 확신이 있어야 합니다(요 1:12). 둘째, 천국의 소망이 확실해야 합니다(빌 3:20). 셋째, 사죄의 확신이 있어야 합니다(요일 1:9). 우리의 모든 죄는 예수님의 십자가를 통해 용서받았고 앞으로 어떤 죄라도 회개하기만 하면 용서받게 될 것을 믿어야 합니다. 넷째, 우리는 세상의 그 무엇과도 바꿀 수 없는 예수님짜리 인생이 되었다는 사실(고전 6:20)을 알아야 합니다. 이른바 높은 자존의식을 가져야 합니다.

다섯째, 복음을 부끄러워하지 말아야 합니다(롬 1:16). 내가 모시고 있는 예수는 세상에서 가장 소중하고 존귀한 분이시며, 나는 가장 값진 보배이신 예수 그리스도를 소유하고 있다는 생각을 늘 가져야 합니다. 그럴 때 우리는 세상의 권세자에게도 예수를 외치게 되고, 나보다 월등하게 나은 사람들에게도 복음을 외치는 담대한 전도자가 될 수 있습니다. 여섯째, 우리는 포기하지 말고 끝까지 전도해야 합니다.

조지 뮬러가 많은 시간을 들여 기도한 제목이 있는데 그것은 자신과 어렸을 때부터 함께 살아온 다섯 명의 친구들의 구원이었습니다. 뮬러는 다섯 명의 친구를 위해서 계속 기도했습니다. 그러자 세 친구가 예수님을 믿었습니다. 그런데 시간이 지나도 계속해서 예수를 안 믿는 친구가 두 사람 있었습니다. 뮬러는 이 두 친구를 위해서 무려 52년 동안이나 기도하며 전도했습니다. 그러나 그들은 예수를 믿지 않았습니다. 뮬러는 이제 노년이 되어 병석에 눕게 되었습니다. 그리고 그는 서서히 자기 인생의 마지막 순간이 오는 것을 느끼게 되었습니다. 어느 날 그는 주변의 사람들에게 부탁했습니다.

"내가 오늘 나의 사랑하는 교회에서 마지막으로 말씀을 전할 수 있는 특권을 주십시오."

그는 자기 인생의 마지막 남은 힘을 다해 최후의 복음증거를 했습니다. 바로 그 날 그의 한 친구가 거기에 참석했다가 뮬러가 전하는 복음을 듣고 회개하고 예수를 믿게 되었습니다.

그렇지만 나머지 한 친구는 끝까지 예수를 믿지 않았습니다. 그리고 뮬러는 세상을 떠났습니다. 얼마 뒤 그 나머지 한 친구는 뮬러가 세상을 떠났다는 소식과 함께 뮬러가 자신의 영혼 구원을 위해 무려 52년간이나 기도했다는 이야기를 들었습니다. 그 자리에서 그 친구는 회개하고 주님께로 돌아왔습니다. 그 후 그 친구는 전 영국 땅을 순회하면서 이런 간증을 했습니다.

"뮬러의 기도는 다 응답이 되었습니다. 그리고 저는 그 최후의 응답입니다. 주님께 심으십시오. 그리하면 언젠가 때가 되면 아름다운 열매를 거두게 될 것입니다."

신앙과 인생의 실패는 실패할 때 끝나는 것이 아니라 포기할 때 끝나는 것입니다. 포기하지만 않으면 반드시 때가 되매 거두게 됩니다. 장석주 시인의 『붉디 붉은 호랑이』의 시집에 '대추 한 알'이라는 시가 있습니다.

저게 저절로 붉어질 리는 없다.

저 안에 태풍 몇 개

저 안에 천둥 몇 개

저 안에 벼락 몇 개

저게 저 혼자 둥글어질 리는 없다.

저 안에 무서리 내리는 몇 밤

저 안에 땡볕 두어 달

전도에 실패는 없습니다. 다만 지연만 있습니다. 지금도 전도는 진행 중에 있습니다. 때가 되면 반드시 아름다운 열매가 맺혀지게 될 것입니다. 전도, 하면 됩니다. 전도, 얼마든지 할 수 있습니다. 포기만 하지 않는다면……

전도자에게 가장 큰 자랑은 예수님입니다

사도 바울은 예수의 복음을 전파했다는 한 가지 이유 때문에 체포가 되어 재판을 받았습니다(행 26:24). 바울 앞에는 아그립바 왕과 베스도 총독이 앉아 있었고, 그 옆으로는 당대의 유명한 권력가와 유명 인사들이 배석해 있었습니다.

그들에 비해서 바울은 2년이 넘도록 감옥생활을 했기 때문에 입은 옷은 남루하고 얼굴은 초췌하며 머리도 손질을 제대로 못해서 많이 헝클어져 있었습니다. 더욱이 그의 손엔 쇠사슬이 채워져 있었습니다.

그런데 죄수의 신분으로 앉아 있는 바울의 눈에는 빛이 났습니다. 그의 얼굴은 거칠었지만 평안함의 광채로 가득 차 있었고, 특별히 그의 가슴에는 영혼 사랑에 대한 피가 끓고 있었습니다. 그래서 바울은 자신을 심문하는 사람들이 왕이든 총독이든 귀부인이든 사람을 가리지 않고 담대하게 예수 그리스도를 외쳤습니다.

바울이 이렇게 할 수 있었던 것은 예수 그리스도에 대한 자부심이 아주 강했기 때문입니다. 동시에 자신이 예수의 사람이라는 사실에 대해서도 대단한 자긍심을 가지고 있었습니다. 그 결과 왕의 권세와 영화가 눈에 들어오지 않았습니다. 세상의 권세를 등에 업고 허세 떠는 사람들이 부럽지 않았습니다. 오히려 그들을 불쌍하게 여겼습니다.

아주 큰 집에서 세상 부러울 것 없이 사는 30대 부부가 있었습니다. 그리고 그 집에는 가정부로 일하는 50대의 아주머니가 있었습니다. 그런데 비록 남의 집안일을 하는 가정부였지만 그 아주머니는 늘 얼굴에 평안이 가득 넘치고, 일을 할 때에는 언제나 노래를 불렀습니다. 항상 기쁘게 웃으면서 평안하게 일을 했습니다. 그러자 그 집 젊은 부인이 그 가정부 아주머니에게 물었습니다.

"내가 볼 때 아주머니는 가진 것도 별로 없고, 그리고 뭐 세상적으로 특별나게 즐기면서 사는 것이 없는 것 같은데 어째서 날마다 노래하고 기뻐하는 거죠?"

그러자 그 아주머니가 이렇게 대답했습니다.

"맞아요. 나는 가진 재산도 가진 권세도 없습니다. 그러나 나에게는 이 세상의 모든 것이 되시는 예수님이 계십니다. 기쁨의 근원이 되시는 그 예수님 때문에 나는 날마다 기뻐하며 삽니다."

내가 모시고 사는 예수 그리스도에 대한 강한 자부심이 있으면, 식모 생활을 해도 당당할 수밖에 없습니다. 기쁘고 노래하면서 인생을 살 수 있습니다.

처음에 이 땅에 복음이 들어왔을 때 우리 믿음의 선배들은 예수 그리스도에 대한 긍지와 자부심이 대단했습니다. 비록 가난하게 살아도 예수님 때문에 당당했습니다. 비록 가진 것 없어도 예수 그리스도 때문에 노래를 불렀습니다.

그러나 오늘날 많은 교인은 어떠합니까? 전도하기 위해서 불신자의 집을 방문하면 그 집안을 구경하고, 가구들을 구경하고, 집안 여기 저기 꾸며 놓은 것들을 구경하느라 정신이 없습니다. 복음을 전하기는커녕 그 집 주인으로부터 가구나 가전제품 싸게 사는 법을 듣고 횡재한 듯한 모습으로 그 집을 나오기 일쑤입니다.

우리는 이런 마음과 태도로는 올바르게 전도할 수 없습니다. 전도대상자가 세상적으로 나보다 많은 것을 가지고 있다고 해도 아무 상관이 없습니다. 세상 모든 부요함의 근원은 예수 그리스도이심을 확신할 때 우리는 담대하게 예수 그리스도를 세상에 자랑하고 소개하는 사람이 될 수 있습니다.

예수님에게는 하늘과 땅의 모든 권세가 다 주어져 있습니다(마 28:18). 예수님은 세상의 모든 것들을 다 이기셨습니다(요 16:33). 그 예수님이 우리 안에 계시고 우리와 함께하십니다. 그러기에 우리는 세상 누구를 만나든지 우리 안에 계시는 예수님을 자랑하며 증거하며 살 수 있습니다. 그러면 우리를 통해 증거된 그 예수께서 그들 가운데 강하게 역사하실 것입니다. 전도, 하면 됩니다.

전도는 역사적 사명입니다

갈수록 전도하기 어려워진다고들 합니다. 심지어 지금은 전도가 안되는 시대라고 말을 합니다. 그러나 지금은 전도가 안 되는 시대가 아니라 이런저런 합리적인 이유를 대면서 전도를 안 하는 시대일 뿐입니다. 지금도 교회들을 통하여 그리고 수없이 많은 사람을 통하여 전도가되고 있습니다. 분명한 사실은 우리가 전도하지 않으면 절대 전도가 되지 않는다는 것입니다.

전도하기 위하여 우리가 알아야 할 사실이 있습니다. 하나님은 전도라는 방법을 통하여 영혼 구원의 역사를 이루어 가신다는 사실입니다.

> 하나님께서 전도의 미련한 것으로 믿는 자들을 구원하시기를 기뻐하셨도다(고전 1:21)

그렇습니다. 우리가 보기에는 미련스러운 방법인 것 같지만 하나님은 전도라는 방법을 통하여 영혼 구원의 역사를 이루어가십니다.

그러므로 우리는 우리가 전도하면 반드시 하나님께서 전도가 되게하여 주신다는 믿음을 가져야 합니다. 나아가 전도는 우리가 해도 좋고안 해도 괜찮은 선택 사항이 아니라 구원 받은 사람이라면 누구든지 해야 할 필수 사항임을 믿어야 합니다.

사도 바울은 3차 전도 여행을 마무리하면서 당시 환난과 박해가 기다리고 있는 예루살렘으로 돌아가기를 작정했습니다. 그리고는 밀레도에서 에베소 장로들을 불러 당부의 말씀을 전할 때 이렇게 말했습니다.

내가 달려갈 길과 주 예수께 받은 사명 곧 하나님의 은혜의 복음을 증언하는 일을 마치려 함에는 나의 생명조차 조금도 귀한 것으로 여기지 아니하노라(행 20:24)

사도 바울은 자신이 예루살렘으로 돌아갔을 때 자신에게 닥쳐올 핍박을 예상하고 있었습니다. 그러기에 에베소 장로들에게 다시 만날 수 없음을 예고하며 작별인사를 건넸습니다. 이처럼 복음 전도의 필연성 앞에서 순교적 결단을 가지고 복음을 전한 그의 열정을 통해 예수 그리스도의 복음은 널리 전파되었고, 하나님의 구원의 역사가 세계 열방 가운데 나타나게 되었습니다.

가끔 저를 채찍질하며 묵상하는 말씀이 있습니다. 그것은 "내가 자발적으로 흩어지지 않으면 하나님께 나를 흩으신다. 교회가 자원하여 흩어져 전도하지 않으면 하나님은 강제적으로 교회로 하여금 흩어지게 만드신다."입니다. 그 예가 사도행전에 나오는 예루살렘 교회의 이야기입니다. 하나님이 교회를 세우신 목적은 흩어지는(scatter) 사명을 위해서이고, 오늘 우리들을 구원하여 주신 목적도 흩어져서 복음을 나누기 위해서입니다.

과거에 국민교육헌장을 낭독할 때, 그 첫 번째 문장이 "우리는 민족

중흥이 역사적 사명을 띠고 이 땅에 태어났다."였습니다. 나는 이 문장을 이렇게 바꾸어서 늘 외칩니다.

"구원받은 사람들은 복음 전파의 역사적인 사명을 띠고 이 세상에 존재한다."

피할 수 없는 숙제요, 멈출 수 없는 사명인 전도를 위해 오늘도 복음과 사랑과 기도로 무장하는 사람들이 됩시다. 세종 임마누엘교회를 개척하여 전도로 부흥시킨 김영훈 목사님이 늘 주장하는 것처럼 복사기(복음, 사랑, 기도)를 가슴에 품고 실천하길 바랍니다. 지옥 갈 영혼들을 천국으로 인도하는 위대한 전도자들이 되길 바랍니다.

전도, 하면 됩니다. 전도, 누구든지 다 할 수 있습니다. 오늘도 하나님이 찾으시고 쓰시는 전도자들이 되길 바랍니다.

지옥에 가도록 그냥 두시겠습니까?

J. D. 그리어가 쓴 『지저스 컨티뉴드』(JESUS, CONTINUED) 라는 책에 나오는 이야기입니다.

어떤 남자가 한밤중에 LA 외곽의 고속도로를 달리던 중 그 지역에 큰 지진이 일어났고, 그때 그 남자는 즉시 차를 길가에 세우고 지진이 멈추기만을 기다렸습니다. 몇 초간 땅이 극심하게 흔들리다가 조용해지자 그 남자는 다시 차를 몰기 시작했고 잠시 후 강 위에 놓인 다리를 건너기 위해 좌회전을 했습니다. 한참 다리를 달리는데 갑자기 앞쪽에 달리던 차의 미등이 순식간에 사라지는 것이었습니다. 차를 세우고 밖으로 나가보니 다리 중간이 끊어져 있었습니다. 방금 전 앞에 달리던 차는 천길 아래의 물속으로 떨어졌던 것입니다.

남자가 몸을 돌려 뒤쪽을 바라보니 그곳에서 차 몇 대가 달려오고 있었습니다. 남자는 다급하게 팔을 흔들었지만 사람들은 새벽 3시에 미치광이처럼 보이는 사람이 도로 한가운데에 서서 팔을 흔드는 것을 그냥 무시하고 달렸습니다. 그 남자는 네 명의 운전자가 자신을 그냥 지나쳐서 죽음을 맞이하는 것을 지켜봐야만 했습니다.

다시 저 뒤쪽에서 차가 달려오는데 그 차는 대형버스였습니다. 남자는 자신의 목숨을 걸고서라도 그 버스의 추락을 막아야겠다고 결심을 하고 도로 중앙으로 가서 미친 듯이 팔을 흔들었습니다. 버스 기사가 경적을 울리고 상향등을 번쩍여도 그 남자가 비킬 생각을 하지 않자 결국 몰던 버스를 가까스로 세웠습니다. 그 후 버스 기사는 눈앞에 펼쳐진 위험을 확인한 후 자신의 버스를 가로로 세워 바리게이트를 만들었습니다.

묻습니다. 여러분이 이 이야기에 나오는 남자라면 어떻게 했을 것 같습니까? 필시 여러분들도 그 남자처럼 죽음을 향해 달려오는 차들을 세우기 위해 미치광이처럼 팔을 흔들지 않았을까요? 이 남자는 남들이 자신을 미친 사람으로 볼까 봐 걱정했을까요? 그런 걱정은 할 겨를도 없었을 것입니다. 왜입니까? 그것은 그가 남들이 보지 못한 죽음의 강을 너무나도 생생하게 봤기 때문입니다.

저는 요즘, 한국 교회가 쇠퇴하는 이유를 알게 되었습니다. 그것은 바로 강단에서 천국과 지옥에 대해 선포하지 않기 때문입니다. 천국을 말하지 않으니 교인들은 이 세상을 천국으로 여기며 살아갑니다. 지옥을 말하지 않으니 교인들은 사랑하는 불신 가족들에게조차도 예수 그리스도의 생명의 복음을 전하지 않습니다.

우리는 성경대로 믿어야 합니다. 천국뿐만 아니라 지옥은 반드시 존재한다는 사실을 믿어야 합니다. 특별히 누가복음 16장에 나오는 지옥의 고통은 가상의 이야기가 아니라 실제입니다. 그 어느 누구라 할지라도 예수를 믿지 않는 사람의 종착지는 지옥임을 알아야 합니다.

분명히 말하지만, 복음 전도는 잠깐의 어색함이나 노골적인 핍박도 감수할 만큼 가치 있는 일입니다. 미치광이 소리를 듣더라도 한 남자의 외침과 절규를 통하여 수없이 많은 버스의 승객들이 그리고 그 이후의 운전자와 동승자들이 살게 된 것처럼 우리의 복음 전도를 통하여 수많은 사람이 천국으로 인도함을 받게 됩니다.

빌 하이벨스 목사님이 이런 이야기를 했습니다.

"그동안 나는 건강한 신앙생활이란 균형 잡힌 신앙생활이라고 생각했다. 그러나 그것은 어디까지나 착각이었다. 정말 건강하고, 하나님이 기뻐하는 신앙은 하나님 아버지의 마음을 헤아릴 줄 아는 신앙이다. 아버지 하나님의 마음이 무엇인가? 그것은 바로 잃어버린 영혼들을 구원하기 위해 전도하는 것이다."

누가 성숙한 신앙의 사람입니까? 바로 영혼 구원을 향한 아버지 하나님의 마음을 가슴에 품고 오늘도 때를 얻든지 못 얻든지 최선을 다하여 복음을 전하는 사람입니다. 전도, 하면 됩니다. 전도, 누구나 할 수 있습니다.

전도자로 나아가기 위한 본격적인 작전 개시

1단계 _ 나의 문제를 정확히 파악하기

1) 전도를 하다가 도중에 포기했던 경험이 있나요? 그 전도대상자에 대해 지금 어떻게 생각하고 있나요? (복수 표기 가능)

① 포기한 이후로 생각한 적이 없다.

② 전도를 더 하지는 않지만 생각날 때 기도는 열심히 해 주고 있다.

③ 마음에 부담은 가지고 있지만, 계속 거절할 거란 생각에 망설여지고 있다.

④ 비록 포기했지만 다시 도전하려고 계속 준비 중에 있다

⑤ 기타 : (   )

2) 부유하거나 높은 자리에 있는 전도대상자 앞에 서면 어떤 생각이 드나요?

① 조금 주눅이 들어서, 전도하는 것을 포기하게 된다.

② 구원받지 못한 불쌍한 영혼이라고 생각되긴 하지만, 그럼에도 한편에선 부럽다는 생각이 밀려온다.

③ 예수님을 믿고 구원받은 내가 더 자랑스럽다(오히려 그가 불쌍하고 안타깝게 느껴진다).

④ 기타 : (   )

3) 전도라는 사명을 감당함에 있어 사람마다 편차가 있다고 생각하나요?

① 선교사들처럼 평생에 걸쳐 더 많이 전도하도록 부름 받은 사람이 있다고 생각한다.

② 누구나 전도 사명은 동일하게 주어진다(누구나 자신이 처한 환경에서 매순간 복음을 전하기 위해 애써야 한다).

③ 기타 : (   )

2단계 _ 하나님의 말씀 듣기

구원받은 자, 전도할 수 있는 자로서의 자부심을 회복해야 할 사람에게 하나님은 이렇게 말씀하십니다.

▶ "전도의 열매가 당장 맺히지 않는 것은 실패가 아니라, 지연일 뿐이다. 그리고 그 지연되는 것에도 나의 뜻이 담겨 있다."

▶ "세상에서 나를 자랑스러워하는 사람이야말로 복음을 복음으로 인정하고 있는 것이다."

▶ "지금 구원의 은총을 누리고 있다면, 지금 당장 전도의 사명을 위해 나가야 한다."

▶ "지금 네가 사랑하고 아끼는 누군가가 지옥불에 떨어지기 일보직전임을 늘 기억하라."

3단계 _ 생각과 행동의 변화

▶ 수십 년째 마음 문을 열지 않는 사람이 있다 할지라도 절대 포기하지 않아야 합니다. 이를 위해서는 구원받은 자가 누릴 복뿐만 아니라, 구원받지 못한 자가 얻게 될 심판에 대해서도 경각심을 가져야 할 것입니다.

4단계 _ 변화를 향한 한 걸음

▶ 그 어떤 곳에서도 구원받은 자로서의 감격과 자부심을 잃지 말아야 합니다. 분명 이것은 담대한 전도로 연결될 것입니다. 더불어, 전도라는 중대한 사명이 그 어떤 사명보다 우선임을 기억해야 합니다.

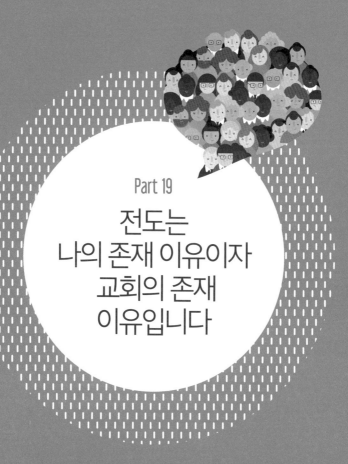

Part 19

전도는
나의 존재 이유이자
교회의 존재
이유입니다

Part 19

전도는
나의 존재 이유이자
교회의 존재 이유입니다

모든 만남은 전도의 기회입니다

진관교회의 한 원로장로님 내외의 이야기입니다. 어느 날 두 분이 예배를 마치고 교회 옆에 있는 마트에 가서 장을 보셨다고 합니다. 물건을 사고 나오려는데 한 여성분이 장로님께 반갑게 인사를 하며 다가왔습니다. 그분은 전에 우체국에 다닐 때 장로님과 함께 근무했던 부서의 직원이었습니다. 얼마 전 이사를 해서 뉴타운에 살고 있다며 반갑게 인사를 나눈 뒤 연락처를 주고받고 헤어지게 되었습니다. 그 날 이후 장로님 내외분은 아직 예수님을 믿지 않는 그 분을 전도하기로 결심하셨다고 합니다. 전화를 주고받으며 소식을 전하다가 장로님께서 밥 한번 살 테니 만나자고 먼저 초대를 하였습니다. 함께 식사를 하고 즐겁게 이야기를 나누면서 장로님 내외분은 교회 자랑과 함께 신앙이야기를 조금씩 전했습니다.

그런데 그 분이 뜻밖의 이야기를 하는 것이었습니다. 두 아들이 미국으로 유학을 가서 학업을 마치고 좋은 직장에 취직하였는데 그 과정 속에 예수님을 영접하게 되었고 지금은 믿음생활을 아주 열심히 한다는 것입니다. 그리고 두 아들이 엄마와 통화할 때면 예수님 이야기를 하며 교회를 나가라고 권면한다는 것이었습니다. 두 분은 감사한 마음이 들면서 돌아오는 주일부터 우리 교회에서 함께 예배하자며 약속을 정하셨습니다.

하지만 주일이 되고 약속한 시간이 되었는데 그 분은 오지 않았습니다. 갑작스레 일이 생겨 오지 못하였다는 것이 이유였지만 아직 마음을 정하지 못했던 것 같았습니다. 장로님 내외분은 실망하지 않고 그날부터 더 기도하며 그 분과 지속적인 만남을 가졌고 마침내 그 분은 교회에 등록하여 지금은 세례교인이 되어 신앙생활을 잘하고 계십니다.

장로님의 이야기 속에서 꼭 기억해야 할 것은 전도는 만남에서부터 시작이 된다는 것입니다. 우리는 살면서 언제 어디서 누구와 어떻게 만날지 예측할 수 없습니다. 그러나 스치듯 마주친 만남 속에서도 영혼을 사랑하고 영혼을 구원하고자 하는 열망을 품고 있다면 주님은 그 만남을 복 있는 만남으로 인도하실 것입니다.

사도행전 8장에 보면 스데반의 순교와 함께 큰 박해가 찾아왔고 그로 인해 예루살렘 교회는 유대와 사마리아로 흩어졌습니다. 그러나 이것은 위기가 아니라, 복음을 전할 기회였습니다.

그 흩어진 사람들이 두루 다니며 복음의 말씀을 전할새(행 8:4)

강제적인 흩어짐이기는 했지만 예루살렘을 떠나자 복음을 전할 새로운 만남의 기회들이 찾아왔습니다. 사도들은 만남의 기회를 놓치지 않았고 멈추지 않는 열정으로 복음을 전했습니다. 그리고 그 복음의 열정은 불가능해 보이는 현실 속에서도 영혼구원의 새 역사를 이루게 하였습니다.

사마리아로 향한 빌립도 그곳에서 새로운 만남을 시작하게 되었습니다. 그때 그는 만나는 이들에게 복음을 전파했습니다.

빌립이 하나님 나라와 및 예수 그리스도의 이름에 관하여 전도함을 그들
이 믿고 남녀가 다 세례를 받으니(행 8:12)

도망자 신세이었지만 그에게 찾아온 만남의 기회를 놓치지 않고 복음을 전하자 사마리아가 구원받는 큰 기쁨을 누리게 되었습니다. 노구의 장로님 내외를 전도자로 만든 것은 지식이나 재능이 아니었습니다. 주님을 사랑하고 영혼을 사랑하는 마음의 열망이었습니다. 그 마음을 아시고 성령께서는 준비된 영혼을 만나게 하셨고 두 분의 헌신과 사랑을 통해 천하보다 귀한 영혼을 구원하는 큰 기쁨을 누리게 하신 것입니다.

지금 나에게 주어진 만남은 전도의 기회입니다. 우리는 그 만남 앞에서 불가능의 이유를 찾는 것이 아니라 불가능 속에도 가능을 이루실 성령님을 의지해야 합니다. 그러면서 구원의 기회를 붙잡고 전도해야 합니다. 전하는 것은 우리가 하지만, 역사는 우리의 전하는 입을 통해 하나님이 하실 것입니다. 전도, 하면 됩니다. 전도, 할 수 있습니다.

복음은 웃음을 통해 더 잘 전달됩니다

『굿모닝 전도법』의 저자 안을수 목사님은 매일 아침 시내 한복판에 나가 지나가는 모든 사람에게 밝은 모습으로 인사하며 전도하십니다. 목사님이 말하는 『굿모닝 전도법』은 복잡하지 않습니다. 항상 같은 자리에서 밝은 웃음으로 인사하면 됩니다. 이것만으로 이웃들의 호감을 얻게 되고 이로써 전도가 되어진다는 것입니다. 분명 상대방을 향한 밝은 웃음은 바라보는 사람을 행복하게 만드는 힘이 있습니다.

저의 목회 방침 중 하나는 진관교회가 웃음이 끊이지 않는 교회가 되는 것입니다. 항상 행복한 교제와 나눔으로 웃음꽃이 만발한 교회가 되기를 소망하며 목회를 합니다. 그래서 평일에 지역민들을 위한 문화센터를 운영하고 지역 행사에 교회를 개방하는 등, 많은 이가 교회에 드나들 수 있도록 하는데 그때마다 교인들에게 먼저 밝게 웃으며 인사하라고 가르칩니다. 교인들 역시 예배시간에 많은 웃음을 지을 수 있도록 애쓰고 있습니다. 고단한 삶의 무게에 찌들어 의지할 곳 없어 방황하는 사람들에게 웃음을 회복시켜주는 것이 지역과 이웃을 향한 우리 교회의 마음이기 때문입니다.

그러다 보니 진관교회 행복전도대 사역도 웃음이 그 중심이 됩니다. 매일 나가는 거리 전도의 현장에서 이웃에게 차와 전도지를 나누어주며, 세상 어디에서도 볼 수 없는 행복한 미소로 인사하며 이웃을 섬기고 있습니다. 그 모습이 얼마나 행복해 보이는지 언젠가는 지나가던 한 분이 전도대원에게 다가와 물어봤습니다.

"교회 다니면 진짜 행복합니까?"

"그럼요! 정말 행복해요!"

"나도 교회 한 번 다녀볼까?"

환하게 웃으며 행복하다고 하자, 그 사람은 이런 말을 하면서 가더란 것입니다. 추측하건대 아마도 그분의 마음속에는 교회와 신앙생활에 대한 호감도가 높아졌을 것입니다. 교회를 향한 그 막연한 호감도가 언젠가는 교회로 발걸음을 옮기게 하리라 믿어 의심치 않습니다.

평일에도 오후에 우리교회 현관에 들어오면, 가장 먼저 들리는 소리는 아이들의 웃음소리입니다. 교회가 아이들의 놀이터가 되었기 때문입니다. 언제 들어도 아이들의 웃음소리는 참 듣기 좋습니다. 저는 우리의 미래인 아이들이 마음 놓고 뛰어놀고 웃을 수 있는 곳이 교회가 되었다는 것에 감사하고 있습니다. 더불어 그 아이들이 예수님의 웃음으로 세상을 아름답게 만들어나갈 것을 기대하며 기도하고 있습니다.

어느 날, 낯선 젊은 부부가 교회 1층 로비에 앉아있었습니다. 그런데, 그 주위에서 우리 교회 유아부의 한 남자아이가 그 부부의 딸아이의 손을 꼭 붙잡고 이끌며 다정하게 놀고 있었습니다. 이야기를 들어보니 여자아이는 우리 교회 유아부에 두 주째 참석한 아이라고 했습니다. 그 아이의 부모는 신앙생활을 하지 않았는데, 딸을 위해 주변 교회들을 순회하려다가 우리 교회 유아부를 너무 좋아하는 딸에 이끌려 두 주째 나오고 있다고 했습니다. 그런데 교회 곳곳을 친절하게 소개해주는 남자아이의 손을 잡고 행복해하는 딸을 기다리며 집에도 가지 못하고 기다리고 있었던 것입니다. 한 남자아이의 행복한 웃음과 친절이 그 딸과 부모를 교회로 인도하는 중요한 역할을 했습니다.

하나님은 우리가 기쁨으로 충만한 삶을 살기를 원하십니다. 근심과 걱정이 아닌 주님 때문에 행복한 삶, 믿음의 형제자매들로 인해 웃음이 넘치는 삶이 되기를 바라십니다. 시편 기자는 이렇게 고백합니다.

주께서 내 마음에 두신 기쁨은 그들의 곡식과 새 포도주가 풍성할 때보다 더하니이다(시 4:7)

웃으면 복이 옵니다. 웃으면 전도가 됩니다. 우리의 웃는 그 얼굴이 바로 우리 교회의 전도이고, 주보이며, 나아가 우리 교회 그 자체가 됩니다. 오늘도 우리를 구원해주신 예수님 때문에 웃고, 그 웃는 얼굴로 세상에 나아가 사람들에게 복음을 전하는 전도자가 되시기 바랍니다. 전도, 하면 됩니다. 전도, 얼마든지 할 수 있습니다.

등대처럼 전도해야 합니다

바닷가 항구에 가면 흔히 볼 수 있는 것이 있습니다. 바로 등대입니다. 전직이 선장과 도선사이셨던 장로님에게서 흥미로운 이야기를 듣게 되었습니다.

세계 곳곳에 있는 등대들은 외형은 비슷할 수 있으나 등대가 비추는 등색, 등질 등은 각각의 특징을 가지고 있다고 합니다. 그래서 바다의 지도인 해도에는 그 모든 등대들이 가진 각각의 특징이 기록되어 있어서 항해하는 배들은 등대의 빛을 보며 그 지역을 파악한다고 합니다.

이 이야기를 들으면서 우리를 각자의 위치에서 복음의 등대로 세우시고 각각의 역할을 감당하길 원하시는 주님을 떠올리게 되었습니다. 승천하기 직전에 주님께서는 우리에게 거룩한 사명을 주셨습니다.

오직 성령이 너희에게 임하시면 너희가 권능을 받고 예루살렘과 온 유대와 사마리아와 땅 끝까지 이르러 내 증인이 되리라 하시니라(행 1:8)

이것은 우리에게 각자의 특성을 가지고 전도하라는 것입니다. 오늘날 많은 사람이 전도를 안 하는 이유 중 하나는 전도를 잘하는 성도들과 나를 비교하기 때문입니다. 은사를 비교하고, 타고난 기질을 비교하고, 주변 환경을 비교합니다. 그러나 제자들은 예수님과 함께 3년여 시간동안 동행하였지만 성격과 사역의 방법이 각기 달랐습니다. 사람들에게 드러나는 베드로와 안드레, 야고보, 요한도 있고, 성경에 많이 언급되지 않는 작은 야고보와 다대오, 시몬도 있습니다. 그들이 각자의 자리에서 최선의 복음 열매를 맺을 수 있었던 것은 자신에게 주어진 은사와 자신에게 최적화된 방법으로 전도하였기 때문이었습니다.

안타깝게도 예수님의 제자임에도 불구하고 남들과 자신을 비교하며 땅의 것만을 구하던 가룟 유다는 예수님을 은 30냥에 팔아버리는 배신자가 되었습니다. 성령의 일하심이 다양하듯 우리는 각자의 성품과 기질대로 전도해야 합니다.

등대 이야기가 주는 첫 번째 교훈은 등대가 아무리 그 자리에 있어도 불이 꺼지면 제 역할을 못하게 된다는 것입니다. 이 교훈처럼 우리는 '내가 전도하지 아니하면 수많은 사람이 죽는다.'는 생각을 가지고 전도에 임해야 합니다. 사도 바울은 "내가 복음을 전할지라도 자랑할 것이 없음은 내가 부득불 할 일임이라 만일 복음을 전하지 아니하면 내게 화가 있을 것이로다"(고전 9:16)라고 말하며 지칠 줄 모르는 근성을 가지고 전도하였습니다.

입을 열어 말해야 할 때 침묵한다면 그것은 곧 죄가 됩니다(겔 3:16-21). 그러므로 우리는 때를 얻든지 못 얻든지, 그 영혼들이 귀 기울여 듣던지 듣지 않던지 복음의 씨앗을 뿌리는 사람이 되어야 합니다.

등대 이야기가 주는 두 번째 교훈은 언제나 한결같이 복음을 전해야 한다는 사실입니다. 만일 등대가 그 자리가 외롭다고 다른 곳으로 이동을 하면 어떻게 되겠습니까? 며칠 동안은 불을 밝히다가 또 며칠은 불을 끈다면 캄캄한 밤에 항해하는 배들이 어떻게 되겠습니까?

등대 이야기가 주는 세 번째 교훈은 등대의 불을 밝히기 위해 기름을 채워야 하듯 우리가 세상을 밝히는 탁월한 전도자가 되려면 성령의 기름 부으심으로 늘 충만해야 한다는 것입니다. 사실 전도의 주체는 우리 사람이 아니라 성령이십니다. 우리는 성령이 쓰시는 도구입니다. 성령의 역사를 이루는 전도자가 되기 위해서는 항상 성령을 사모하고 성령으로 충만해야 합니다.

전도를 너무 잘 하는 사람의 간증을 들은 적이 있습니다. 상상할 수 없을 정도로 많은 사람들을 주님 앞으로 계속 인도하는 그 전도자가 가진 무기가 무엇일지 궁금했는데, 그 분이 알려준 방법은 의외로 간단했습니다. 바로 성령의 힘으로 전도한다는 것이었습니다. 전도를 잘 하기 위해 자신이 행하는 최선은 늘 성령의 기름으로 자신을 가득 채운다는 것이었습니다. 성령으로 충만하니 전도는 하는 전도가 아니라 되는 전도로 바뀌고, 어려운 전도가 아니라 쉬운 전도로 바뀌게 되더라는 것입니다. 전도, 하면 됩니다. 마음만 먹으면 우리는 얼마든지 전도할 수 있습니다.

교회, 흩어져서 전도하는 공동체가 되어야 합니다

영국 교회에서 사람들을 대상으로 종교 의식에 관한 설문 조사를 한 일이 있었다고 합니다. 설문조사 항목 가운데 한 질문이 "당신은 어떤 교회를 원하십니까?" 곧 교회관에 관한 것이었습니다. 그런데 적지 않은 숫자의 사람들이, 조사자들이 전혀 기대하지 않는 대답을 해서 아주 당황하게 되었다고 합니다. 그 대답은 바로 이렇습니다.

"빨간 벽돌교회를 원합니다."

신앙생활하면서 우리는 바른 교회론을 가져야 합니다. 왜냐하면 바른 교회관에서 바른 신앙이 나오기 때문입니다.

옛 어르신들이 여행을 갈 때 유람을 간다고 합니다. 유람은 말 그대로 보고 즐기는 행위를 말합니다. 그런데 교회는 하나님의 구원받은 백성이 모여서 단지 즐기는 곳이 아닙니다. 물론 하나님이 베풀어 주신 은총에 대해서 감사하며 축하할 수 있습니다. 그러나 그것은 하나님의 사역을 충성스럽게 감당하고 난 후에 이루어지는 후속 행위입니다. 만약 어떤 일을 할 때 본래 일보다 후속행위에 더 관심을 갖는다면 그것은 어리석은 일입니다.

교회가 세워진 목적은 바로 생명을 살리는 것입니다. 예수 그리스도의 복음을 선포함으로 죽어가는 자들, 세상의 세파에 침몰하여 허우적거리는 자들을 건져주는 것입니다. 그러기에 교회는 유람선이 아니라 생명을 살리는 구원선이 되어야 합니다. 죽어가는 사람들에게 참 진리의 길을 보여주고 그들을 생명의 자리로 인도하는 것이 바로 교회의 존재 목적입니다.

사도 바울은 에베소서 3장의 말씀을 통해서 예수님이 이 땅에 오신 비밀을 소개합니다. 하나님께서 예수님을 통해서 보여주신 비밀은 이방인들을 하나님 나라의 상속자로 삼으시는 것입니다. 그리고 그리스도 예수 안에서 한 지체가 되게 하고, 함께 약속에 참여하는 자로 만드시는 것입니다.

그러면 우리들은 어떻게 그 이방인들을 하나님 나라의 상속자가 되게 할 수 있을까요? 바로 복음전파를 통해서입니다. 예수 그리스도의 복음을 전함으로 그 고귀한 일을 행할 수 있습니다.

사실 구약성경을 보면 하나님은 한순간도 이스라엘만의 하나님이셨던 적이 없습니다. 천지를 지으시고 모든 인간의 창조주이신 하나님은 "세계가 다 내게 속하였다"(출 19:5)고 선언하셨습니다. 그러나 세상의 모든 사람을 하나님의 백성으로 세우려는 목적을 위하여 하나님에 의해 뽑힌 이스라엘 자손들은 하나님이 자기들만의 하나님이라고 주장하였습니다. 다른 민족들은 하나님을 넘봐서는 안 되는 것처럼 담을 높이 쌓아두고 접근을 막았습니다. 하나님은 "온 세계가 내 것이다."라고 주장하시는데, 이스라엘은 "아닙니다, 우리만 하나님의 것입니다."라고 주장하며 이른바 선민의식에 빠졌던 것입니다. 바로 그런 그들에게 결국 강제적인 흩어짐, 디아스포라가 찾아오게 되었습니다.

주님은 당신이 이 세상에 오신 목적을 흩어져서 전도하기 위함이라고 말씀하셨습니다(막 1:38-39). 공생애 기간 동안 전도자의 삶을 사셨던 예수님이 승천하시면서 제자들과 교회를 향하여 주신 명령은 흩어져서 복음을 전하라는 것이었습니다(마 28:19; 눅 16:15; 눅 24:44; 행 1:8). 그러므로 오늘 우리와 우리 교회의 존재 목적은 바로 세상에 복음을 전함으로 세

상을 살려내는 것입니다. 흩어지는 삶을 위하여 하나님은 성령을 보내
사 이 땅에 교회를 세우셨고 우리를 구원의 백성으로 부르셨습니다.

　이제 우리는 모이는 신앙에서 흩어지는 신앙으로 나아감으로 교회를
교회되게 하고 하나님의 마음을 흡족하게 하는 건강한 성도들이 되어
야 합니다. 멈출 수 없는 사명인 전도는 구원 받은 사람이라면 누구든
지 다 감당해야 하는 의무요, 책임입니다. 전도, 할 수 있습니다, 하면
됩니다. 꼭 해야 합니다.

전도자로 나아가기 위한 본격적인 작전 개시

1단계 - 나의 문제를 정확히 파악하기

1) 오랜만에 누군가와 만나게 되었을 때 전도에 대한 생각이 어느 정도 떠오르고 있나요?

① 만나는 그 순간부터 전도에 대한 의지가 생긴다(전도의 기회라 생각하고 어떻게 해서든 전도하려고 한다).

② 만남은 만남일 뿐, 전도할 기회로 삼지는 않는다.

③ 한참 이야기를 하다가 나중에서야 전도해야겠다는 생각이 떠오른다.

④ 전도의 기회일 수도 있다는 생각이 들지만, 정작 전도를 하지는 못한다.

⑤ 기타 : (   )

2) 복음을 증거하는 전도자로서 나는 과연 얼마만큼 웃으며 살고 있나요?

① 잘 웃지 않는다(웃는 게 중요하지 않다고 생각된다).

② 공식적으로 전도하는 자리에서는 억지로라도 웃지만 다른 상황에서는 잘 웃지 않는다.

③ 주님께 받은 은혜와 사랑 때문에 자연스럽게 웃게 된다.

④ 웃을 일이 있을 때는 웃고 아닐 때는 잘 웃지 않는다.

⑤ 기타 : (   )

3) '전도하지 않는 나'는 어떤 존재라고 생각하나요?

① 다른 일들을 열심히 하고 있다면 문제없이 잘 살고 있는 존재라 생각한다(실제로 그 생각으로 전도 안 하면서 지내고 있다).

② '전도하지 않는 나'는 상상할 수도 없다(복음을 전하는 것이 나의 정체성이다).

③ 전도하지 않으면 안 될 존재임을 잘 안다. 그러나 현실에서는 막상 다른 일들이 우선일 때가 많다.

④ 기타 : (   )

2단계 _ 하나님의 말씀 듣기

전 인생을 전도로 채워나가야 할 사람에게 하나님은 이렇게 말씀하십니다.

▶ "지금 네가 만나러 가는 그 사람이 네가 오늘 전도해야 할 사람이다."
▶ "나를 생각하고 묵상하는 만큼 많이 웃게 될 것이고 그 웃음이 영혼을 살리는 도구가 될 것이다."
▶ "죽을 뻔한 네가 살아난 이유를 안다면, 지금 전도를 외면할 수 없을 것이다."
▶ "내가 이 교회를 세운 이유를 늘 기억하라. 너를 위한 것이지만 너만을 위한 것은 아니다."

3단계 _ 생각과 행동의 변화

▶ 앞으로 내게 주어진 모든 순간순간을 전도의 기회로 생각하며 살아갑시다. 이를 위해 환경이 어떠하든, 하나님께 받은 사랑을 떠올리며 웃음을 잃지 맙시다.

4단계 _ 변화를 향한 한 걸음

▶ 내가 살아가는 이유가 복음을 전하는 것과 무관하지 않음을 명심해야 합니다. 무엇보다, 죽어가는 영혼들이 한 명이라도 더 이 교회 안에 들어와 살 수 있도록 전도해야 합니다. 그리고 이를 위해 교회가 세상을 향해 흩어져야 합니다.

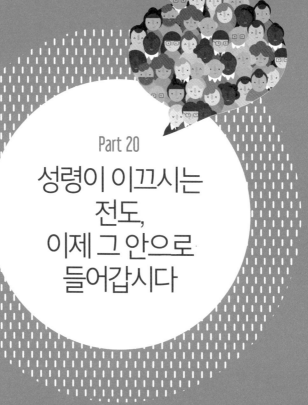

Part 20

성령이 이끄시는
전도,
이제 그 안으로
들어갑시다

Part 20

성령이 이끄시는 전도,
이제 그 안으로 들어갑시다

관심이 곧 전도입니다

"관심이란 곧 나 아닌 타인에게 마음 한 자리 내어주는 일입니다. 내 시간을 내 삶을 나눠 주는 일입니다. 그러므로 관심은 사랑의 첫 단계이자 완성인 셈입니다."

방송작가인 송정림 씨의 글입니다. 사랑의 시작과 끝이 바로 관심에 있음을 의미합니다.

관심(關心)은 사전적 의미로 '어떤 것에 마음이 끌려 주의를 기울인다.'는 뜻입니다. 전도도 관심에서 시작됩니다. 한 영혼을 향한 마음의 끌림이 시작되고 그 영혼을 주님께로 인도하기 위해 시간과 삶을 나누는 것이 바로 전도입니다.

진관교회는 매일 행복전도대를 운영하며 전도를 실천하고 있습니다. 전도대원들은 거리 전도를 통해 지역에 향한 교회의 관심과 사랑을 전합니다. 거리에서 전도지를 건네며 마주치는 이들과 친절한 미소로 인사를 나누며 복음을 전하는데 이것이 전부는 아닙니다. 전도지를 주며 마주쳤던 이들과 마트나 음식점 등에서 다시 마주쳤을 때 먼저 얼굴을 기억하여 짧은 인사를 하고 안부를 전합니다. 어색한 만남이지만 몇 번의 만남을 거치고 나면 친밀해지고 그 계기를 통해 교회를 찾는 이들이 생겨나게 됩니다. 길에서 마주하는 짧은 만남을 통한 영혼을 향한 관심이 전도의 기회를 만들어 줍니다.

교회 밖에서 관심을 통한 전도가 있다면 교회 안에서도 관심을 통한 전도가 있습니다. 진관교회는 주일마다 새가족팀을 운영하며 처음 교회를 방문한 이들에게 교회를 소개하고 예배를 안내합니다. 등록하려는 이들이 있으면 먼저 다가가 안내하고 환영합니다. 새가족팀의 또 다른 사역은 예배에 참여하는 이들을 향한 관심과 전도입니다.

어느 교회나 기존에 신앙생활 하던 분들이 이사나 개인적 사정으로 교회를 옮길 계획을 가지고 지역의 교회를 찾는 경우가 있습니다. 짧게는 몇 주에서 몇 개월까지 예배를 참석하지만 등록을 하지 않는 경우가 있습니다. 예배를 참석한다는 것은 은혜를 받고 예배에 감동이 있다는 것인데 낯선 환경과 두려움 때문에 선뜻 등록하지 못하는 것입니다. 이러한 분들에게 우리의 관심과 사랑이 필요합니다. 진관교회 새가족팀은 등록을 주저하거나 교회를 새롭게 찾는 이들을 먼저 기억하고 인사를 나누며 관심을 갖습니다. 밝은 미소로 몇 번의 만남을 가지다보면 먼저 마음을 열고 신앙에 대한 고민을 이야기하고 교회에 대해 문의도 하게 됩니다. 친숙한 마음에 교회를 더 찾게 되고 이내 새가족팀의 권면을 통해 등록하게 되는 경우가 많습니다. 교회 밖의 전도가 중요하듯 교회 안에서의 전도도 중요한 이유입니다.

물론 새가족팀 뿐만 아니라 진관교회의 모든 성도가 교회를 찾는 새 얼굴들을 향해 사랑과 관심을 가지고 섬기는 일을 힘쓰고 있습니다.

얼마 전 젊은 한 부부가 5살 된 딸아이를 데리고 교회를 찾았습니다. 정착할 교회를 찾던 중 먼저 아이가 유치부 예배를 드리게 되었습니다. 예배를 마치고 아이에게 친구가 생겨 교회에서 더 놀게 되었는데 좋았던 날씨가 갑자기 변해 비가 오기 시작했습니다. 우산을 준비하지 못한 부부는 난처해하며 현관 앞에서 비가 그치기를 기다렸습니다. 그 모습을 본 한 교인이 차에서 우산을 가져와 빌려주었다고 합니다. 그 가족은 작은 사랑의 손길에 감동을 받았고 몇 주가 지나 교회에 등록하게 되었습니다.

사도행전 3장을 보면 베드로와 요한이 성령의 충만함을 받고 성전미문을 지나던 중 구걸하고 있던 앉은뱅이를 치료하는 기적의 사건이 나옵니다. 늘 지나던 길이었지만 그들에게 성령충만이 임하자 영혼을 향한 관심이 시작된 것입니다. 성경은 "주목하여"(4절)라고 기록합니다. 한 영혼을 향한 마음의 끌림이 영혼을 구원하고 기적을 일으키는 시작이 되었습니다.

우리에게 필요한 것은 주님의 마음으로 한 영혼을 품는 관심(關心)과 사랑입니다. 오늘 내가 만난 한 영혼에게, 함께 예배하는 한 영혼에게 나의 관심과 사랑이 필요합니다. 전도의 시작은 멀리 있지 않습니다. 지금 이 순간 나의 주변에 관심(關心)의 마음을 가지고 한 영혼을 바라볼 때 그 영혼을 주님께로 인도하는 놀라운 구원의 역사가 이루어질 것입니다. 전도, 하면 됩니다.

하나님의 청량제가 되어 드립시다

하나님의 마음이나 생각에는 관심이 없고 오직 자기만 좋으면 되고 자기만 복을 받으면 된다고 여기는 교인들이 있습니다. 의외로 이러한 교인들이 교회 안에 많이 있습니다. 하나님의 마음을 참 답답하게 하는 사람들이 아닐 수 없습니다. 지금이라도 우리는 하나님의 마음을 기쁘게 해드리는 사람이 되어야 하는데 그 길은 간단합니다. 하나님의 마음이 머물고 있는 세상에 나가서 입을 열어 복음을 전하는 것입니다.

저는 전도집회를 인도할 때 성도들이 전도의 필요성을 절감하고 전도에 대한 열정을 가질 수 있도록 전도에 대한 동기부여를 하는 데 집중합니다. 그와 함께 희망하는 교회에 한하여 집회 기간 내에 전도대를 조직해 주어 즉시 활동할 수 있도록 돕습니다. 때로는 우리 교회 전도대원들이 방문해 직접 전도시범을 보이며 함께 전도하기도 합니다. 또한 사정이 더 어려워 스스로 전도하기 어려운 작은 교회들은 교회가 전도할 수 있도록 일정기간 동안 매주 전도대를 파송하며 전도를 지원해줍니다.

얼마 전에 우리 교회 전도대를 파송해서 전도를 도왔던 한 교회는, 감당하기 벅찬 월세를 지불하면서도 그 지역에서 열심히 전도하고 있었습니다. 많은 교회가 교회운영이 어려워 그 지역을 떠나는 가운데서도 여전히 그곳을 지키고 전도하는 이유는, 그곳이 하나님께서 자신들에게 주신 선교지라고 믿기 때문이었습니다. 그 교회는 '우리가 떠나면 이 지역의 영혼들을 누가 구할 수 있겠느냐?'는 책임감과 함께, '힘들어도 전도하면 하나님은 반드시 전도의 열매를 맺게 하실 것'이라는 믿음을 가지고 있었습니다. 복음의 불모지와 같은 지역을 지키며 최선을 다하여 전도하는 교인들의 모습에 전도를 도와주러 갔던 우리 교회 전도대원들이 오히려 큰 은혜와 도전을 받고 돌아왔습니다. 저는 하나님께서 반드시 그 교회를 통하여 지역을 변화시키고 복음화하실 것을 믿습니다.

> 하나님께서 전도의 미련한 것으로 믿는 자들을 구원하시기를 기뻐하셨도다(고전 1:21)

미련해 보이는 전도가 하나님의 마음을 시원하게 하는 청량제(淸凉劑)가 됩니다. 하나님의 기쁨, 소원은 모든 사람이 구원의 자리에 이르는 것입니다. 전도하면 나도 좋고, 그도 좋고, 하나님도 좋아하십니다. 아주 시원해 하십니다.

전도, 시작이 반입니다

세계의 3대 폭포 중 하나로 꼽히고 있는 높이 약 53m, 너비 약 790m
에 이르는 거대한 나이아가라 폭포가 있습니다. 원주민 말로 '천둥소
리를 내는 물'이라는 뜻을 가진 이 폭포는 땅을 뒤흔드는 거대한 굉음
과 하얗게 피어오르는 물안개, 그리고 주변의 절경을 배경으로 한 무지
개 때문에 세계의 관광객들이 많이 찾는 아름다운 명소입니다. 나이아
가라 폭포의 매력 중 으뜸은 폭포 위에 걸려 있는 무지개 다리(Rainbow
Bridge)입니다. 지금은 질긴 금속 와이어와 단단한 발판으로 이루어져 있
지만, 처음 폭포 사이를 연결한 그 다리의 시작은 가느다란 실 한 가닥
이었습니다.

1847년, 이 다리를 건설하기 위해 현수교 설계시공 전문가인 찰스 엘
렛 주니어(Charles Ellet Jr)는 연을 띄워 연줄로 다리 양쪽을 연결한 후, 연
줄에 코일을 매달아 잡아당겼습니다. 다음으로 아주 가는 코일에 약간
더 강한 철사를, 철사에는 다시 밧줄을 매달아 당겼고 마지막으로 밧줄
에 케이블을 매달아 잡아당겼습니다. 이렇게 해서 만들어진 쇠줄을 이
용해 다리를 놓기 시작했고, 마침내 바라던 대로 나이아가라 폭포 위에
무지개 다리가 놓이게 됐습니다. 그 아름답고 엄청난 다리는 바로 가느
다란 한 가닥 실에서 시작이 된 것입니다.

천리지행시어족하(千里之行始於足下)라는 말이 있습니다. 천릿길도 발 아래에서 시작한다는 뜻입니다. 천리를 우리는 전도로 바꾸어 생각해 봅시다. 한 영혼을 살리는 전도는 발걸음을 옮기는 시작이 중요합니다. 생각으로 하는 것이 아닌 실천이 필요한 것입니다. 실천하여 전도하면 전도가 되는 역사가 나타나게 됩니다.

아들을 전도하고 싶은 권사님이 계셨습니다. 교회 한번 가보자고 몇 번을 권면했으나 아들은 그 어머니의 말에 '다음에요'라고 말하며 한 번도 교회에 발걸음을 옮기지 않았습니다. 그 해 겨울 권사님께서 빙판에 미끄러져서 다리를 다치게 되었습니다. 걷는 것이 그리 쉽지가 않은 상태가 되었습니다. 권사님께서는 아들에게 "내 다리가 불편하니 교회 주차장까지만 데려다 주렴." 하고 아들에게 부탁을 했습니다. 아들은 다친 어머니의 부탁을 거절할 수가 없었습니다. 그래서 어머니를 교회에 모셔다 드리고, 예배가 끝날 때까지 주차장에서 기다렸습니다. 그렇게 몇 주를 보내다가 어느 날 주차장에서 교회 현관으로 들어오게 되었고 거기 로비에 앉아 자연스럽게 모니터 화면을 통해 설교 말씀을 듣게 되었습니다. 그렇게 한 주, 두 주 말씀을 듣던 아들은 어느 날 3층 예배실로 올라와서 스스로 등록카드는 써서 내더니 급기야 지금은 우리 교회 집사가 되어 찬양단에서, 선교회에서 열심히 헌신하고 기쁘게 신앙생활을 하고 있습니다.

오늘날 많은 성도가 전도를 포기하는 이유에 대해 '전도의 열매가 나타나지 않기 때문'이라고 말합니다. 그러나 우리가 알아야 하는 것은 전도의 열매가 우리의 몫이 아니라 하나님의 소관이라는 사실입니다. 시작과 그 과정에 최선을 다하는 것이 우리의 몫입니다.

그런즉 심는 이나 물 주는 이는 아무 것도 아니로되 오직 자라게 하시는 이는 하나님뿐이니라 심는 이와 물 주는 이는 한가지이나 각각 자기가 일한 대로 자기의 상을 받으리라(고전 3:7-8)

한 농부가 정성을 다해 씨앗을 심었습니다. 정성을 다해 가꿉니다. 싹이 움틉니다. 그런데 이 싹은 4년이 지나도 불과 3센티밖에 자라나지 않습니다. 그러나 5년째 되는 어느 날 이 싹은 엄청난 속도로 자라납니다. 하루에 30센티 이상씩 자라나다가 6주 만에 15미터 이상 되는 나무로 자라나 그 일대를 큰 숲으로 만듭니다. 이것이 바로 중국 극동지방에 있는 모소 대나무(moso bamboo)입니다. 처음은 미약해도 나중이 창대하게 되는 역사는 바로 씨 뿌림에서부터 시작이 되었습니다.

마찬가지로, 천하보다 귀한 영혼의 구원역사가 '그를 위해 기도하고 그를 찾아가 복음을 전하는' 작은 시작에서 비롯되었습니다. 전도, 시작이 반입니다. 시작은 반드시 열매를 보장해줍니다. 전도, 할 수 있습니다. 하면 됩니다.

성령이 하시면 전도는 그냥 됩니다

성경에는 성령과 관계된 명령이 몇 군데 나옵니다. 그중에 "오직 성령으로 충만함을 받으라"(엡 5:18)는 말씀이 있습니다. 왜 우리는 성령으로 충만해야 합니까? 성령으로 충만할 때 성령의 강력한 일하심의 역사를 체험할 수 있기 때문입니다.

주님이 승천하시면서 이 땅에 남기신 주님의 흔적은 바로 교회입니다(마 16:18). 그리고 주님의 교회를 이루고 있는 우리에게 약속하신 최고의 선물은 바로 성령입니다. 또한 주님은 주님을 대신해서 성령을 보내주시겠다고 약속하시면서 우리가 성령으로 충만할 때 가지게 될 것도 말씀하셨는데 그것은 바로 권능입니다(행 1:8). 그 권능으로 인하여 우리의 모든 불가능이 가능으로 바뀌게 되고 우리의 할 수 없음이 할 수 있음으로 변화될 수 있습니다.

실제로 오순절 날 약속하신 성령을 받게 되었을 때 정말로 신기하고 놀라운 일들이 벌어졌습니다. 성령 받은 사람들이 배운 적이 없는 나라의 언어를 말하는 것이었습니다(행 2:4). 십자가의 죽음 앞에서 예수님을 저주까지 하면서 부인한 베드로가 사람들 앞에서 입을 열어 복음을 전하자, 하루에 삼천 명의 사람들이 주님 앞으로 돌아오고 세례 받는 역사가 나타나기도 했습니다. 이 역시 성령의 역사였습니다(행 2:41). 어떤 날에는 성령으로 충만한 베드로의 설교를 듣고 오천 명의 사람들(남자만 오천 명)이 주님을 믿는 역사가 나타났습니다.

초대 교인들이 예루살렘 거리로 나가서 전도를 하게 되었는데 그때 복음을 들어야 할 예루살렘 사람들은 강도 바라바를 풀어주고 예수를 십자가에 못 박아 죽이라고 외쳤던 폭도들이었습니다(마 27:20-21). 그런 그들에게 예루살렘 교인들이 담대히 다가가서 복음을 전할 수 있었던 것 역시 바로 성령으로 충만했기 때문이었습니다(행 4:31).

사도 바울이 1차 전도여행을 떠날 때 그 일을 주도하신 분은 바로 성령이셨습니다(행 13:2, 4). 그 후 바울이 수없이 많은 핍박을 당하면서도 맡겨진 사역을 성공적으로 감당할 수 있었는데 이 역시 성령으로 충만했기 때문이었습니다. 1907년에 일어난 평양 대부흥 운동 또한 성령의 불같은 역사로 인하여 이루어진 것입니다.

안타깝게도 오늘날, 과거와 같은 성령의 역사가 자주 그리고 강력하게 나타나지 않습니다. 그 이유는 역사하시는 성령을 우리 스스로 제한시키고 있기 때문입니다. 그럼에도 언제 어디서나 성령충만을 사모하고 성령의 일하심에 자신을 드리는 사람들을 통해 성령의 놀라운 역사는 지금도 곳곳에서 나타나고 있습니다.

우리 은평동지방에 대광교회가 있습니다. 담임이신 김원만 목사님은 부임 즉시 교회를 새로 건축하겠다는 비전을 선포하고 한 달 뒤부터 건축을 시작했습니다. 옆에서 지켜보던 지방 목회자들이 걱정하며 교회 건축이 매우 어려울 것이라고 예상했지만 1년 만에 웅장하고 아름다운 교회가 세워졌고, 그 후 그 교회는 전도를 통하여 꾸준히 성장했습니다. 그리고 2017년 서울연회에서 교회성장상을 받기도 했습니다.

힘든 상황에서도 교회를 성장시킨 김 목사님이 가진 생각은 하나였습니다. "성령님이 하시면 된다."입니다. 주변의 모든 사람은 그 교회가 처한 상황과 환경만 보면서 '안 된다.'고 말했지만 김 목사님은 "권능의 성령이 함께하시면 된다."는 믿음만 붙들었습니다. 결국 그가 붙들었던 성령의 권능으로 인하여 불가능하게 보이는 일은 가능으로 멋지게 바뀌었습니다.

오늘날 마귀는 수많은 이유를 우리에게 주면서 '지금은 전도가 안 되는 시대'라고 말을 합니다. 그러나 그럼에도 불구하고 성령 의지해서 전도하는 사람에게는 전도가 되어지는 역사가 반드시 나타나게 됩니다. 내가 전도하면 성령은 반드시 전도가 되게 해 주십니다. 그러므로 환경과 현실을 보지 말고 지금도 역사하시는 성령을 의지하며 전도하시기 바랍니다. 전도, 하면 됩니다.

전도자로 나아가기 위한 본격적인 작전 개시

1단계 _ 나의 문제를 정확히 파악하기

1) 전도하기 위해 많은 사람에게 관심을 가져야 한다는 것에 대해 어떻게 생각하나요?
① 지금 누군가에게 관심을 가질 만한 여력이 없다고 생각한다.
② 생각 날 때만 관심을 가질 뿐, 습관적으로 관심을 갖게 되지는 않는다.
③ 내가 복음을 위해 보다 많은 사람에게 관심을 갖게 되는 만큼, 하나님이 내 인생을 책
　임져주시리라고 믿는다.
④ 기타 : (　　　　　　　　)

2) 전도자로서 하나님의 마음을 어느 정도 묵상하고 있나요?
① 솔직히 잘 묵상하지 않는다(그때그때 내 기분이 더 중요하다).
② 가끔 생각이 날 때만 묵상한다(지나가면 하나님의 마음을 다시 잊어버릴 때가 많다).
③ 하나님의 마음을 늘 묵상하기 때문에 전도하지 않을 수가 없다.
④ 기타 : (　　　　　　　　)

3) 복음 전파 가운데 펼쳐지는 놀라운 성령의 역사에 대해 어떤 생각을 가지고 있나요?
① 전도하는 모든 곳에 성령의 역사가 일어남을 분명하게 믿는다.
② 놀랄 만한 성령의 역사는 초대교회나 특별한 경우에만 해당된다고 생각한다.
③ 놀랄 만한 결과가 있어도 성령보다는 내가 잘해서 된 것이라고 생각한다.
④ 평소에는 잘 실감하지 못하다가, 특별한 사건이 있을 때만 성령의 역사를 실감한다.
⑤ 기타 : (　　　　　　　　)

2단계 – 하나님의 말씀 듣기

성령의 힘으로 복음을 전해야 할 사람에게 하나님은 이렇게 말씀하십니다.

▶ "네가 잃어버린 영혼에게 관심을 갖는 만큼 내가 네 인생을 더 지켜 주고 이끌어 줄 것이다."

▶ "네가 전도할 때, 내 마음이 가장 시원하다는 것을 늘 기억하라."

▶ "전도, 일단 시작하라. 시작한다면 이미 반 이상을 하고 있는 것이다."

▶ "전도는 조금도 어렵지 않다. 너는 도구로서 네 자신을 성령께 드리기만 하면 된다."

3단계 – 생각과 행동의 변화

▶ 이미 놀라운 은혜를 받고 있는 만큼, 앞으로는 나보다, 하나님을 모르는 불쌍한 영혼들에게 더 많은 관심을 두겠습니다. 또한 하나님을 기쁘시게 하는 일이 곧 내가 행복해지는 길이며, 그것이 바로 전도임을 잊지 않겠습니다.

4단계 – 변화를 향한 한 걸음

▶ 전도는 대장정처럼 막연하게 느낄 만한 게 아니라, 지금 당장이라도 시작할 수 있는 것임을 고백합니다. 또한 지금 복음을 전하러 가는 내 앞에 성령의 놀라운 역사가 기다리고 있음을 확신합니다.

전도, 우리가 살아갈 이유

초판 1쇄 발행　　2019년 4월 1일
　　5쇄 발행　　2019년 11월 11일

지은이　　　　이현식
발행인　　　　이영훈
편집인　　　　김형근
편집장　　　　박인순
기획·편집　　　강지은
디자인　　　　김한희

펴낸곳　　　　교회성장연구소
등　록　　　　제 12-177호
주　소　　　　서울특별시 영등포구 여의공원로 101 CCMM빌딩 7층 703B호
전　화　　　　02-2036-7928(편집팀)
팩　스　　　　02-2036-7910
쇼핑몰　　　　www.icgbooks.net
홈페이지　　　www.pastor21.net
페이스북　　　www.facebook.com/pastor21

ISBN ｜ 978-89-8304-289-7 03230
*값은 뒤표지에 있습니다.

"무슨 일을 하든지 마음을 다하여 주께 하듯 하라" (골 3:23)

교회성장연구소는 한국 모든 교회가 건강한 교회성장을 이루어 하나님 나라에 영광을 돌리는 일꾼으로 성장하는 것을 목표로, 목회자의 사역은 물론 성도들의 영적 성장을 도울 수 있는 필독서들을 출간하고 있다. 주를 섬기는 사명감을 바탕으로 모든 사역의 시작과 끝을 기도로 임하며 사람 중심이 아닌 하나님 중심으로 경영한다. "무슨 일을 하든지 마음을 다하여 주께 하듯 하라"는 말씀을 늘 마음에 새겨 하나님께서 주신 사명을 기쁨으로 감당한다.